普通高校"十三五"规划教材·工商管理系列

U0368437

跨文化商务沟通

靳 娟 ◎ 主 编
徐晚晴 ◎ 副主编

清華大学出版社
北 京

内 容 简 介

本书综合运用心理学、语言学、文化人类学、跨文化交际学、管理学、社会学、传播学的前沿理论,对跨文化商务沟通的原理和技能进行全面的介绍与详细的阐述,向读者展示跨文化商务沟通的巨大魅力,培养读者的文化敏感性、文化共感性,提升读者的文化智力、文化适应性,使读者能够轻松跨越文化障碍,成为跨文化商务沟通领域的高手。本书既可作为 MBA(工商管理硕士)、EMBA(高级管理人员工商管理硕士)、MEM(工程管理硕士)、MPA(公共管理硕士)相关课程的教学用书和工商管理、国际经济与贸易、金融、旅游、物流等专业本科生的教材,也可作为广大从事跨国公司企业管理、国际营销、国际投资等国际商务实际工作的一线专业工作者的培训、自学用书;对于想扩充和更新跨文化商务沟通方面知识的读者来说,本书也不失为一本具有一定学术研究价值和实用价值的读物。

图书在版编目(CIP)数据

跨文化商务沟通 / 靳娟主编. —北京:清华大学出版社,2021.1(2024.1重印)

普通高校"十三五"规划教材. 工商管理系列

ISBN 978-7-302-57005-9

Ⅰ. ①跨… Ⅱ. ①靳… Ⅲ. ①商业管理-公共关系学-高等学校-教材 Ⅳ. ①F715

中国版本图书馆 CIP 数据核字(2020)第 237999 号

责任编辑:左玉冰
封面设计:汉风唐韵
责任校对:王荣静
责任印制:杨 艳

出版发行:清华大学出版社
　　　　　网　　　址:https://www.tup.com.cn,https://www.wqxuetang.com
　　　　　地　　　址:北京清华大学学研大厦 A 座　　　　邮　　编:100084
　　　　　社 总 机:010-83470000　　　　　　　　　　邮　　购:010-62786544
　　　　　投稿与读者服务:010-62776969,c-service@tup.tsinghua.edu.cn
　　　　　质量反馈:010-62772015,zhiliang@tup.tsinghua.edu.cn
印 装 者:三河市人民印务有限公司
经　　销:全国新华书店
开　　本:185mm×260mm　　　　印　　张:15.25　　　　字　　数:349 千字
版　　次:2021 年 3 月第 1 版　　　　　　　　　　　　印　　次:2024 年 1 月第 6 次印刷
定　　价:59.00 元

产品编号:090169-02

前　言

　　正如美国学者欧麦所说:"从政治版图上看国与国之间的疆界还同以往一样一清二楚,不过一张展现在人们面前的经济地图却不分国界且包含竞争性的财务、资源、商业和工业的活动内容。"当今世界经济格局发生了极其重大的变化,各国正逐步融入一个相互依赖的全球经济体系中。2001 年中国加入 WTO(世界贸易组织)之后,世界大门被彻底打开,越来越多的中国企业扬帆出海,踏入更广阔的市场,积极参与国际竞争,从事跨国经营。"一带一路"倡议的实施将推动和加快更多的中国企业"走出去",使其获取更多的成长空间。在此进程中,文化差异随之成为企业走出国门所面临的最大挑战,商务管理中的跨文化沟通问题日益显示出其重要性和迫切性。英国著名经济学家托马斯·孟早就指出:"一个优秀的跨国企业管理人员和商人所具备的品质之一应该是能说多种语言,并熟悉各国的法律、风俗、政策、礼节、宗教、艺术状况等。"因此,了解跨文化商务沟通的知识、提高跨文化商务沟通的能力、消除由于文化差异造成的沟通障碍、减少误解与分歧、增加彼此的交流和信任,是国际经济贸易与国际企业管理的需要,是时代的呼唤,是大势所趋。

　　自 20 世纪 60 年代以来,跨文化商务沟通就开始成为国外学者研究的热点问题之一。经过霍夫斯塔德(1980)、蔡安迪斯(1989)、尼斯亚马(2000)和瓦尔纳(2000)等学者的共同努力,跨文化商务沟通学逐渐形成了完整的学科体系,已有大量的相关著作和教材问世,并在实践中发挥一定的指导作用。跨文化商务沟通学主要从文化价值观、思维方式、交际策略出发,从经营理念、管理模式、人力资源管理及企业文化的角度来分析跨国企业经营中存在的各种问题和现状,并提出行之有效的解决方案。它综合了心理学、语言学、文化人类学、跨文化交际学、管理学、社会学、传播学等学科的优势,弥补了单一学科的不足,并随着国际企业管理实践的发展而得到不断完善。目前国内学术界对跨文化沟通的研究主要集中在心理学和跨文化交际学领域,从商务角度研究跨文化沟通的成果较为鲜见。

　　自 2004 年起,我开始在北京邮电大学经济管理学院本科生中讲授"组织行为学"和"营销沟通"课程。由于教学需要,我认真研读了美国学者艾里斯·瓦尔纳和琳达·比默合著的英文版《跨文化沟通》以及华盛顿大学商学院陈晓萍教授撰写的《跨文化管理》,发现跨文化沟通是一片"深不可测的大海",是一个博大精深的领域,并对此产生了浓厚的研究兴趣。在这期间,我在授课过程中也积累了一些经验和感受。2008 年,我获得国家留学基金委的资助,前往美国纽约城市大学布鲁克林学院做访问学者,并有幸聆听了该学院华裔教授的一些课程。他们独到的文化视角、丰富的跨文化工作经历、敏锐的洞察力都使我受益匪浅。在日常生活中,在纽约这个号称"大熔炉"、全世界文化多元化程度最高的大都市中，我也亲身体验了文化震荡，遭遇过一系列跨文化沟通的尴尬，同时也培养了自己的文化敏感性、文化宽容性和文化适应性。回国后，我便萌生了写作的念头。2010年，《跨文化商务沟通》一书由首都经济贸易大学出版社出版发行。该书出版后，承蒙广大读者的厚爱和支持，已在2014年再版一次。在使用过程中，我陆续收到来自相关教师和学生的一些意见与建议，加之随着理论研究的深入和新现象、新问题的出现，原书的部分内容已经显得过时和陈旧，于是决定再次对该书进行修订和全面调整。

本书主要包括三大部分内容：第一部分为基础篇，包括第一章和第二章，主要介绍跨文化商务沟通的基本概念、基本问题和理论基础。第一章导论介绍跨文化商务沟通的基本问题；第二章介绍跨文化商务沟通的重要理论基础。

第二部分为障碍篇，包括第三章到第五章，主要分析跨文化商务沟通中的各种障碍。第三章探讨跨文化商务沟通中的语言障碍；第四章探讨跨文化商务沟通的非语言沟通障碍；第五章探讨跨文化商务沟通的其他障碍。

第三部分为应对篇，包括第六章到第九章，主要结合跨国企业管理的实际需要，探讨如何克服跨文化商务沟通的障碍。第六章分析跨文化商务谈判；第七章分析跨文化广告沟通；第八章分析跨文化团队的沟通管理；第九章介绍跨文化商务沟通能力的培训。

本书的特点是：体系新颖、理论前沿、信息量大、案例丰富、内容实用、操作性强。

本书具有较强的可读性：第一，本书每一章开篇有导读案例，通过分析案例引出本章主题；每一章后面有思考案例，方便读者运用所学理论和知识去分析现实中的跨文化商务沟通问题。第二，引用经典的中外电影来讲述跨文化商务沟通的相关理论，使枯燥的理论变得鲜活和生动，使阅读变成一种享受，使跨文化沟通之旅变得轻松。

最后，对所有在本书的写作、出版过程中给予我帮助的人表示真挚的谢意。

编　者

2020 年 10 月

目 录

基 础 篇

障 碍 篇

应　对　篇

基 础 篇

第 一 章

跨文化商务沟通导论

想听到一个明确回答就这么难吗

杰森是一家美国企业派往中国分公司的技术部门经理,近日,他与本部门一位被认为具有较大发展潜力的中国工程师田思亮进行了一次职业发展交流。杰森说:"田先生,我们都看到你在工作上的出色表现,对于自己今后三年的职业发展,你有什么想法吗?"田思亮并没有正面回答杰森的问题,而是开始谈论起公司未来的发展方向、公司的晋升体系以及目前他本人在组织中的位置等等。没等他说完,杰森已经有些不耐烦了,并愤然打断了他的话,因为之前已经发生了好几次同样的事情。谈话结束后,杰森感到大惑不解,忍不住向公司人力资源总监抱怨道:"我不过是想知道这位员工对于自己未来三年发展的打算,想要在公司做到什么样的职位罢了,可为什么就不能得到明确的回答呢? 如果没有一个明确的奋斗目标或规划,又该如何采取实际行动呢?"人力资源总监告诉杰森:"田思亮并没有刻意向你隐瞒他的想法,只是为自己留有一些余地,我们还是多给他一些时间考虑吧,多给他一些选择的机会。"

为什么田思亮和上司杰森在交流职业发展规划时,不愿意明确说出自己的想法,从而引起误解呢? 深入分析,有以下两个方面的原因:第一,个人主义与集体主义的矛盾。杰森询问田思亮对于自己未来三年发展的打算,以及想要在公司做到什么样的职位,可见美国人很注重个人在企业的发展,期望通过个人才华的施展为企业业绩提升作出贡献,同时实现个人理想和抱负,这与美国的个人主义文化传统有着较大的关系。美国人在考虑个人与集体的关系上,把着眼点放在个人上。而从中国员工的回答来看,他基本上是遵循"从集体到个人"的模式。他先谈论的是公司的一些情况,如公司未来的发展方向、晋升体系,接着才说到自己在公司所处的位置。这是典型的集体主义观念的体现。集体主义把个人看作群体的一分子,认为群体目标高于个人目标。第二,沟通风格的差异。中国员工有意回避从正面回答问题,这是中国人沟通风格比较含蓄、委婉的表现。因为,中国员工担心如果直接回答"想在三年之内做到营销部经理的职位",会显得自己很有野心,被别人认为高傲自大。况且,万一做不到那个理想的职位,会很丢面子,甚至被人耻笑。所以,采取迂回的沟通方式是最佳选择。恰恰相反,美国人的沟通风格简单明了、直接坦率,这导致杰森觉得田思亮答非所问、无法理喻。可见,文化差异的存在导致跨文化沟通的双方在交流过程中存在一系列障碍,影响了有效沟通的顺利进行。

一、沟通的含义与过程

(一)沟通的含义

作为社会人,要认识社会和为社会所认识,就必然要与社会发生信息沟通。在当今时代,沟通是人们使用频率较高的词汇。在互联网上,我们可以找到大约 200 个有关沟通的网站。依据沟通发生的主客体不同,可以将沟通分为人际沟通、人机沟通、机机沟通。本书主要研究人际沟通。

一个老师告诉学生:"你这次考试考得不太好。"学生问:"我考了多少分?"老师答:"48分。"学生追问:"我怎么考得这么糟糕?"老师回复道:"这次考试题目较难,班上大部分同学成绩都不太理想。"这段对话就是一个简单的人际沟通过程。

沟通虽然是生活中司空见惯的现象,但给沟通下一个准确定义并非易事。美国学者的一项研究表明,关于沟通的定义竟然多达一两百种。

《大英百科全书》认为,沟通就是"用任何方法,彼此交换信息,即指一个人与另一个人之间用视觉、符号、电话、电报、收音机、电视或其他工具为媒介从事交换信息的方法"。

《韦氏大辞典》认为,沟通就是"文字、文句或消息的交流,思想或意见的交换"。

哈罗德·拉什维尔认为,沟通就是"什么人说什么,由什么路线传至什么人,达到什么结果"。

著名管理学家、决策学派的代表人物赫伯特·西蒙认为,"沟通可视为任何一种程序,组织中的一个成员,将其所决定的意见或前提传送给其他有关成员"。

我国学者苏勇将沟通定义为"沟通是信息凭借一定符号载体,在个人或群体间从发送者到接收者进行传递,并获取理解的过程"。

应该说,这些定义都从某个角度揭示了沟通的部分内涵。综合上述观点,我们将人际沟通定义为:沟通是为了设定的目标,凭借一定的符号载体,将信息、思想和感情在个人或群体之间进行传递、理解和交流,并产生相应行为的过程。

这里需要强调的是,沟通不仅是为了传递信息,而且是期望唤起或影响信息接收者特定的反应或行为。完整的沟通过程应当包括信息的传递和信息的反馈,据此,有效沟通的标志应当是沟通主体与沟通客体相互理解并达成共识,它包括以下三个要素:首先,信息发送者清晰地、准确地传递信息的内涵;其次,信息发送者重视信息接收者的反应并根据其反应及时修正信息的传递,以免除不必要的误解;最后,所传递的信息被信息接收者准确理解,也就是说沟通双方对信息的理解是一致的。

小案例 1-1　秀才买柴

一个秀才去买柴,他对卖柴的人说:"荷薪者过来!"卖柴的人不懂"荷薪者"(担柴的人)三个字的意思,但是听得懂"过来"两个字,于是把柴担到了秀才前面。秀才又问他:"其价如何?"卖柴的人听不太懂这句话,但是听得懂"价"这个字,于是就告诉秀才价钱。秀才接着说:"外实而内虚,烟多而焰少,请损之。"(你的木柴外表是干的,里头却是湿的,燃烧起来,会浓烟多而火焰小,请减些价钱吧。)卖柴的人完全听不懂秀才这句话,只好担着柴走了。

秀才为什么没有买到柴?他犯的最大错误在于咬文嚼字,没有用最简单、最通俗的语言去沟通,也就是说信息发送不清晰、不精准,最终导致沟通失败。

(二)沟通的过程

沟通的过程就是指发讯者将信息通过特定的渠道传递给收讯者的全过程。组织行为学家深入研究了沟通的过程,并提出了具有代表性的沟通过程模式,如图 1-1 所示。

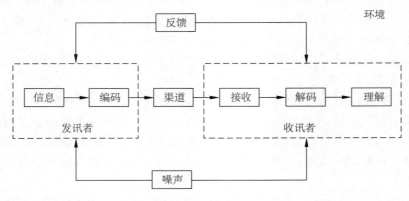

图 1-1　沟通过程模式

从上述模式中可以看出,整个沟通过程由八个基本要素组成,即发讯者、编码、渠道、收讯者、解码、反馈、噪声和环境。

1. 发讯者

发讯者又称信息源,是指拥有信息并试图进行沟通的人。发讯者的主要任务是对信息进行收集、加工、传递和对反馈的反应。

2. 编码

编码是指发讯者将信息与思想转译成系统化的符号形式的过程。这些信息符号可以是文字、数字、图画、声音或身体语言。信息在编码的过程中受到发讯者知识、经验、技能、态度和社会文化程度的影响。

3. 渠道

渠道是由发讯者选择的、用以传递信息的媒介物。人们常用的沟通渠道既包括口头沟通,如面谈、电话、讨论、会议、演讲等,也包括书面沟通,如书信、通知、文件、信函、电报、传真、报告、电子邮件、手册、备忘录等。

不同的信息内容与不同的条件要求不同的沟通渠道。例如,企业的战略就不宜通过口头方式而应该采用书面正式文件作为渠道,而员工绩效评估结果的公布,如果采取口头告知的形式,就显示了其严肃性和权威性。由于各种沟通渠道都有各自的利与弊,因此,我们在选择沟通渠道时往往要因时因地因人而异。事实上,心理学研究发现,在所有的沟通方式中,影响最大的、最常用的、最有效的是口头沟通方式。即使是在通信技术高度发达的今天,口头沟通的重要性仍然没有减弱。

4．收讯者

收讯者即指接收信息的人。它既包括信息源意向所指的对象,也包括在信息进入渠道、开始传播以后因为种种原因而取得信息的其他人。发讯者与收讯者构成了沟通过程的主客体,但同时,两者的角色、地位并不是固定不变的。在完整的沟通过程中,在信息发出阶段,发讯者是首要的沟通者;在反馈阶段,收讯者则成为首要的沟通者。此时,沟通的主客体角色已经互换了。可见,在一个完整的沟通过程中,发讯者与收讯者的划分不是绝对的,而是随着沟通过程的进行和深化而变化着的。

5．解码

解码是指收讯者根据自己已有的经验和参考的框架对信息进行解释、翻译的过程。这是一个复杂的过程,包括一系列注意、知觉、转译和储存等心理活动。由于这个过程的复杂性,收讯者得到的信息与发讯者的本意可能相似也可能不同。不管发讯者的期望如何,在收讯者头脑中所进行的解码只反映他自己的理解。

6．反馈

反馈是指收讯者对信息的反应,它可以反映出收讯者对信息的理解和接收状态。例如,我给你讲一个趣事,你哈哈一笑,这就是反馈。反馈可以是有意的,也可以是无意的。发讯者根据核实的信息再次发出信息,以进一步确认所发出的信息是否已经得到有效的编码、传递。通过反馈,才能使沟通双方对沟通的过程和有效性进行准确的控制与把握。

7．噪声

噪声指任何有可能阻碍沟通顺利进行的因素。噪声存在于沟通过程的各个环节,如在编码环节,编码错误、词不达意、词语艰深晦涩以及编码能力不佳导致逻辑混乱。在传递环节,用电话进行沟通时,电话线路不好,对方无法听清你说的话;用电子邮件进行沟通时,电子邮件设置出现问题,对方无法按时收到你的电子邮件;用正式书面文档进行沟通时,经过多次复印后,该文档部分字迹已不清晰,致使对方无法准确理解,等等。此外,身体不适、固有的成见、对对方的反感都可能成为沟通过程的噪声。

8．环境

人际沟通不可能在真空的情况下发生,总是在一定的环境中发生的,环境包括物理环境和社会情境。

物理环境,即沟通发生的物理场所,它会对人们的沟通造成巨大影响。如礼堂适合演讲和表演,但对于交谈,就不是合适的地方,如果互动双方需要更亲密的交谈,就应该在小一点、光线好、比较舒服的房间里面对面地交谈。再如,在上司办公室和在自己办公室进行沟通,就会有明显区别。

社会情境也是一种沟通环境。从社会情境中可以看出沟通双方之间的关系,如父子、师生、朋友、仇敌或两人存在文化差异。

二、文化的含义与特征

（一）文化的含义

文化是跨文化商务沟通中的一个核心概念，也是一个耳熟能详、使用频率极高的概念。我们在日常生活中常常这样理解文化：把一些有教养的、有素质的人称为"文化人"，把一些没有受过教育的、粗鲁的人称为"没有文化的人"。但是，对于文化研究者来说，"文化"具有更深刻的内涵。由于其语意的丰富性，多年来文化一直是文化学者、人类学家、哲学家、社会学家、考古学家说不清、道不明的一个问题。

"文化"一词在中国具有悠久的历史。《周易》的《贲卦·象传》中，有"观乎天文，以察时变；观乎人文，以化成天下"之语。西汉以后，"文"与"化"合成一词。西汉刘向《说苑·指武》中，有"圣人之治天下也，先文德而后武力。凡武之兴，为不服也，文化不改，然后加诛"。晋人束皙在《补亡诗·由仪》中提出："文化内辑，武功外悠。"很明显，在古汉语的表述系统中，"文化"一词的本义是与"武功""武力""野蛮"相对的概念，是指以文治为法、以礼乐典章制度为依据来教化臣民，它包含着一种正面的理想主义色彩，体现了治国方略中"阴"和"柔"的一面，但这和现代意义上人们理解的"文化"一词的含义不尽相同。

在西方，"文化"一词来源于拉丁文"cultura"，原义是指农耕及对植物的培育。自 15 世纪以后，逐渐被引申使用，主要指"自然成长的倾向"，把对人的品德和能力的培养也称为文化。

西方学者对文化的界定基本上是循着两个维度展开的：第一，广义文化。认为文化是一切物质财富和精神财富的总和。如赫斯科维茨（Herskovits）认为，文化是人工创造的环境。也就是说，除了原生态之外，所有由人添加上去的东西都可以称为文化。第二，主观文化。如霍夫斯塔德（Hofstede）将文化定义为"人的心理程序"，并指出文化会影响人们关注什么、如何行动以及如何判断人和事物；列维·斯特劳斯（Levi Strauss）提出："文化是一组行为模式，在一定时期流行于一群人之中……并易于与其他人群之行为模式相区别，且显示出清楚的不连续性。"他是从行为规范和模式的角度给文化下定义的；蔡安迪斯（Caindis）认为，文化是那些无须言说的假设，已经被认同并内化的标准程序和行为方式。在这个定义中，文化不仅包含内在的价值观，还括外在的行为方式。

综合上述学者的观点，狭义的文化是比较适合本书主题的文化定义。为了研究和学习的方便，我们现在给出一个比较明确的文化定义：文化是指导个体行为并引导个人成为团体一分子的一组共享的符号系统，它包括每个社会排定世界秩序并使之可理解的独特方式，如语言、意识、信仰、价值观、态度、思维方式以及社会规范和行为准则。

（二）亚文化的含义

亚文化是一个相对的概念，即与主文化相对应的那些非主流的、局部的文化现象。它是总体文化的次属文化（subculture），又称小文化、集体文化或副文化，指的是某一文化群体所属次级群体的成员共有的独特信念、价值观和生活习惯。一种亚文化不仅包含着与主文化相同的价值与观念，也有属于自己的独特的价值与观念，而这些价值观是散布在种种主导文化之间的。

亚文化有各种分类方法,罗伯逊(Robertson)将亚文化分为人种的亚文化、年龄的亚文化、生态学的亚文化等。年龄的亚文化可分为青年文化、老年文化等;生态学的亚文化可分为城市文化、郊区文化和乡村文化等。亚文化是直接作用或影响人们生存的社会心理环境,其影响力往往比主文化更大,它能赋予人们一种可以辨别的身份和属于某一群体或集体的特殊精神风貌和气质。

(三)文化的特征

文化具有许多特征,这里着重讨论其与人际沟通相关的一些基本特征。

1. 符号性特征

以语言为例,语言是文化的构成因素之一,语言的符号性特征最为明显。语言具有多样性,不同的语音、形态等语言要素都体现了符号的任意性特征,如汉语中的"猫",在英语中是"cat",在法语中是"chat",在日语中是"neko",在西班牙语中是"gato",在德语中是"Katze",在俄语中是"кошка"。图形符号在不同文化中的意义也可能迥异。六角星在一种文化中可以代表神圣,在另外一种宗教文化中则可能代表异教和对神灵的亵渎。

2. 习得性

文化不是先天的遗传本能,而是后天习得的经验和知识。例如,男男女女不是文化,"男女授受不亲"或男女恋爱才是文化;前者是遗传的,后者是习得的。文化的一切方面,包括语言、习惯、风俗、道德等都是后天学习得到的。

社会化是人类学习文化的最基本途径。人类社会化的过程从家庭生活开始。通过家庭成员之间日常的互动,刚出生的婴儿有意识与无意识地一步一步接受、整合、强化与共创家庭和整个文化需求的符号系统。长大后,人们进入学校接受系统教育,对自己的文化开始有了更广泛的认识。除此之外,与朋友和同事共处、阅读等,都是文化成长与传递的必经之路。20世纪以来,科技迅速发展,现代传播媒体特别是互联网正在成为现代人获取、改变或转化文化极为重要的途径。

3. 多样性

由于自然条件、生产方式、历史传统、经济发展水平、社会制度的不同,世界各地形成了丰富灿烂的文化类型,不同国家、民族都有其独特、鲜明的文化。文化多样性是人类社会的基本特征,也是人类文明进步的重要动力。

例如,中国文化和美国文化就存在很大差异。中国人崇尚天人合一、贵和尚中、刚健有为、仁爱谦和、重义轻利等,美国人则崇尚平等、自由、自我奋斗、公平机会、冒险等。

再如,法国和德国都是欧洲国家,而且是近邻,但是法国文化和德国文化却有着本质的区别:前者是易于冲动、追求享受、个人主义至上的拉丁文化,后者则是追求理性、谦逊务实、集体为重的日耳曼文化。

小案例1-2　弃船逃生

一艘客船航行在茫茫的大海上,开了一半的路程时,客船出了状况,船长到船舱里向乘客解释了客船目前遇到的状况,要求大家马上转移到救生艇上,但是没有一个人愿意这样做。

船长十分生气,懊恼地回到甲板上。大副见他一个人出来,感到十分奇怪,了解到情况以后,他自告奋勇地向船长请命去说服这些乘客。5分钟之后,这些乘客都自愿转移到救生艇上。船长感到十分奇怪,问大副是怎样完成这件事情的。

大副对船长说:"我对不同国家的人说了不同的话。我对英国人说'这是一件很有绅士风度的事',我对德国人说'这是命令',我对法国人说'这是一件很浪漫的事',我对美国人说'你是被上了保险的'。"

上述案例体现了英国文化、德国文化、法国文化和美国文化的差异,充分说明了文化的多样性和丰富性。

4. 共性

文化的多样性并不否认文化的共性。尽管东西方之间因为历史背景、地理环境和国情的不同,确实会在各自的文化上存在差异,但这并不能否认人性和人心的不同。实际上,所有社会的人都有最基本的生理需求,都以生存、繁衍为社会最基本的功能。人类无论其种族和社会形态如何,心理的发生、发展都遵循着共同的规律,即"人类心理统一性",因此,人类具有在不同文化之间寻求文化普遍性的内驱力,这是进行跨文化沟通的基础。

5. 主观性

文化的主观性和心理学意义是其最基本的特征。如前所述,文化是一组共享的符号系统,包括每个社会排定世界秩序并使之可理解的独特方式,如语言、意识、信仰、价值观、态度、思维方式以及社会规范和行为准则。其中,意识、信仰、价值观、态度、思维方式都具有较强的主观性和心理学意义。

文化人类学家汉森曾经在非洲地区和欧美地区做过一个非常经典的心理学实验,即我们熟知的知觉恒常性实验:当两个物体在人的视网膜上成像大小一样时,我们判断物体到底是大是小,不仅受到视网膜成像这个客观事实的影响,也受到人的知觉加工过程的影响。当两个物体距离有差异的时候,我们的头脑就会主动地定义后面的物体要大于前面的物体,即使它们的成像大小是一样大的。这一主动加工的心理活动,来自我们日常生活经验,而日常生活经验又经常受到文化背景的影响。汉森发现,在非洲某些部落,由于人们生活的空间有限,如在丛林里生活的部落,就很少知觉到远距离的事物。因此,这样的文化环境造成这些部落的人没有知觉恒常性的概念。即便当两个在视网膜上成像一样大的物体,在距离上有差异的时候,他们也不会判断出后面的物体一定会大于前面的物体。

这个实验说明一个事实,文化存在于人的头脑中,有意识甚至是无意识地影响人的情感和行为。

三、跨文化商务沟通的含义与特征

(一)跨文化商务沟通的含义

跨文化商务沟通是在经济全球化背景下凸显出来的一个极其重要的社会现象。所谓跨文化商务沟通,是指在商务活动中,拥有不同文化背景的人们之间的信息、思想、知识、情感的互相传递、交流和理解过程。

跨文化商务沟通主要包括两种类型:第一,外部跨文化商务沟通,指的是商务组织与来自异文化的外部个人、群体围绕组织目标展开的沟通活动;第二,内部跨文化商务沟通,指的是商务组织内部来自不同文化背景的个人、群体围绕组织目标展开的沟通活动。

(二)跨文化商务沟通的特征

跨文化沟通是同文化沟通的变体。跨文化沟通过程可以被看作人类信息的相互交换中,不同符号系统的信息相互发出和接收的过程,因此,文化因素会影响到跨文化沟通的全过程,特别是对沟通过程的三个最重要的因素——发讯者、收讯者与经过编码的信息,产生极大的影响。

美国学者萨姆瓦等人曾提出一个跨文化沟通的模型,形象地描述了信息经过不同文化成员时,原始信息的内涵意义发生的改变。如图 1-2 所示。

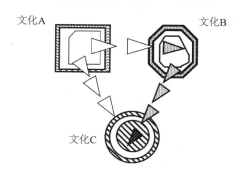

文化A　　　　文化B

文化C

图 1-2　萨姆瓦等的跨文化沟通模型

这个模型说明了以下四个问题:第一,三种图形表示三种文化。文化 A 和文化 B 是比较接近的文化,而文化 C 则有较大的差异。第二,跨文化的编码和解码由连接几个图形的箭头来说明。箭头表示文化之间的信息传递。当一个信息到达它将被解码的文化时,发生了一个变化的过程。在跨文化沟通时,这些原始信息的内涵意义就被修改了。第三,不同文化差异的大小对编码的难易、信息改变程度都有影响。信息在文化 A、文化 B 之间发生的变化比在文化 C 与文化 A、B 之间的变化要小,这是因为文化 A 与文化 B 之间有较多的相似之处,而文化 C 与文化 A、B 之间则有较大的差异。第四,在跨文化沟通中,文化间的差异是广泛多变的。这在很大程度上是由环境和沟通方式造成的。

根据萨姆瓦的跨文化沟通模型,与同文化沟通相比,跨文化商务沟通具有复杂性、异质性和冲突性三大特有的属性。

1.复杂性

与同文化沟通相比,跨文化商务沟通更具复杂性。同文化沟通的过程是:一个意图被发讯者编译成语言或非语言的刺激源,然后传输给收讯者。收讯者将这些刺激源解码,最后以自己对这些主观意图的理解而结束。文化因素的介入增加了跨文化商务沟通的复杂性和困难程度:在一种文化环境中的编码,却要在另一种文化环境中进行解码,即信息的发出者是一种文化的成员,而信息的接收者则是另一种文化的成员。来自不同文化的沟通双方在行为方式、价值观、语言、生活背景上都存在着很大差异,它们在很大程度上影响着和决定了双方如何将信息编码、如何赋予信息以意义,以及是否可以发出、接收、解释各种信息的条件。

2. 异质性

比起同文化内部的沟通,跨文化商务沟通的异质性要高出很多。

文化对其内部成员在思维方式、信仰、态度、价值观等系统的影响,直接塑造了一组特殊的沟通形态。来自不同文化的人们互动时,最明显的差异在于无法共享符号系统,甚至赋予相同符号以不同的意义。对某一个行为,不同文化背景的人可能会作出完全相悖的反应和评价;同样,对不同文化背景的人来说,相同的词或相同的物有时会有着不同的甚至相反的含义。这种异质性是跨文化商务沟通的最大障碍。正如爱德华·霍尔所说:"我深信存在于我们和其他国家的人们之间沟通的障碍很多来源于对跨文化沟通所知甚少。"

小案例1-3　为什么打伞

　　2016年7月,我到瑞典旅游。有点常识的人都知道,北欧夏季阳光明媚,但是紫外线的强度很大。为了防晒,我出门一般要戴着太阳帽或打伞。有一次,我戴着帽子、打着伞在海边散步,碰到一对德国老年夫妇,他们是从德国开着自己的游船到瑞典来游玩的,当时正在岸边休息。看到我打着伞,德国老人很好奇,就问我:"你为什么打伞? 是不是紫外线过敏?"我解释说:"不是紫外线过敏,怎么和你说呢? 我们亚洲人喜欢让皮肤白一些,所谓'一白遮百丑',因此,打伞是为了防止紫外线的照射,防止晒黑。"听完我的解释,德国老人显出震惊的表情,觉得简直不可思议,对我说:"这么好的阳光,千万别错过,尽情享受吧! 不会晒伤皮肤的,不必担心。"

在这个案例中,我和德国老人没有共享的符号系统,导致沟通误解的产生。

3. 冲突性

在跨文化沟通的过程中,由于文化的异质性,沟通双方共同分享的符号系统萎缩或没有足够的共同符号可供使用,导致沟通失败,因此沟通双方产生误解的概率必然增高。误解的产生意味着可能发生冲突,因此,冲突性构成了跨文化沟通的第三大特色。

小案例1-4　精心安排的接待怎么会让客人如此生气?

　　一天,温州香格里拉大酒店迎来了一位特殊的客人,她是日本东京新大谷饭店派来相互交流学习的山口百惠。香格里拉酒店为了迎接这位贵客已经做了几天的精心准备,希望在今天给这位日本贵客带来完美的五星级酒店体验。此次的接待由大堂部陈经理负责。

　　客人刚进入酒店大堂,陈经理就马上认出了她,并且热情地走过去打招呼:"欢迎您来到温州香格里拉大酒店,山口小姐!"并且双手稍用力地握住了山口的右手。为了表示礼貌,陈经理随后掏出了名片,双手奉上。不料山口小姐的脸色有点儿难看,笑而不语,只是默默地接过了名片。陈经理有点摸不着头脑,但没觉得有什么大问题,随后他把山口小姐带到了早就准备好的房间。这是个豪华单人房,门牌号是609号。山口看到后大为不悦,说道:"为什么是这个房间? 我不喜欢。"陈经理似乎还没预见到事情的严重性,他打开房门说:"不用担心,小姐,我们精心为您布置了房间,相信您一定会喜欢的!"房门一打开,满目的紫色映入眼帘,陈经理非常得意地解释道:"女士一般都喜欢非常浪漫的紫色,并且紫色能让人感到轻松,您喜欢吗?"此时的客人非常生气,愤怒地吼道:"你们简直糟透了,你们从来没有站在客人的角度考虑问题,我想这次交流会非常失败!"

该案例表明,中日文化之间的差异产生了跨文化沟通的障碍,不仅造成跨文化沟通的失败,甚至导致某种程度的文化冲突。

四、学习跨文化商务沟通的重要意义

(一) 国际商务发展的需要

自 20 世纪 60 年代以来,随着科学技术的发展和通信手段的改进,国与国之间的联系大大加强,国际商务即发生在国际的经济交往活动越来越频繁。20 世纪末期以来,网络信息技术日新月异,改变了传统贸易模式,世界经济格局进一步发生了极其重大的变化,传统的"国内市场"与"国外市场"的界限日益被打破,经济全球化、一体化成为新的历史发展趋势,"地球村"正在形成。在这种大趋势的冲击下,国际交流与国际合作进一步加强,各国企业正逐步融入一个相互依赖的全球经济体系之中,国际经贸和商务活动以前所未有的速度快速增加。

经济交往的目的在于物质与服务的交换,而物质与服务的交换是通过人际交往实现的,所以国际商务活动的本质是人与人之间进行的、跨文化的、以商务为目的的交际和沟通活动。因此,在经济全球化环境下,对处于国际经济和商务环境下的企业或个人来说,有效的跨文化沟通是从事经济和商务活动的前提。因为,在跨文化的背景中,人们所面对的是不同文化背景、语言、价值观心态和行为的合作者,一切活动都是在与异文化沟通交流的基础上进行的。沟通不当,轻则造成经济贸易和商务活动的失败,重则造成双方的误解和关系恶化。美国是一个文化包容性很强的国家,但据《华尔街杂志》估计,美国每年因跨文化商务沟通方面的失误而造成的损失就有几十亿美元。

英国著名经济学家托马斯·孟(Thomas Mun)早就指出,一个优秀的跨国企业管理人员和商人应具备的品质之一是"应该能说多种语言,并熟悉各国的法律、风俗、政策、礼节、宗教、艺术状况"。所以,了解跨文化商务沟通的知识、提高跨文化沟通的能力、消除文化差异造成的障碍、减少误解与分歧、增加彼此的交流和信任,是国际经济贸易与商务的需要,是时代的呼唤,是大势所趋。

(二) 国际化企业管理的需要

经济全球化使得各国在市场和生产上的相互依存日益加深,生产要素得以实现跨国界的流动,资源配置得到优化,从而促进了跨国公司的发展。在跨国公司和合资企业中,员工及合作者具有不同的文化背景,其认知方式、思维方式、价值观、语言、工作态度等都有所不同,管理者如果忽视文化因素的影响和作用,往往会造成沟通障碍和信息链中断,极易引起以下三种后果:第一,文化壁垒。缺乏有效的跨文化沟通会影响管理者与员工之间的和谐关系,导致管理者机械地按照规章制度来控制企业的运行而对员工更加疏远。与此同时,由于无法正确地接受管理者的管理,员工容易对管理者甚至包括与管理者具有相同或相似文化背景的人产生排斥心理,其结果是双方都难以有所作为,社会距离进一步加大。第二,信任危机。文化壁垒强化了双方之间的沟通障碍,减少了沟通的可能性,导致信任危机。管理者认为员工懒惰,缺乏工作热情和责任心,而员工则认为管理者机械呆板、自以为是、傲慢自大,其结果是双方误会越来越多,冲突愈演愈烈。第三,目标不统一。具有不同文化背景的管理者和员工,其价值观、工作态度及追求大不相同,再加上由于有效跨文化沟通的缺乏而造成的信任危机,必然难以形成统一的企业目标,提高企业凝聚力,其结果是企业经营管理效率的低下和业绩的下滑。这样的例子可谓不胜枚举。

小案例 1-5 　东风日产合并之初面临的文化问题

由于文化差异的存在,合资企业在经营过程中必然会产生各种各样的冲突,这些冲突在早期的东风日产内部也十分突出,主要表现在以下两个层面上。

首先,从表面层面上看,由于双方的语言障碍或因翻译不准确而造成对对方意图理解迟缓甚至误解是引发文化冲突的直接原因。即使中日两国的传统文化背景有一些相似之处,但正如东风日产的日方总经理吉田卫所说:"即使使用相同的汉字,表达的意思可能也不同,没有充分的沟通就可能导致误解。"受语言不通的影响,本来 10分钟可以解决的事情在东风日产的中国员工和日本员工之间往往要花一两个小时,导致中日双方员工之间主动沟通减少,阻碍了员工之间信息和情感的顺畅交流。由于合资双方未能进行有效的沟通,双方缺乏对对方社会文化环境的理解;同时,双方随着文化自我意识的膨胀而以己度人,不愿对对方的管理方式和企业文化进行深入了解以至对对方期望值过高,进而在思维方式、行为习惯等方面产生摩擦、碰撞。

其次,从本质层面上看,文化冲突会对企业经营产生重大影响。在合资企业里,双方各有自己的母公司,代表着各自的利益诉求。不同利益诉求在合资企业里如果得不到统一,那么双方就无法建立相互理解和信任的协调机制,更无法形成共同的价值观。这一冲突在东风日产成立伊始表现得尤为突出:日产刚进入中国,日方对中国市场了解甚少,但公司却完全以日方管理为主导,而以东风日产副总经理任勇为代表的中方管理团队了解中国市场,擅长市场推广,却分管生产制造。中日双方不以合资公司利益为重,各为其主,彼此不信任,以争取自己的母公司的利益为先,以致决策缓慢甚至出现决策失误,由此导致了恶劣的后果:合资不久后的东风日产比合资前的中方母公司风神公司经营状况要差,经营业绩未能进入行业的前 10 位,面临被边缘化的危险。

小案例 1-6　喝茶事件

一家美国公司在英国伯明翰购买了一家纺织工厂,希望把它作为进入欧洲市场的桥头堡。在购买后不久,美国的管理者意识到该厂生产上存在一个重大问题——工人们在喝茶休息上所耽误的时间太长。在英国,一个工人在喝茶休息上要花费半个小时的时间。工人都会沏自己所喜欢的茶,然后用 1 品脱的器皿慢慢品尝……

管理者建议工会用美味的咖啡缩短"品尝的时间",把它改为 10 分钟。之后的一个星期一早晨,公司装了一台饮茶机,其龙头底下只放了纸杯,而这纸杯只能接标准量的饮料。1 品脱的容器被 5 盎司的纸杯所代替。这一改变令工人们骚动起来,生产也停止了。即使在饮茶机被取走之后,工人们仍然联合抵制这家公司,直到它被迫关闭。

美国公司对英国工厂"喝茶事件"进行改革失败的主要原因是跨文化沟通的障碍。美国公司没有重视不同文化对员工行为的影响,企图用自己的文化价值去规范不同文化员工的行为,显然是行不通的。

可见,对于跨国公司而言,如何在多元文化条件下进行跨文化的有效沟通,直接影响着企业管理的有效性以及企业内部运作和外部运作的效果。跨文化沟通是跨国企业和合资企业管理的出发点与首要前提。许多世界知名的企业管理者都将跨文化沟通能力看作他们取得成功的关键。根据一项对世界 500 强企业老总的调查,他们一致认为全球性的领导应该具备八种跨文化沟通能力:应该能说一门以上的外语;应该能够理解不同的政治经济体系;应该能很快适应不同的社会环境;应该能与不同文化的人有效地谈判和解决冲突;应该能在不同文化背景下很快地解决问题;应该能够理解不同文化背景的人的心理;应该能够鼓励来自不同文化背景的人;应该能够具有管理文化差异的能力。

(三)移民潮现象的出现

近年来,交通的便捷、互联网的迅猛发展、经济的全球化使得国界变得越来越模糊,从而掀起一轮轮移民潮。人们为了寻找一个更理想的居住环境、学习新知识或获得更多的就业机会而远走他乡。同时,社会不稳定也成为移民潮的重要推动因素,如东欧和非洲多年的政治动荡,引起人口大量迁移。另外,近年来,随着工商业的发展,经济发达国家因为劳动力缺乏,从经济欠发达国家大量引入外籍工人。这一切都使来自不同文化或国家的人们穿越国界变得日益容易与频繁。

这种移民潮或人们频繁出入于不同国家的现象,使得当今社会成为一个多族裔的结合体。这意味着:第一,在同一国家内,进行跨文化商务沟通成为不可避免的现象;第二,来自不同族裔的人们学习如何认识、理解对方文化已成为一种常态。

(四)区域联盟的出现和发展

由于全球化的发展,越来越多的国家加入区域联盟,不再也无法在政治上或经济上单打独斗。例如,亚太经济合作组织(Asia-Pacific Economic Cooperation,APEC)、东南亚国家协会（Association of Southeast Asian Nations，ASEAN）、欧洲共同市场（European Community）、欧洲经济共同体（European Economic Community，EEC）、北大西洋公约组织（North Atlantic Treaty Organization，NATO）、北美自由贸易协议（North American Free Trade Agreement，NAFTA）、欧洲经济合作组织（Organization for European Economic Cooperation，OEEC）、石油输出国组织（Organization of the Petroleum Exporting Countries，OPEC）等跨国区域性组织的出现，直接淡化了国家的概念，使得整个世界的联系性和相互依存性日益增强。在这种大环境之下，唯有顺势而行，培养对不同族裔、不同文化的认同，成为一个跨文化沟通的高手，我们才能与时俱进，创造更加丰富与成功的人生。

五、跨文化商务沟通学的发展历程、研究范式和研究方法

（一）跨文化商务沟通学的发展历程

跨文化商务沟通学是一门非常年轻的学科，也是一门典型的交叉学科。

第二次世界大战后，美国成为世界上第一超级大国，在世界上许多地区建立了军事基地。在扩张过程中，需要对当地的文化和交流模式进行研究。同时，经济的发展也使美国与不同文化国家交往的频率与范围不断扩大，促进了文化人类学、社会心理学、语言学、传播学等学科对文化差异与信息传播关系的研究。跨文化商务沟通领域的开拓者是文化人类学家爱德华·霍尔。1959 年，霍尔在其出版的著作《无声的语言》（*The Silent Language*）中探讨了文化对沟通的影响。在这里，霍尔说的无声语言就是文化。在这本书里，他首次提出了"跨文化交际"的概念，并指出了跨文化交际学与商务活动之间的关系，他认为，高/低语境理论可以解释和解决国际商务活动中由于文化差异所导致的沟通与管理上的问题，并且应当对国际贸易人员进行跨文化交际训练。这些观点，引起了许多学者的关注与兴趣。近年来，霍夫斯塔德（1980）、蔡安迪斯（1989）、特龙帕纳（1993）提出以个人主义和集体主义为核心的文化维度理论，为跨文化商务沟通学提供了坚实的理论基础。他们以国家文化为着眼点，探讨不同国家文化对人类价值观和交际行为的影响，分析跨国商务环境中因文化取向不同而导致的文化误解和冲突问题。尼斯亚马（2000）和瓦尔纳（2000）等学者进一步提出，跨文化交际知识是跨文化商务交际的先决条件而非唯一条件，过度强调国家文化容易导致思维定式，要对国际商务交际实践进行充分理解，必须全面考虑文化、交际、商务三大因素的综合作用，具体表现为文化策略、交际策略、商务策略。三者之间通过相互作用共同建构动态变化的系统。这一观点将跨文化商务沟通的研究视野进一步拓展。同时，跨文化商务沟通学广泛吸取心理学、行为科学、传播学、跨文化交际学、管理学的最新研究成果，逐渐形成一个完整的体系。

跨文化商务沟通学是将文化、沟通与商务三个变量整合为一体而形成的新的学科，它基于文化视角，主要研究商务组织中的个体和群体在跨文化沟通过程中遇到的障碍与问题，并提出行之有效的解决方案，旨在帮助企业经营管理人员提升跨文化沟通能力，提升个体和群体绩效，从而实现个人目标和组织目标。

如今，跨文化商务沟通学受到国内外学者的广泛关注，已有大量的著作和教材问世。

随着管理实践的发展,还会有更多的新问题不断涌现,因此跨文化商务沟通具有广泛的研究空间和发展前景。

(二)跨文化商务沟通学的研究范式

主位(emic)和客位(etic)这一对概念是美国语言学家和人类学家派克于 1954 年提出来的。这两个术语源于语音学的音位(phonemic)和音素(phonetic)。派克发现语音学中的音位和音素相互对立,于是去掉"phone"词头,发明了主位和客位这两个术语。文化人类学家把"主位"和"客位"引入人类学调查中,并形成主位研究和客位研究两种范式。

1. 主位研究

主位研究是从被研究者的文化内部的角度去分析异文化,研究这一文化是如何适应环境的。它提倡根据一个社会或一个民族自己的观点、自己的架构来研究它们自己的文化,反对用研究者的价值标准从外部去审视一个社会的文化,反对以在其他文化研究基础上形成的理论、规律等为框架去分析被调查民族的文化。主位研究要求研究者长期生活在被调查者地区,由局外人变为局内人,在调查和分析中,发现该文化中像音素那样有核心意义的概念和术语,并用其概念和术语分析该文化的整个体系。这样,不需要加入研究者的主观思维,而由研究对象来说话。

2. 客位研究

客位研究是从研究者、文化外部的角度去研究一种文化,通常运用研究者自己或他人创立的理论和方法对被研究者的文化进行研究。也就是研究者使用像国际音标那样的、适用于任何文化的理论、概念、术语和分析框架,分析世界各民族的文化,提出自己的看法和解释,并通过这种比较、分析,以检验自己所掌握的理论正确与否。

目前,大多数跨文化实证研究都同时用到主位研究和客位研究,如先在本文化中抽象出一个理论(主位研究),然后将其运用到其他文化中,对其在其他文化的适用性进行验证(客位研究)。

(三)跨文化商务沟通学的研究方法

跨文化商务沟通学广泛汲取了相关学科的研究方法,已形成多样化的方法体系。

1. 观察法

观察法是有计划、有目的地观察研究对象在一定条件下言行的变化,作出详尽记录,然后进行分析处理,从而判断其文化特点和沟通方式的一种方法。

观察法是文化研究的最基本的方法,是收集第一手资料最直接的手段。它可按不同的维度分为不同的类型。从时间上可将观察法分为长期观察和定期观察。长期观察指研究者在一个较长的时间内连续地进行系统观察,积累资料,并加以整理和分析;定期观察指按一定的时间间隔(如每周一次)持续观察,到一定阶段再予以总结。从范围上可将观察法分为全面观察和重点观察。全面观察指在同一研究内对若干文化现象同时加以观察记录;重点观察则是在同一研究内只观察记录某一种文化现象。从规模上可将观察法分为群体观察和个体观察。群体观察指研究者的观察对象是一个群体,记录这一群体中发生的各种活动;个体观察又称个案法,是对某一个体做专门观察的方法。

2. 访谈法

访谈法又称晤谈法,是通过访员和受访人面对面的交谈来了解受访人的心理和行为,以判断其文化特点和沟通方式的一种方法。在访谈过程中,尽管谈话者和倾听者的角色经常在交换,但归根到底访员是倾听者,受访人是谈话者。

因研究问题的性质、目的或对象的不同,访谈法具有不同的形式。根据访谈进程的标准化程度,可将访谈分为结构型访谈和非结构型访谈。前者的特点是按定向的标准程序进行,通常采用问卷或调查表;后者指没有定向标准化程序的自由交谈。根据访员掌握主导性的程度,可将访谈分为指导性访谈和非指导性访谈。根据受访人的多少,可将访谈分为个人访谈和团体访谈。根据访谈内容的作用方向,可将访谈分为导出访谈(即从受访人那里引导出情况或意见)、注入访谈(即访员把情况和意见告知受访人)以及既有导出又有注入的商讨访谈。在商讨访谈中,商讨的内容以受访人为中心时,称为当事人本位访谈;商讨的内容以问题事件为中心时,则称为问题本位访谈。

3. 问卷法

问卷法是通过由一系列问题构成的调查表收集资料以测量被调查者的行为和态度,并确定其文化特点和沟通行为的一种研究方法。"问卷"译自法文"questionnaire"一词,其原意是"一种为统计或调查用的问题单"。问卷是研究者按照一定目的编制的,对于被调查者的回答,研究者可以不提供任何答案,也可以提供备选的答案,还可以对答案的选择规定某种要求。研究者根据被调查者对问题的回答进行统计分析,就可以作出某种结论。

问卷法的类型很多,根据要求被调查者回答问题形式的不同,主要有六种类型:第一,自由叙述式。不给被调查者提供任何答案,让其按自己的想法用文字自由地回答。第二,多重选择式。让被调查者从提供的互不矛盾的答案中选择出一个或几个答案来。第三,是否式。让被调查者以"是"或"否"即二择一的方法选择提供的答案。第四,评定量表法。让被调查者按规定的一个标准尺度对提供的答案进行评价。第五,确定顺序式。让被调查者对提供的几种答案按一定的标准(好恶或赞同与否等)作出顺序排列。第六,对偶比较式。把两个调查项目组成一组,让被调查者按一定的标准进行比较。这六种问卷类型各有其优点和缺点,要根据研究的目的、任务和被调查者的特点选择使用。研究者通常将几种形式并用。

4. 定量法

定量研究是国际主流学者最常用的研究方法,而在定量研究方法中,差异对比和关系确定是最主要的两个研究目的。所谓差异对比,就是通过对比两个或两个以上不同文化集团成员的交际行为,从中发现他们行为上的相同或不同之处。这一类研究在国际主流研究文献中所占的比率非常高。在这类差异对比的研究中,学者们最常采用的数据分析方式是测试(test)、单向方差分析(one way analysis of variance)和多变量方差分析(multivariate analysis of variance)。所以,简单地说,差异对比,就是根据研究对象在变量平均数上的差异来探索和解释文化差异可能对交际行为产生的影响。关系确定的主要目的是寻找交际行为和文化变量之间的关系。以此为目的的研究,采用最多的数据分析方式是皮尔逊相关(Pearson correlation)、因子分析(factor analysis)、确认性因子分析

(confirmatory factor analysis)和多元回归(multiple regression)。其中因子分析和确认性因子分析是研究人员在开发各类测试量表时使用最多的工具。

定量测量可以在很大程度上减弱主观因素和情境因素对研究过程的影响,并且其结果可以用科学的方法来检验,具有普遍性,因此已得到学术界的普遍认同。但是,定量测量的理论基础、样本选择、分析工具共同决定着研究结果的质量,因而定量测量也容易受到反对者的攻击。虽然如此,由于定量测量更科学、更理性、更具普遍性,因而越来越受到理论界的关注和重视。更多的学者不是在质疑这种方法,而是在尝试如何设计和完善定量测量方法。

复习思考题

1. 什么是人际沟通?有效沟通的标志是什么?
2. 沟通过程包括哪些要素?
3. 什么是文化?文化有哪些特征?
4. 什么是跨文化商务沟通?它具有哪些特点?
5. 为什么要学习跨文化商务沟通?
6. 跨文化商务沟通的研究范式有哪些?
7. 跨文化商务沟通的研究方法有哪些?

思考案例

项目经理迈克的困惑

迈克是来自美国得克萨斯州的一位项目经理,主管印尼的一支多元文化团队,其成员来自印尼、日本和美国。周五早上有一个重要会议,迈克要求其团队成员9点钟必须准时到会。然而,直到9点20分,其中3个印尼成员才到达会场,令人意想不到的是,他们每个人还带来3名不速之客。迈克只好重新布置会场,指挥会议协调员另外搬来9把椅子,以安排这9名额外与会者就座。这时,迈克注意到一个有趣的现象:4位日方成员迅速调整了座位并坐到了一起。

接着,大家都坐等印尼方的高级成员布迪先生来做会议开场白。他不仅姗姗来迟,而且还将原定5分钟的讲话拖延到10分钟,结果原定9点钟开始的会议一直拖到9点45分才正式开始。迈克宣布了会议议程并请各位成员提出问题。令他感到惊讶的是,没有一个人愿意首先开始提问。这时他才意识到应先邀请布迪先生发言。果然,等布迪先生讲话之后,团队成员才一一开口。

起初,迈克还能较好地控制讨论进程,但他很快发现印尼成员私下开起了小会,迈克对此感到很气恼。通常,他希望会议成员集中精力商讨团队计划和发展目标。讨论进行到一半时,迈克与美方技术总监罗伯特产生了分歧。两人之间的激烈争执使来自印尼和日本的团队成员颇感吃惊。10点30分,印尼与日本的团队成员要求休息。休息期间,印尼的团队成员对迈克只准备咖啡而没有提供点心的做法表示不满。遗憾的是,迈克已在印尼工作数月,竟没有注意到这个最基本的印尼习俗。

会议重新开始之后,迈克想以一项民主表决结束会议,他希望日本的团队领导能投赞同票。但这位日本团队领导提出给他一周时间,以便他与东京总部协商,结果使迈克的项目日程不得不推后一周。这令迈克心灰意冷。但这位日本团队领导却认为这是报复和为难迈克的好机会,他甚至当面质问迈克:"为什么我们二人同在一间办公室,两人相距不过 25 英尺,你却只是一个劲地给我发送电子邮件,而不亲自找我面谈?"

案例思考题:这个跨文化团队遇到的主要沟通障碍是什么?

第二章

跨文化商务沟通的重要理论基础

导读案例

日本工人怎么如此粗鲁

　　下面是一段对话,发生在一家美日合资公司。美国人琼斯是车间的管理者,日本人杉木是装配线上的一名普通工人。

　　琼斯:杉木先生,我注意到你工作很用心,干得非常出色。我希望其他工人都能以你为榜样,对工作全力投入。

　　杉木:(感到不安)表扬就没有必要了,我只是在做我该做的事。(他希望其他日本工人什么也没有听见。)

　　琼斯:您是我在公司所看到的最优秀、最杰出、最尽心尽力的工人。

　　杉木的脸红了,点了好几下头,继续做他的事情。

　　琼斯:唔,杉木先生,您是打算说声"谢谢"还是继续保持沉默?

　　杉木:对不起,琼斯先生,我可以请5分钟假吗?

　　琼斯:当然可以。(他很生气地看着杉木走开。)我真是不敢相信,一些日本工人竟然会这样粗鲁,他们好像对表扬感到不安,也不作出回应。

　　美国管理者琼斯先生在公众场合表扬了一位日本工人杉木先生,这是一种典型的美国式做法。美国是一个崇尚个人主义的国家,在他人面前当众受到表扬的人往往会感受到极大的鼓舞,他们通常会说"谢谢"。正是基于这样一种文化背景,琼斯先生认为,那位日本工人在听到他的表扬之后,会像那些美国工人那样很高兴地向他说声"谢谢",但是令他没想到的是,那位受到表扬的日本工人对他的表扬深感不安,并没有把它当作一件了不起的事情。

　　琼斯先生认为,或许他应该用一些分量更重的词来进行表扬,于是他用了英语中一些最高级的形容词来表扬他,像"最优秀的""最杰出的""最尽心尽力的"等,使他大为吃惊的是:这使情况变得更加糟糕——那个日本工人脸红了,他埋头干活,不再说一句话,仅仅点了几下头。琼斯先生如堕五里雾中:他的实事求是的表扬到底错在哪里? 那个日本工人怎么了? 由于他实在无法忍受这一切(这恰恰也是美国人的性格),他不得不直截了当地向那位日本工人发问:"您是打算说声'谢谢'还是继续保持沉默?"

深入思考这个案例,我们就会发现这次沟通失败的主要原因是:琼斯先生不了解并且忽视了日本文化的特点。日本是典型的群体主义文化,集体主义精神已经深深融入了日本人的心里。在日本,你不可以把某一个人从他所在的小组中挑出来单独表扬,否则,不仅会把那位日本工人逼到墙角——毫无准备而且无言以对,而且还会产生另一种副作用,即琼斯先生也会失去在场的其他日本工人对他的尊敬。

由该案例可以看出,在你开启跨文化沟通之旅之前,区分不同文化、了解不同文化之间的差异,对于有效沟通是非常关键的。本章介绍的文化价值观理论提出了区分文化差异的思路和方法,对于帮助我们理解、解释和预测特定群体的文化行为和动机具有重要的指导作用。

一、文化价值观

美国文化人类学家克莱德·克拉克洪(Clyde Kluckhohn)指出:"文化基本核心由两部分组成,一是传统(即从历史上得到并选择)的思想,一是与人类有关的价值观。"这种思想在文化研究上产生了重要的影响,因为越来越多的研究表明,一个民族文化的特色主要由其传统和价值观决定。

文化价值观系统是评估一群人行为的标准。它代表一组经由学习获得的法则,这些法则是用来解决文化所碰到的问题及如何做决策的依据。也就是说,我们在判断"什么是重要的,什么是不重要的,什么是对的,什么是错的,什么是该做的,什么是不该做的"的时候,都依赖于我们的文化价值观。幽默大师林语堂博士在他的名著《吾国与吾民》中列举了中华文化的特色:为稳健;为纯朴;为爱好自然;为忍耐;为无可无不可;为狡猾俏皮;为生殖力高;为勤勉;为俭约;为爱好家庭生活;为和平;为知足;为幽默;为保守;为好色。姑且不论我们是否完全同意中国人生性好色的描述,林语堂这十五条对中国人民族性的精彩描述,其实就代表着中国的文化价值观。

文化价值观与人际沟通行为密切相关。根据斯塔拉姆(Sitaram)和海帕南(Haapanen)的看法,这二者存在两种彼此依存的关系:第一,价值观必须由符号行为来传递。沟通过程中人们使用的符号语言或行为,虽然可能受到自己内在动机的影响或当时沟通情境的牵制,但本质上却反映了深植于内心并经由社会化过程习得的价值观系统。也就是说,我们的文化价值观通常表现在语言与非语言的沟通行为上。其中,语言的沟通用来强调个人或团体信仰的特殊价值观的重要性,非语言的沟通则借助各种社会礼仪来传达价值信仰。第二,沟通行为受制于价值观。沟通本身在扮演着传递文化价值观的角色时,也直接受到价值观的冲击和影响,产生变化并形成不同的形态。这种影响,主要是因为价值观决定沟通过程中什么是可以做或不可以做的,什么是好的或不好的等判断取舍的标准。以中国人为例,"和谐"是中国文化最主要的价值观之一,这种观念给中国人的沟通行为设定了五大行为准则:自制;不直接拒绝;给别人面子;礼尚往来;重视特殊性关系。

正因为人际沟通行为受到价值观的制约,理解文化价值观就成为跨文化商务沟通的出发点。

二、克拉克洪的六大价值取向理论

佛罗伦斯·克拉克洪（Florence Kluckhohn）与弗雷德·斯多特贝克（Fred Strodtbeck）是较早提出文化理论的美国人类学家。佛罗伦斯·克拉克洪是美国著名文化人类学家克莱德·克拉克洪的妻子，曾是美国哈佛大学教授，现已故世。她曾在太平洋战争时参与了一个由美国战争情报处组建的约 30 人的专家队伍，研究不同文化的价值、民心和士气。这个研究组通过对日本民族的心理和价值观的分析，向美国政府提出了不要打击和废除日本天皇的建议，并依此提出修改要求日本无条件投降宣言的建议。第二次世界大战后不久，哈佛大学加强了对文化价值维度研究的支持力度，并与洛克菲勒基金会一起资助克拉克洪、斯多特贝克等人在美国得克萨斯州一片方圆 40 英里（1 英里 ≈ 1.61 千米）的土地上，针对一个有着五种不同文化和种族的社区进行了一项大规模的研究。这项研究的主要成果发表于《价值取向的变奏》（1961）一书中。在该书中，佛罗伦斯·克拉克洪沿用了她的丈夫克莱德·克拉克洪提出的有关价值观的定义：“价值观是一种外显的或内隐的，有关什么是‘值得的’的看法，它是个人或群体的特征，它影响人们对行为方式、手段和目的的选择。在一个个有关‘值得的’看法的背后，是一整套具有普遍性的、有组织的观念系统，这套观念系统是有关对大自然的看法、对人在大自然的位置的看法、人与人关系的看法以及在处理人与人、人与环境关系时对值得做和不值得做的看法”，克拉克洪称之为“价值取向”。这个概念使得“价值观”在概念结构上清晰了很多，它影响个体在某种行为可能的状态、方式或结果中作出选择。既然价值取向是稳定的、动态的表现，在价值取向层面进行测量也就成为可能。

在所有人类社会必须面对相同问题，而且在有限的解决方法之内，各个社会有所不同的假设上，克拉克洪和斯多特贝克概括出六种价值观维度，即人性取向、人与自然的关系、时间取向、人的活动取向、关系取向、空间取向。对于每一个维度，他们提供了三种解决方案，也就是价值取向，设计了著名的价值取向量表（表 2-1）。

表 2-1 克拉克洪和斯多特贝克价值观类型

价值观维度	变 化 类 型		
人性取向	善	混合	恶
人与自然的关系	征服自然	自然和谐	服从自然
时间取向	过去	现在	未来
人的活动取向	做	存在	成为
关系取向	个体主义	集体主义	权威主义
空间取向	公开	混合	隐私

克拉克洪和斯多特贝克进一步指出，不同民族和国家的人在这六个维度上有相当不同的观念，而不同的观念显著地影响了他们生活和工作的态度与行为。

（一）人性取向

人性取向涉及人类本质的内在特性。

克拉克洪和斯多特贝克认为在回答人性取向的问题时要考虑两个方面：首先，人性是善，是恶或是善恶的混合体；其次，人性是否可变。此外，他们进一步提出"混合"既可以指善恶兼而有之，也可以指无恶无善。因此，在回答人类的本性这个问题时，我们可以有八种解决问题的方法：第一，人性本恶但可变；第二，人性本恶且不可变；第三，人性善恶兼而有之但可变（或变好或变坏）；第四，人性善恶兼而有之且不可变；第五，人性无恶无善但可变；第六，人性无恶无善且不可变；第七，人性本善但可变；第八，人性本善且不可变。

不同文化中的人对人性的看法差别很大，一般认为有三种取向，即性本善、性本恶、善恶并存。例如，中国人受儒家学说影响，认为"人性本善"。《三字经》当中的第一句话也是"人之初，性本善。性相近，习相远"。也就是说，人的本性是向善的，是好的。而且，这种本性是相同相近的，带有普遍性的。孟子也曾说："恻隐之心，人皆有之。……仁义礼智，非由外铄我也，我固有之也。"基督教崇尚"原罪说"，认为"人性本恶"。基督教认为，伊甸园是上帝为人类的始祖准备的一个极乐世界，人类的始祖夏娃吃了智慧之树的果子，并让亚当也吃了，于是有了羞耻感。同时，他们也违背了上帝的意志，对上帝犯了罪，受到上帝的惩罚，女人受到的惩罚是怀孕的苦楚，男人受到的惩罚是终身劳苦勉强度日，且被逐出伊甸园贬下尘世。人类因其祖先的罪行在出生时就有罪，即为原罪。人类在尘世的生活是短暂的，这是一个过渡期，是人类赎罪的过程，赎罪的目的是重返天堂。这种建立在基督教教义之上的人性恶思想深刻影响着西方人。美国文化对人性的看法比较复杂，不单纯地认为人生来善良或生性险恶，而认为人性可善可恶，是善恶混合体。他们同时认为人性的善恶有可能在出生以后发生变化。

（二）人与自然的关系

不同文化的人对"人与自然的关系"存在不同看法。克拉克洪与斯多特贝克认为人与自然之间存在着三种潜在的关系，即征服自然、自然和谐以及服从自然。例如，在很多中东国家中，人们把生活视为命中注定的事情。当什么事情发生了，他们倾向于认为是"主的旨意"，也就是服从自然。相反，美国人和加拿大人则相信他们能够控制自然。例如，他们愿意每年花费上亿美元经费从事癌症研究，因为他们相信可以找到诱发癌症的病因，发现治疗癌症的办法，最终消除这种疾病。介于两个极端之间的是一种更为中立的看法，即希望寻求与自然的和谐关系。例如，很多远东国家（包括中国）的人们，对待环境的做法就是以它为中心活动，力求与自然同步，既不操纵，也不低头。

🏺 小案例 2-1　中国建筑与美国建筑的区别

众所周知，中国人讲求"风水"。风水的本质是强调人与大自然之间的和谐关系，房子的朝向、形状等都要与周围的自然环境相和谐，那样才能人丁兴旺、生意发达。如海尔的工作大楼四面看上去都一样的建筑风格就与此相关。而美国人则从不考虑建筑与风水的关系,强调的是人通过改变自然环境去实现自己的创作意图,达到自己的目标。

因此,我们可以得出这样的结论,人主导环境是美国建筑文化的特色,而人与环境的和谐则是中国建筑文化的特点。

（三）时间取向

不同文化的人有不同的"时间取向",主要有现在导向、未来导向和过去导向。例如,美国人关注的是现在,认为当前最重要。你可以在绩效评估的短期取向中看到这一点,典型的北美组织每 6 个月或一年对员工进行一次评估。同时,美国人也很关注未来,如国防、经济或太空等政策的拟定,通常要延伸到几十年以后。相反,日本人则是未来导向的,这也在他们的绩效评估方法中得到反映。日本的工人常常用 10 年以上的时间来证明他们的价值。还有一些文化对时间持另一种观点:他们关注的是过去,相信并重视过去发生的事情,历史、已确定的宗教及传统对他们至关重要。例如,意大利人就愿意追随着他们的传统,寻求并采取保护他们历史的实践活动。

（四）人的活动取向

不同文化在"人的活动取向"维度上的看法大相径庭。有"做""存在"和"成为"三种取向。

美国社会是一个强调行动（"做"）的社会,人们必须不断地做事、不断地处在动之中才有意义,才创造价值。美国人工作勤奋,并希望因为自己的成就而获得晋升、加薪以及其他方式的认可。他们同时还注重活动的类型,活动通常要具有外在形式,必须是可以量化的活动类型,能够看得见、摸得着。在评估一个人时,美国人总是问"他/她做过什么?"和"他/她有什么成就?",如果一个人坐着思考,就会被认为什么也没做,因为思考不能量化、不能测量。

"存在"取向与"做"取向刚好相反。安然耐心被视为美德之一,而非无所事事的表现。中国文化便是"存在"取向,提倡"以静制动""以不变应万变"。此外,在中国,当人们想了解一个人时,总是先打听他的背景,如家庭出身、教育程度、工作单位、社会关系等。而不管这个人曾做过什么、有哪些个人成就。

"成为"取向强调的是"我们是谁",而不是我们做了什么。这种文化认为,人类活动的中心是在自我发展的过程中努力成为更完整的自我。如禅宗和尚就是一个最好的例子。为了圆满自己,他们愿意花费一生的时间进行沉思与冥想。

（五）关系取向

不同文化对于"自身和他人的关系"的看法不同,可以分为个人主义导向、集体主义导向和权威主义导向。例如,美国人是高度个人主义的,他们使用个人特点和个人成就来定义自己,他们相信一个人的责任是照顾好自己。而马来西亚人和以色列人则将集体视为更重要的社会单位,认为集体目标高于个人利益。在以色列集体农场中,人们共同工作,共享奖励。他们看重的是群体的和谐、统一和忠诚。英国人和法国人则遵循另一个取向，他们依赖于等级关系，属于权威主义导向。在等级制取向的国家中，群体分成不同的层次等级，每个群体的地位保持稳定，不随时间的改变而改变。等级社会倾向于实行贵族统治。很多欧洲国家中的贵族就是这一取向的例子。

（六）空间取向

不同文化的"空间概念"差别也非常大，主要分为公开、隐私和混合三种类型。中国人倾向于把空间看成公共的东西。中国家庭中的房间常常没有单独的门锁，家里任何人都可随意进出，包括父母的房间、孩子的房间。父母进入孩子的房间无须敲门，有的父母甚至擅自拆读子女的信件、翻阅子女的日记而不以为然。日本的组织表现出他们社会的公开特性。那里几乎没有私人办公室。经理和操作工人在同一间屋子里、在中间不分隔的桌子上办公。北美人的公司也反映出他们文化的价值观。他们通过一个人使用的办公室和拥有的秘密来反映这个人的地位。重要会议都要在关着门的房间里进行。空间常常是除本人之外其他人无权使用的。在具有混合取向的社会中，隐私和公开也是交融在一起的。例如，这里可能拥有很大的办公室，但墙仅有 1.5～1.8 米高，因而创设了"有限的隐私"。

总的来看，克拉克洪和斯多特贝克提出的这个价值取向模式，既简明又扼要，它提供了六个普遍性维度，针对每个维度提出三种价值取向。用克拉克洪与斯多特贝克提出的六大价值取向理论来区分文化，能够帮助我们理解许多平时观察到的文化差异现象，并对有些"异常"行为进行合理的解释。之后学者发展出来的模式，都是以这个模式为基础的。

小案例 2-2　日本文化的价值取向

基于克拉克洪和斯多特贝克的六大价值取向理论，我们来分析日本文化的特征：

第一，日本人认为应该维持人与环境之间的平衡。假设某公司的产品存在不易察觉的缺陷，并且会给消费者带来伤害，在许多国家，受害者的家人会联合向制造商提起控告，但是这种现象在日本很少出现。日本文化中，人们倾向于认为，个人无法控制所有的情形，意外事故时有发生。因此，当这种情况发生时，日本的受害者会接受厂商真诚的道歉，接受一个小小的补偿，并要求厂商承诺以后不会再出现类似情况。

第二，日本文化更关注未来。因为日本文化强调个人和组织之间的紧密联系，所以在日本经营业务时，与他人建立长期的关系相当重要。在商务关系中，日本公司会与顾客保持紧密、持续的接触，以保证顾客的需求得到满足。这种关系也构成了供应商了解消费者在将来想得到什么商品和服务的基础。

第三，日本文化认为人们是值得信任的。日本公司之间的商业往来是建立在互相信任的基础上的。双方一旦签订合约就很难中止，除非出现非常严重的不可控因素。人们都很害怕因为无法履行商业承诺而"丢面子"。除了商务活动之外，社会生活的方方面面也反映了日本人之间的相互信任。日本的犯罪率非常低，就算是晚上在大城市的街道上行走也非常安全。

第四，日本人注重成就感——不一定是为了自己，更是为了雇主和工作团队。日本的孩子通过参与对学校的维护很早就意识到了集体的重要性，他们一起拖地、擦窗户、擦黑板、整理课桌椅。他们还把这种在学校养成的习惯带到工作岗位上，管理者和员工都朝着公司的目标而共同努力——日本的管理者通常会在考虑下属的情况后才做决策。采购员、工程师、设计师、工厂监管人员以及市场营销人员在生产的每一个环节上都通力合作。

第五，日本文化具备公开化的特性。人们经常可以发现日本公司的高层就在开放的办公室里办公，他/她的办公桌被许多其他员工的办公桌包围着。这个特点也反映到日本社会的方方面面，例如，日本人比较钟爱公共浴室。

三、霍夫斯塔德的民族文化维度理论

随着跨国公司的兴起，对于来自不同国家、不同民族的员工进行有效的管理是企业所面临的又一问题。从 20 世纪 80 年代起，许多学者从各个层面对组织文化进行了深入的研究，其中社会人文学博士、荷兰文化协作研究所所长霍夫斯塔德从民族文化层面提出的文化维度理论影响巨大且被广泛接受。

1980 年，霍夫斯塔德在调查 66 个国家的 117 000 位 IBM 员工的工作价值观的基础上，发现有四个文化维度可以分辨出不同文化中公民的行为差异。这四个文化维度分别是：个人主义和集体主义（individulism/collectivism），权力距离（power distance），不确定性规避（uncertainty avoidance），价值观的男性度与女性度（masculinity/femininity）。他在《文化的结果》一书中发表了该研究的成果。

20 世纪 80 年代后期，霍夫斯塔德又重复了 10 年前的研究，但这次包括了更多的国家和地区。这次的研究结果不但证实了上述四个维度的存在，同时结合他的学生彭麦克在香港的研究成果，又发现了一个新的维度：长期导向和短期导向（long-term oriented / short-term oriented）。

（一）个人主义和集体主义

这个维度反映个人与群体间的关联程度。个人主义文化将自我看作独立于周围人际环境的自给自足的统一体，注重的是个体目标。个人主义文化中，人们应当自己照顾自己和直系家庭。个人主义文化没有圈内（in-group）和圈外（out-group）的明显差别。集体主义文化则认为个人是群体中的一分子，群体规范优于个人目标，个体的主要目标是保持与他人的和谐。人们期望他们的群体或集体来照顾他们，作为这种照顾的交换条件，他们对内群体拥有绝对的忠诚。集体主义文化有明显的圈内和圈外的差别。

霍夫斯塔德曾就 40 个国家和地区的个体主义取向程度做过调查和比较，调查结果表明美国社会中的个体主义取向占第一位，日本占第 22 位，中国香港地区占第 37 位，中国台湾地区占第 44 位。可见东西方在个体主义取向方面的差异相去甚远。

以美国文化为例，美国文化极端崇拜个体主义，人们做事以自我为中心。在英文词典中的合成词中，以 self 为前缀的合成词要超过 100 个，如 self-control（自制）、self-esteem

（自尊）、self-confidence（自信）、self-dependence（自立）、self-denial（自我否定）等，这种现象在其他语言词典中是少见的，可见美国人都想成为 self-made man 或 self-made woman（靠自己奋斗成功的人）。所以，"个人"在美国生活中所占的位置是极其重要的。个体主义还体现在美国人生活的方方面面。例如，在美国家庭中，婴儿常常放在单独一个房间或者至少单独一个角落里，不和大人睡在一起。孩子长大一些开始有自己的隐私，父母进孩子房间一般都先敲门。孩子长大成人以后，一般都不再和父母住在一起。美国人在朋友之间也不喜欢太密切的关系。送礼不喜欢过重的礼，请客也不过分讲究排场。在美国社会的公司做事，特别是男性，都认为自己是一个独立的个体，不习惯建立紧密的社交网。他们凡事都喜欢自己做决定，并深信每一个人都该如此。

与此相反，中国文化是典型的集体主义文化，具体体现在以下四个方面。第一，合群。中国人在处理与他人关系时，被要求做到听话、合群、分享、与其他人保持一致。人们习惯于避免"锋芒毕露"，因为"枪打出头鸟"，"出头的橡子先烂"，个体主义被视为无父无君无友的忤逆，是要严加防范的恶行。第二，以集体利益为重。在处理与集体关系时，中国人提倡凡事以家庭、社会和国家利益为重，个人利益在必要时可以忽略，甚至可以牺牲，正所谓"先天下之忧而忧，后天下之乐而乐"。第三，他人取向。中国人在做事情时，首先考虑的是别人会怎么看、怎么说，这导致中国人非常重面子和面子功夫，养成在言行上不愿得罪人、逢人说好话的习惯，有时甚至不惜说假话。言行不一致、表里不一、万事讲究"和"为贵、"忍"为高、愿意做"老好人"是对他人取向的形象描述。第四，群体决策。个体在决策之前往往会征求群体意见，决策往往是群体决策的结果。

小案例 2-3　中美就餐习惯的差异

在美国，几个朋友相约一起到餐馆吃饭，服务员会给每人一份菜单，每个人阅读菜单后，选择自己喜欢吃的食物，吃完饭后，各人付各人的账。在这整个过程中，除了聊天的时候要顾及别人的感受外，其余一切每个人只考虑自己的感觉，与他人无关。

在中国，情况就大不相同了。在中国的宴席上，大家团团围坐，共享一席。宴席最好用圆桌，体现礼貌、团结、共享的氛围。点菜时，大家要征询别人的意见，充分考虑别人的口味，以免菜上来时没人吃，几分钟后，一个菜上来，大家边吃边聊，过了一会儿，另一个菜上来，大家又开始上筷，直到菜上齐，大家也吃得差不多了。这时，服务员送来账单，谁来结账呢？如果一开始召集吃饭的人没有明说是他买单，那么，为了处好关系，每个人都要表现得和对方亲如一家、不分你我，所以抢着给钱，服务员则从他认为比较有钱的人手中抽取以结束这场"纷争"。

这个例子充分说明了个体主义文化强调独立、自我，而集体主义文化则强调人际关系的和谐。

小案例 2-4　一个失败的项目小组

为了研究组织管理中的文化差异，笔者曾在 2013 年组织了一个由 5 名法国学生和 5 名中国学生组成的中法项目小组，但是后来项目没有如期进行下去，是什么原因造成的？后来我找学生谈话，了解到真实的原因：项目组的中国学生均按照项目组要求的时间开会、讨论，有些学生克服各种困难尽力完成老师分配给的任务，即使生病了也不请假、不拖延。可法国学生就不一样了，当中方学生要求下课后讨论项目相关问题时，法国学生会拒绝参加，理由是要打私人电话、睡觉、没有时间等，最后沟通无法顺利进行，项目宣告失败。

小案例 2-5　中美领导人在两所知名大学的讲话

第一，中国国务院前总理温家宝在哈佛大学的讲话

哈佛是一所世界著名的高等学府，吸引着最优秀的人才，培养着一代又一代的人才……我很高兴能够站在你们的讲坛上，与你们进行面对面的交流。

第二，美国前总统布什在清华大学的讲话

感谢这里的学生给我这个机会与你们见面，谈一谈我的国家，并回答你们的一些问题……

我的妻子劳拉和我有两个女儿，她们正在上大学，一个在耶鲁大学，另一个在得克萨斯大学。我们为我们的女儿感到骄傲，就像你的父母为你感到骄傲一样。

第一则是中国前总理温家宝 2003 年 12 月在哈佛大学的演讲。温家宝在演讲开始盛赞了哈佛大学的辉煌成就及历史，以一种交流的姿态和听者进行沟通，体现出了中国人以团体为中心、以"礼"为先的价值观；第二则是美国前总统布什 2002 年 2 月在清华大学的演讲。讲话中，布什通过对自己女儿的褒扬表达了对清华学子的称赞，体现了西方人以个体为中心的价值观。

（二）权力距离

这一维度用来衡量人们对组织或机构内权力分配不平等这一事实的接受程度。

权力距离大的社会接受群体内权力的巨大差距，人们对权威显示出极大的尊重，称号、头衔及地位是极其重要的。权力距离大的文化具有以下特点：第一，权力低的人必须服从权力高的人。第二，不平等关系体现在各个方面，层级明显，如家庭中父母和孩子，工作场所中上级和下属。第三，拥有更多的权力线索和符号，如讲台比较大，总裁的办公室宽大而豪华。中国留美归来的社会学家郑也夫曾经感叹："中国开会，不管是个什么层次的大会，也要设个主席台，主席台上整齐摆满茶杯，女服务员不断上来倒水续茶。"权力距离大的国家包括马来西亚、菲律宾、中国、印度、新加坡、墨西哥等。

权力距离小的社会尽可能淡化不平等，虽然上级仍拥有权威，但员工并不恐惧或敬畏上级。权力距离小的文化具有以下特点：第一，人们之间比较平等。第二，下级不惧怕权威，信息流动是多向的。第三，对信息管控较弱。权力距离小的国家包括美国、瑞典、丹麦、加拿大、澳大利亚等。

下面这几个小案例就很能说明问题。

小案例 2-6　寒酸进京

曾经的美国驻华大使一身普通打扮"寒酸进京"给我们留下了深刻的印象:没有大量随从,没有警卫,背上一个包,手拎一个包,全家人都没闲着,不像一个美国前"部级高官"。他身着一件蓝色衬衣,背着一个很不搭配的运动双肩包,手机挂在腰带上,手里还拎着一个看起来很沉的鼓鼓的公文包,带着妻子和 3 名子女,模样更像是一个普通华人带着家人度假归来。

小案例 2-7　州长也要遵守店规

刚刚当选的马萨诸塞州州长非常繁忙。一天中午,他处理完公务去附近一家烤鸡店买炸鸡块。虽然已经过了饭点,但是来买炸鸡块的人还是排成了长队。终于轮到州长的时候,他对卖鸡块的女服务生说:"给我两份炸鸡块。"女服务生微笑着说:"对不起,先生,今天来买炸鸡块的人太多,为了让每个顾客都吃到我们的炸鸡块,一个顾客我只能卖给他一份。"州长不耐烦起来,说:"女士,你知道我是谁?我是马萨诸塞州的新任州长!"女服务生加重语气回答:"州长先生,你知道我是谁吗?我是这里专门负责卖炸鸡块的服务生!"当然,事情的结局是马萨诸塞州的新任州长在马萨诸塞州的一家普通烤鸡店里按照店里的规矩买了一份炸鸡块,走了。

从这个案例中,我们可以看出美国是一个权力距离小的国家。

小案例 2-8　美日谈判

一个美国小组前往 4 个亚洲国家洽谈合作事宜。这个小组由种植商、制造商、加工商和研究人员组成。当这个小组来到第一站——日本京都的时候,他们就碰到了一个跨文化沟通的挑战。日本的商务人士和政府代表在指定的会议室里与这个小组见了面,他们非常礼貌地问道:"谁是你们的领导者?"美国人的第一反应是哄堂大笑。在他们各自的细分行业中,他们都是领导者,并没有指定某个人超越于其他人之上。会谈的结果是不欢而散。

在结束了这次并不成功的京都会谈后,该小组来到第二站东京,他们赶忙去向自己的大使馆寻求帮助。在大使馆里他们才弄明白,日本人喜欢让自己的组织层级分明,而在日本政府和日本企业内部,是否晋升通常都要考虑资历。这个小组紧急召集了一次简短的会议,讨论怎样才能让他们的第二次会议成功。最后,大家推举吉恩·格拉斯梅尔(Gene Glassmeyer)——一位受人尊敬的资深研究员为领导者。

在第二次会议上,当日本人礼貌地询问"谁是你们的领导者?"的时候,美国人做好了准备,推出了格拉斯梅尔。日本人把格拉斯梅尔安排在了上座,先给他上茶。这次会议非常成功,美国人和日本人构建起了良好关系,双方签署了一项贸易协议:日本人从美国进口 2 万吨货物。

从这个案例中,我们可以看出日本是一个权力距离大的社会。

小案例 2-9　被怠慢的墨西哥客户

加西亚是墨西哥的一名进口商,他和丹麦的一个制造商在哥本哈根进行了几个月的谈判,商务会谈进行得很顺利,加西亚决定返回墨西哥后就和丹麦方签订合同。

在加西亚离开哥本哈根的前一天晚上,丹麦方面邀请加西亚出席他们举办的城市晚宴。负责这次谈判的丹麦方面代表是有 40 年出口管理经验的佛莱明和其助手马格丽斯。他们特地准备了丰盛的晚宴,并带领他们的墨西哥客人参观了哥本哈根夜总会。临近午夜时,佛莱明看了看手表,然后说:"加西亚先生,我将乘明天的早班飞机去日本。因此,请原谅我现在离开。我的助手马格丽斯保证能够带你顺利回到宾馆,然后明天早晨送你到机场。祝你旅途愉快!"

第二天,在去机场的路上,加西亚一直沉默不语。临上飞机前,他对佛莱明年轻的助手说:"马格丽斯,请你转告你们老板,我决定不再签那份合同了。当然,这不是你的错。如果你想到了昨天晚上发生的事情,我相信你能够猜得出我不再和你们公司做生意的原因。"

从这个案例中,我们可以看出墨西哥是一个权力距离大的社会。

小案例 2-10　不同国家的心理学测量结果

社会心理学家曾在中美两国做过一个小测验。

情景 1:如果你开着一辆桑塔纳轿车,正在十字路口等待绿灯,你的前面是一辆夏利或长安。这时候绿灯亮了,但是你前面的车迟迟没有发动,这时你会:

A. 按喇叭　　B. 不按喇叭

情景 2:如果你开着一辆桑塔纳轿车,正在十字路口等待绿灯,你的前面是一辆奔驰或宝马。这时候绿灯亮了,但是你前面的车迟迟没有发动,这时你会:

A. 按喇叭　　B. 不按喇叭

两个国家的社会心理学测量结果显示:在美国,情景 1 中被测者选择按喇叭的比例为 60%,情景 2 中被测者选择按喇叭的比例为 30%;在中国,情景 1 中被测者选择按喇叭的比例为 100%,情景 2 中被测者选择按喇叭的比例为 70%。

这个案例反映的其实是中美两国权力距离的差异。

(三)不确定性规避

不确定性规避是指组织或群体面对不确定性和模糊态势时所感受到的威胁程度,以及他们试图获得更稳定的职业、建立更加正规的规则、抑制异常的观点和行为,从而避免这种不确定性的程度。一个鼓励其成员战胜和开辟未来的社会文化可被视为弱不确定性规避的文化;相反,那些教育其成员避开风险、学会忍耐的社会文化可被视为强不确定性规避的文化。不确定规避性强的国家喜好成文的规章制度以及保守的法律秩序,不喜欢冒险和创新,对变更抵触较大;不确定性规避弱的国家对变更抵触较小,思想开放,能容纳冲突和竞争并加以利用。从组织管理方面看,不确定性规避影响了一个组织结构化的程度。

希腊、葡萄牙、日本、法国、秘鲁是比较不能够容忍模糊性和不确定性的国家。例如,日本的终身雇佣制强调就业稳定、拒绝改变,给员工带来极大的稳定感。比较能容忍模糊性和不确定性的国家有丹麦、印度、美国、瑞典、英国等。这些国家比较能够面对模糊或不确定的情况,能接受偏离性的思想和行动。

小案例 2-11　不确定性规避在夫妻关系中的体现

夫妻关系在家庭当中有着举足轻重的地位,而人们在不同文化的熏陶下,对待婚姻、对待配偶有着自己的模式与态度。

谈到婚姻,必然要从爱情谈起,中美的爱情观差别很大。在中国,相爱的人互表情愫是说一句"我爱你",这往往被认为是一生一世的承诺,意思是我现在爱你、将来爱你、永远爱你,甚至只能爱你,表明双方从此愿意共度余生,不离不弃。在这种情愫的作用下,人们会习惯性地信守这个承诺,即使有时爱情已逝去,两人感情已经破裂,往往也会念在相处时间太久或者家庭等其他原因而走进婚姻的殿堂。按照中国传统的婚姻观,一旦结婚一般都讲究百年好合、一定终身。所以,当一方遇到了新的感情,导致婚姻的结束,那么无论婚姻内部有什么样的情况,人们都会谴责背叛婚姻的一方。中国人认为婚姻应该是一辈子的事,要从一而终,人们不到万不得已是不会离婚的。离婚在中国人眼中是一件丢人的事,甚至被当作一件丑事。

在美国,情况则大不相同。首先,当两个年轻人说出"我爱你"时,只是代表我现在爱你,只是一种对当下事实的表述,绝不是承诺。在美国人看来,爱情永远是自由的,不应该受到任何因素的制约,因此男女双方因为爱而结合,因为不爱而分开,一切都是非常正常的事情,不会受到任何道德上的谴责,相反,他们认为没有爱情的婚姻才是不道德的。

中美两国对待婚姻的态度可从不确定性规避中找到部分原因。中国属于强不确定性规避的国家,人们总是希望安定团结,拥有一个稳定的生活是大多数人的向往,而离婚则意味着生活即将发生重大变化。离婚后必然要重新寻找生活伴侣,会不会没有第一个好,家庭生活会不会变得太复杂等都是不确定的因素,人们总是担心这些不确定的因素会产生更糟糕的结果,这就是人们宁愿维持现状也不愿意离婚的原因。而美国属于弱不确定规避的国家,人们认为未来本来就应该是不确定的,因此中国人所担心的问题在他们眼中根本就不是问题,他们愿意去接受这些不确定的因素。

(四) 价值观的男性度与女性度

这个维度主要涉及这个文化强调的是传统的男性价值观,如攻击性、竞争、权力、地位和影响力,还是强调女性价值观,即人际关系的和谐、个人欲望的满足和幸福。有的书上称这一维度为生活数量与生活质量。

男性价值观的文化成员赞扬成就、雄心、物质、权力和决断性,人们关注的是你的收入多少、房子多大、社会地位如何、升职多快、绩效完成怎样等。男性价值观指数高的国家包括捷克、日本、意大利等;女性价值观的文化成员则强调你的生活质量、服务水平、关心他人和养育后代,如这个工作是否适合我? 居住地是否愉悦? 女性价值观指数高的国家包括瑞典、芬兰、丹麦、斯洛文尼亚等。

小案例2-12　压力驱使着日本人拼命工作

日本人背后似乎有一只看不见的手,驱使着他们拼命地工作,而且在工作中互相督促、精益求精。在工作时间,日本男性白领最常见的装束是西装、衬衫加领带,即使在夏天室外温度高达40多摄氏度的时候,也是如此。大热天裹着这么正规的装束,因此业务员在街上中暑昏倒的事情也就不足为奇了。不仅是白领,连出租车司机也都西装革履,尽管热得不停擦汗,但就是不会把外套脱下来。事实上可能没有谁管他们的着装,但这是他们的职业化习惯。

在日本街头,经常可以看到60多岁的警察或保安在跑步指挥车辆,专心致志。书店的工作人员趴在地上擦地,跪下来工作是再正常不过的事情了。如果去酒店用餐,进餐厅时顾客把鞋子乱糟糟地脱在一起,出来时会发现服务员都给摆好了,一律头朝外,一伸脚就可以穿上。

在任何单位,如果有人做事不努力或者把事做砸了,就会有好多"好管闲事"的人上来指责:"哎呀,纯子小姐,怎么这么做事啊?""木村先生,你的失误,让我为你没面子啊!"日本人是宁可自己付出更多,也必须要获得或保留干预和指责他人的权利。正是这样一种氛围,逼着每个人必须不断提高自己的工作质量。

如果工作没有做完,日本人是不可能下班的,这是他们的一种习惯,很多根本没法一下做完工作的人就只好推迟下班。晚上11点半,在地铁站还可以看到人流如潮。不少人一天打两份工,一上车就睡着了,因为太累了。另外,如果在上班时间家里发生了意外,如孩子病了、妻子生产了,很多人会依然坚守岗位,因为这样的行为是受到赞赏的。

在日本,男士平均结婚年龄是35岁,当父亲的平均年龄是36岁。很多人甚至不敢结婚,不敢生孩子的人更多,特别是职业女性。因为女人一生孩子往往就意味着职业生涯的结束。女人不出来工作,主要原因是小孩没有办法给别人带。请一个人带孩子,比自己打一份工还贵,自己带孩子五六年,没办法再跟得上社会的发展步伐,只好继续做家庭妇女。

这个案例说明,日本是一个男性价值观指数较高的国家。

(五) 长期导向和短期导向

霍夫斯塔德借鉴了他的学生彭麦克在23个国家进行的华人价值观调查,最终总结出了文化差异的第五个维度：长期导向/短期导向。这个维度所涉及的社会基本问题是：一个民族对长期利益和近期利益的价值观。

短期导向的社会更关注眼前的利益，对当前的状态更感兴趣，他们关注礼尚往来，尊重传统，维护面子，履行社会义务。例如，巴基斯坦、西班牙、英国、美国等。长期导向的社会凡事都想到未来，追求未来回报，关注未来，坚韧，节俭，相互支持，尊卑有序。例如，中国、日本、韩国、越南、巴西、印度等。

霍夫斯塔德发现，"亚洲四小龙"（中国香港、韩国、中国台湾、新加坡）都属于长期导向的地区，它们不仅较为重视传统，而且凡事都会想到未来，并非只想当前，做一锤子买卖。这种长期导向是促使这些地区经济腾飞的重要原因。而美国人、加拿大人做事的特点是只考虑眼前利益，四处交友但不注意维持关系，正如英语成语所说"来得容易去得快"，那些即刻的友谊不会长久。

小案例 2-13　中美广告的不同特点

中国是一个持有长期导向文化价值观的国度，传统的思想、规则、方法等影响深远，延续至今。这体现在销售方面，人们倾向于采用劝诱方式（soft sale）进行宣传。如许多酒类广告为说明其产品品质，一般都借助"传统方法酿制"之类的词语，还要引用唐诗宋词、历史典故来说明此酒历史如何源远流长等。这里有两个例子：张裕葡萄酒——传奇品质，百年张裕；剑南春酒——唐时宫廷酒，盛世剑南春。仅仅两句话，就把张裕和剑南春产品悠久的历史表达出来，流露出它们对消费者的情深意长，拉近了产品与消费者的距离。

美国则是属于短期导向的文化，主要原因是它的历史相对较短。美国人不像中国人那样可以利用历史和传统等因素来进行推销，而是习惯采用直接的推销策略（hard sale）。所以，他们的广告也都以产品的"立即见效"为卖点，如"go and get it at once"（"马上得到"），"buy it"（"赶紧买"），"fit you well"（"很适合你"），"take action right now"（"立即采取行动"），"call now"（"马上打电话"）等是广告中的常用语。

霍夫斯塔德的研究是里程碑式的。他找到了作为衡量文化核心的价值观的维度，并尝试用实证方法进行测量，从而使得跨文化研究成为可能，对于理论和实践都产生了重大而深远的影响。在国际学术领域，霍夫斯塔德教授因此被视为研究文化差异及文化差异如何影响管理策略领域的权威。

四、特龙帕纳的商业文化维度理论

在其后的研究中，不少学者指出霍夫斯塔德研究的不足，如样本全部来自 IBM 公司的员工、调查的维度只有五个而显得过少。到了 20 世纪 90 年代，另一位荷兰学者特龙帕纳对来自 47 个国家的 15 000 名职业经理进行了人际沟通方面的调查，其研究结论同样引人注目。

与霍夫斯塔德相似,特龙帕纳也注意到文化在不同的国家、地区和民族之间的差异,但不同的是,相对于前者对国家文化和民族文化的关注及所建立的维度,特龙帕纳建立的文化分析维度主要反映的是工商管理中的文化多样性。也就是说不同文化背景下商业文化的异同。因此,其研究更加丰富并且更具有操作性。

特龙帕纳的研究主要反映在他与英国学者汉普登·特纳合著的《在文化的波涛中冲浪》一书中。在这本书中,他们提出了关于商业文化分析的七个维度,在每一个维度上,又提出两种对立的价值取向,并指出在不同文化中人们对现存问题和所处的基本困境的反映方式大相径庭。这七个维度分别如下。

(一)普遍主义与特殊主义

这个维度界定了我们如何判断他人的行为。在普遍主义的商业文化中,我们看中的是"规则",强调用法律和规章指导行为,而且这些原则不应因人而异。"法律面前人人平等"就是普遍主义最响亮的口号。相反,在特殊主义的文化中,人们更看重关系和环境的特定责任,把注意力集中在当前形势的例外性上,强调"具体问题具体分析","条条大道通罗马"。

这两种文化对个体行为有不同的影响。普遍主义者倾向于就事论事,不偏离规则。特殊主义者倾向于灵活性,不会让规则影响自己的行动,如不必总遵循一种最好的方法;和自己感情深厚的人需要帮助时,无论规则怎么说也一定要支持与保护对方等。在 14 个国家的比较中,加拿大、芬兰、美国都属于典型的普遍主义国家,俄罗斯和韩国属于典型的特殊主义国家。管理与被管理时普遍主义者和特殊主义者的比较见表 2-2。

表 2-2 管理与被管理时普遍主义者和特殊主义者的比较

普遍主义者	特殊主义者
努力达到前后一致及统一的程序	建立非正式的关系网,并创造私人理解
建立正式的改变做生意方式的方法	试图变动形成的行为方式
调整系统,这样系统可以调整你	调整与你的关系,这样你就会调整系统
公开显示变动	私下里进行改动
一视同仁,以示公平	因人而异,因事而异

(二)个人主义与集体主义

这一维度回答下面的问题:人们把自己看成孤立的还是群体的一部分?是把着眼点放在个人上,使其对社会能作出贡献呢?还是首先考虑由多个人组成的组织或群体呢?哪个更为重要?个人主义是指人们将自己看作一个个体,关注自我兴趣和个人目标的实现。集体主义把人们看作群体的一分子,鼓励人们为群体的利益而工作。这个维度和霍夫斯塔德的研究完全一致。管理与被管理时个人主义者和集体主义者的比较见表 2-3。

表 2-3   管理与被管理时个人主义者和集体主义者的比较

个人主义者	集体主义者
调整个人需要以适应组织的需要	寻求把个性与在群体中的权威结合起来
采用个人激励方法,如按表现付酬、个人评估等	注意整体士气、精神状态和凝聚力
希望工作变动和高流动	希望工作稳定和低度流动性
工作表现出色者、英雄、冠军受到表彰	表扬整体,避免突出个人
让个人发挥主动性和自由开创性	坚持人们共同要达到的大目标

小案例 2-14   新冠肺炎疫情中的意大利

在 2020 年的新冠肺炎疫情中,虽然意大利政府非常重视该事件,做了大量力所能及的工作,但是意大利疫情却极其严重,一度成为欧洲的重灾区。为什么意大利的疫情难以控制？原因在于:国民散漫,不听指挥。表现在其行为举止上:不戴口罩;照常参加大规模集会活动;一如往常地走亲访友;亲人和朋友见面拥抱贴脸。如此这般我行我素,新冠病毒不大规模扩散才怪呢!

为什么意大利人会我行我素？其背后的逻辑是个人主义文化。他们不会为集体目标(抗击疫情)而牺牲个人自由、个人乐趣。

(三)情感内敛与情感外露

这一维度反映的是不同文化对表达情感的接受程度,表现在表情、肢体语言、身体接触等方面。情感内敛型文化认为商业上的关系是典型的工具性关系,所做的一切都是为了达到目的。情感被认为会干扰所谈问题。人们在工作中能很好地控制情绪,不轻易外露,如日本、中国等。情感外露型文化认为,商业关系也是个人的事情,人的全部情感都被认为是恰当的,如西班牙、意大利和一些南美国家。

在 14 个国家中,日本、英国、新加坡属于典型的情感内敛型文化,而墨西哥、荷兰、瑞士属于典型的情感外露型文化。大家都注意到这样的现象:在葬礼上,中国人的表情一般很庄重、严肃,甚至会难过流泪;美国人则不一样,他们有时会发笑,致悼词的时候会回忆以前的一些趣事、笑话,其他人也会随着发出笑声。管理与被管理时情感内敛和情感外露的比较见表 2-4。

表 2-4   管理与被管理时情感内敛和情感外露的比较

情 感 内 敛	情 感 外 露
避免热情、外露或热烈的举止	避免冷淡、模糊、不动感情的行为举止,否则会获得鄙视、讨厌和有社会距离等负面评价,认为你正把同事或下属从"大家庭"中排斥出去
如果你事先经过广泛的准备,你会发现讨论中性话题更容易一些	如果你发现某人的工作、能力、激情全部投入某些项目中,最好对这种坚韧的态度给予肯定

续表

情 感 内 敛	情 感 外 露
寻找一些关于某人高兴或生气的线索,并从中引申出问题的重要性	对那些情感的过度发泄要容忍,不要被吓着或是就范

小案例 2-15　雷诺兹在曼谷的困惑

　　简·雷诺兹是新加坡一个重要贸易协会的执行理事,她是一个对人非常友好热情的美国人,而且非常精明能干,曾经多次成功帮助协会的公司成员获利。她已在新加坡居住 10 年,和那里的人们一直相处得非常好。有一次,她被邀请担任曼谷的一个泰国妇女组织的年度会议主席。尽管雷诺兹女士是一位经验丰富的演讲者和讨论引导者,但对她来说,毕竟这是第一次在泰国担任会议主席,因此,她还是有些紧张。在雷诺兹向朋友和同事们征求意见时,他们提醒她说,泰国妇女的特点是:在公众场合有些害羞,她们当众表达自己的观点和看法时可能会有些犹豫。但是,雷诺兹却忽视了这一点。

　　在上午的会议中,当前三位泰国妇女平静地发表完有意义的评论和建议后,雷诺兹感到很满意,她以美国人的方式表达她的兴奋——从椅子上站起来,扬起眉毛,挥动着双臂,感谢这三位发言的泰国女士,并称赞她们的表现。轮到自己讲话时,雷诺兹女士声音洪亮、手势夸张,以便引起所有与会者的注意,但整个会场几乎没有回应,泰国妇女们不再回答这个会议主席提出的任何问题,大多数人一直保持沉默。更令雷诺兹没想到的是,散会后,有两个在会议中发言的泰国妇女走近她并含泪问道:“为什么您在会议上这样生气? 我们不知道做了什么让您这样心烦。”雷诺兹慌忙回答说她根本就没生气,也并不心烦,但这两位泰国妇女还是嘟囔着说了声“再见”,然后伤心地离开了。泰国与会者们的反应让雷诺兹感到极其困惑和不解。

　　从这个案例可以看出,美国属于开放性的、情绪外露的文化,而泰国则正好相反,它属于最保守的、情绪内敛的文化。这种文化的差异在人们交往的过程中会很明显地体现出来。

(四) 关系特定与关系散漫

　　该维度用来描述和解释在不同文化中的个体在人际交往方面的巨大差别。它来自 Kurt Lewin(库尔物·勒温)的圆圈拓扑理论(图 2-1)。

　　关系特定属于 U 类交往方式,如美国文化。其特点是:私人空间小,封闭;公共空间很大,容易进入;公共空间可划分为界限明确的若干区域,如我的网球朋友、我的旅游朋友分得很清楚,泾渭分明。我们可以将这种文化形容为一只水蜜桃。

　　关系散漫属于 G 类交往方式,如中国文化。其特点是:公共空间狭窄,不容易进入;私人空间大,不封闭;公共空间可划分为若干区域,但界限不明确,可以相互渗透,如朋友的朋友也是我的朋友。我们可以将这种文化形容为一只核桃。

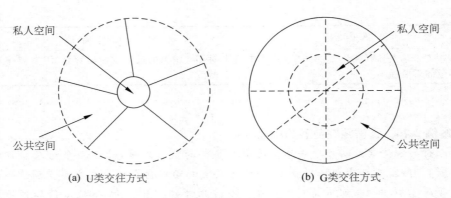

（a）U类交往方式　　　　　　　　　（b）G类交往方式

图 2-1　圆圈拓扑理论

关系特定型文化对管理的影响表现：工作有清晰的指令、指导；对事不对人；尽量排除人际关系对工作的影响；绩效考评有明确的指标依据。关系散漫型文化对管理的影响表现：不必在工作中给出清晰的指示；管理者在管理中注重人际关系；对绩效的考评要考虑到各种因素。在 14 个国家中，美国、加拿大、荷兰、意大利属于典型的关系特定型文化，而韩国、印度、日本、新加坡、中国都属于典型的关系散漫型文化。

在测定关系特定或关系散漫的题目中，特龙帕纳设计了这样一个有趣的题目："如果你的老板让你在周末去帮他家刷墙，你内心不愿意去，你会怎么办？"关系特定型文化的人可能会拒绝，因为这是老板的私事，工作中的人际关系可以与私下的人际交往分得清楚，而且这又是属于个人时间的周末，完全可以拒绝，老板也不会因此而愤怒。而关系散漫型文化的人可能会去，因为不去会让老板丢面子，老板也会因此不高兴，即使不去，也要编出一个让双方的面子都过得去的理由。管理与被管理时关系特定型文化和关系散漫型文化的比较见表 2-5。

表 2-5　管理与被管理时关系特定型文化和关系散漫型文化的比较

关系特定文化	关系散漫文化
管理是与报酬相关的目标和标准的实现	管理是一个不断完善的过程，而且质量也得到改善
私人和公务上的日程是彼此分开的	私人和公务上的问题彼此渗透
不赞成利益的冲突	在对雇员作出判断之前，考察他或她的整个情况
清晰的、准确的和具体的批示被看作对更好的遵从的保证，允许雇员清晰地表达不同意见	含糊的和模糊的批示被看作可以进行微妙的和回应性的解释，通过它雇员可以进行个人判断

小案例 2-16　意大利项目经理的烦恼

弗朗西斯科是意大利的一位女孩，她来到中国青海某公司担任一个合作项目的项目经理，中方负责人为她安排了项目助理兼翻译，并要求助理尽可能多抽时间跟她在一起，以解决因语言与文化的不同而带来的不便。因此，助理从晨练到午饭直至下午下班一直跟随着弗朗西斯科，寸步不离，但双方的关系相处得并不融洽，助理感到不解,但也说不清问题出在哪里。

　　直到有一天,从意大利来了两位指导教师,中方安排他们参观一些景点。于是,他们邀请弗朗西斯科一起去,弗朗西斯科回答说:"助理去,我就不去;助理不去,我就去。"当时弄得双方都很尴尬。中方便询问她,是否助理有做得不妥之处。弗朗西斯科这才道明,她觉得助理时时跟着她,她没有私人空间,自己的隐私权受到侵害。此时,助理终于明白双方相处不融洽是彼此的观念和思维方式不同造成的。经过一段时间的调整和磨合,弗朗西斯科和助理渐渐适应了对方,接下来的工作进展得也较顺利,工作效率明显得到了提高。

　　从这个小例子可以看出,意大利属于关系特定型文化,人们把工作中的关系和私下交往的人际关系分得很清,私人空间较小,而中国文化属于典型关系散漫型文化,私人问题和公务上的问题彼此渗透,分得不清楚,所以才会产生上述的沟通障碍。

(五) 成就与归属

　　这一维度反映的是以什么作为给予某些社会成员以高于他人的社会地位的尺度。成就取向的文化往往根据你最近取得的成就和你的记录来判断你,而归属取向的文化往往根据你的出身、年龄、性别或社会关系来判断。通俗地说,成就文化注重你做了什么,而归属文化则看重你是谁。

　　成就文化对管理的影响表现:重视人的能力;按劳取酬;下级可以挑选上级。归属文化对管理的影响表现:重视人的资历,包括经验、归属的团队、所属社会阶层等;下级应该服从上级。例如,在一个归属型文化的组织中,人们更愿意听工作时间较长的人的话,因为人们尊重他们的年龄和在公司中的资历。同样,和高层管理者是朋友的人地位往往较高。在 14 个国家中,加拿大、美国属于典型的成就文化,而俄罗斯、韩国、日本属于典型的归属文化。在美国,出身"名门"的人会故意隐去自己的家庭背景去求学、工作,以便证明自己的工作成就来自个人的努力而与其他背景没有一点关系。"He is a self-made person"(他是一个自力更生的人),这是对一个人很高的评价。但在日本,人们会千方百计地寻找一切可能的关系或背景为自己增加社会价值,来证明自己的重要性,如和某个地位高的人关系较好、加了某某的微信等。管理与被管理时归属文化和成就文化的比较见表 2-6。

表 2-6　管理与被管理时归属文化和成就文化的比较

成 就 文 化	归 属 文 化
对经理的尊重是以知识和技能为基础的	对经理的尊重是以资历为基础的
目标管理和按照业绩付酬都是有效的管理手段	目标管理和按照业绩付酬不如直接来自经理的酬劳更有效
决策通常会因为技术或实施的原因而被质疑	决策只会被更有权威地位的人所质疑

小案例2-17   他是合适的候选人吗

安东尼先生是法国人,玛丽女士是美国人。下面是他们关于市场营销部副总裁一职的对话。

安东尼:我们市场营销部副总裁有了一个很合适的候选人。

玛丽:太好了,是谁呀?

安东尼:让·佛朗索瓦·贝特兰。

玛丽:他的能力如何?

安东尼:他读的是法国高等商科大学。

玛丽:他学的是……

安东尼:你说什么?

玛丽:他学的专业是什么?

安东尼:我不太清楚,可能是财会,要不就是其他相关专业。

玛丽:你都不知道他学的是什么专业,怎么知道他会胜任呢?

从上面的对话可以看出,双方的分歧在于营销部副总裁胜任的标准上。法国高等商科大学是法国一流大学,相当于美国的哈佛、斯坦福,或者中国的北大、清华。对安东尼来说,只要是这个大学毕业的学生就能胜任营销部副总裁这个职位,不管学的是什么专业;而对习惯美国文化的玛丽来说,学什么专业对胜任工作更为重要,只有学营销的人才能胜任这个职位,学习财会的人怎么能当好营销部副总裁呢? 由此可以看出,法国文化是归属文化,美国文化则是成就文化。

小案例2-18   谁将得到提拔

一位瑞典经理在巴基斯坦执行一个项目,有一个重要岗位出现了空缺,必须马上填补。在进行认真的评估后,他要在两位很有发展前途的雇员卡恩和萨兰中作出选择。这两位雇员毕业于同一所大学,都是机械管理学硕士,而且都是该领域的专家。只是萨兰比卡恩早两年获得硕士学位,因此,萨兰自认为自己更有机会获得这个职位,然而卡恩却由于近期的突出成绩最终得到了提拔,萨兰落选了。萨兰看到结果后很难过,就去找这位瑞典经理。经理向他解释道:"理由很简单。因为只有一个空缺,所以两个人中只能有一个被提拔,而你的进步没有卡恩大。"

这个小案例说明,瑞典文化是典型的成就文化。

(六) 长期导向和短期导向

这一维度和霍夫斯塔德的维度是完全一致的,这里不再赘述。

(七) 内控与外控

这一维度反映的是人们对待环境、对待人与自然的关系的态度上的文化差异。内控型文化认为能够而且应该以人类的意志来控制自然,重视自身的完善,因此我们应该将注意力集中在我们擅长的事情上。外控型文化认为,人是自然的一部分,应该遵循自然的规律、知识和力量,重视外部环境的力量。

在内控型文化中,管理者强调下属的内在动机,认为个人应该对自己的行为负责。在外控型文化中,管理者强调严格的管理措施和明确的规章制度,认为下属无自觉性,因此指导下属工作非常重要。

从以上七个维度讨论关于人、时间和环境的文化假设如何影响组织文化的基础上,特龙帕纳得出了由组织中的等级、相互关系、目标和结构形成的四大组织类型。这四种组织类型分别是:家庭型、埃菲尔铁塔型、导弹型和孵化器型。在分析这四个组织类型特点的基础上,他提出了指导每一种组织文化学习、提高和变革的思路和方式。

五、蔡安迪斯的个体主义—集体主义理论

经过长达 30 年的文化差异研究,美国学者蔡安迪斯(1995)提出了个体主义—集体主义理论。蔡安迪斯反对将个体主义和集体主义看作非此即彼、同一维度上的两极的观点,也反对将个体主义和集体主义看作两个维度。蔡安迪斯认为个体主义—集体主义是一个文化综合体,包括许多方面。此外,蔡安迪斯将这个概念降到个人层面,用它来描述个体的文化导向而非国家或民族的文化导向。她认为,可以从如下五个方面分析个体主义—集体主义。

(一)个体对自我的定义

个体主义者将自己看成独立的个体,可以脱离他人而存在,且应该与众不同。集体主义者将自己看成群体中的一员,不能脱离他人而存在。

(二)个人利益和群体利益的相对重要性

个体主义者认为个人利益比群体利益更加重要,在法律允许的范围内追求个人利益不仅合理,而且是应该提倡的。集体主义者认为追求个人利益是自私的。

(三)个人态度和社会规范决定个体行为时的相对重要性

在个体主义为主要导向的社会中,个体的行为动因主要来自自身对该行为的态度和兴趣。集体主义为主要导向的社会中,个体行为的主要驱动因素主要来自自己对社会规范的认知。

(四)完成任务和人际关系对个体的相对重要性

个体主义社会中的个人因为强调独立的自我,理性对个体来说就比关系重要得多,个体主义者把完成任务看得很神圣、很重要,同时,与他人的关系并不直接影响个体对自身的评价,因为个人只能通过自己的行为举止而非通过与他人的关系证明自己,所以相对于完成工作任务而言,人际关系便不那么重要。对于集体主义者来说,任务是可以用来帮助个体与他人建立关系的工具,而不是终极目的。他们的自我概念,包括自尊和自我价值,

都与那些与他们有密切关系的人对他们的评价密切相关,因此,与他人保持良好的关系就变得至关重要,变成个人存在的目的。

(五) 个体对内群体和外群体的区分程度

内群体是指与个体有密切关系的群体,如家人、工作中的团队等;外群体是指与自己毫无关系的人的总和,如其他公司的人,外国人或完全陌生的人。当然,内、外群体的边界具有弹性,会随着时间、地点、场合而变化。在对内、外群体的区分上,个体主义社会与集体主义社会有非常显著的差别:一般而言,个体主义社会不强调内、外群体之分,常常对所有人一视同仁;集体主义则"内、外有别",内则亲,外则疏。

蔡安迪斯的个体主义—集体主义理论将两者主要特征的各个层面阐述得极其细致和深入,大大弥补了霍夫斯塔德文化维度理论中个体主义—集体主义这一维度的不足,使这一维度的内容更加丰富,对解释东西方文化差异起到了巨大的作用。但是这个理论依然不能解释另外一些现象,如同为个体主义文化,美国和澳大利亚并不相同:美国人强调竞争,澳大利亚人却追求悠闲和自在等。针对这一情况,蔡安迪斯在后续的论著中提出"水平—垂直个体主义"和"水平—垂直集体主义"的概念。水平个体主义是指该文化中的个体追求个人利益最大化,但他们并不在乎自己是否比别人得到的更多,并不追求自己好过别人;而垂直个体主义者不仅追求个人利益最大化,而且要求自己好过他人。水平集体主义指该文化中的个体追求内群体利益的最大化,但是并不关心自己的群体是否好过其他群体;垂直集体主义者既关心内群体利益的最大化,还追求自己的群体好过他人的群体。

华盛顿大学商学院陈晓萍教授基于蔡安迪斯的理论框架,在中国内地、中国香港和澳洲做了一系列实证研究,测验了大学生群体的个体主义导向,发现中国学生在个体主义水平上的得分显著低于澳洲学生,但他们在垂直个体主义上的得分显著高于澳洲学生。在集体主义维度上,不管是水平还是垂直,两国学生没有特别的差异。

陈晓萍教授在 1998 年还开发了一套情境练习用来测验一个人在水平个体主义、垂直个体主义、水平集体主义、垂直集体主义这四个导向上的强度。

 小测验

水平个体主义、垂直个体主义、水平集体主义、垂直集体主义测验

请想象你自己身处其中,面对四种选项,只能选出一种,检测个体在四个导向上的强度。

1. 你和你的朋友或同事决定去一家餐馆共进晚餐。你认为用哪种方法来处理账单最理想?

A. 按每个人点的菜的价钱来付　　B. 按每个人挣钱多少的比例来付账

C. 不管谁点了什么,大家平分账单　D. 由群体的头头来付或由他决定怎么付

2. 你要给你的办公室选购一件工艺品,什么是最重要的决定因素?

A. 这是否是一项值得的投资　　　B. 你的同事喜欢

C. 你自己喜欢　　　　　　　　　　D. 你的上司喜欢

3. 假设你必须用一个词来形容你自己,你会用哪一个?

A. 与众不同　　　　　　　　　　B. 竞争力强

C. 合作性强　　　　　　　　　　D. 有责任心

4. 幸福来自什么?

A. 你在圈子中的地位　　　　　　B. 能与许多好朋友互相联系

C. 保有个人隐私　　　　　　　　D. 在竞争中取胜

5. 你对下面哪一类书最感兴趣?

A. 如何交友　　　　　　　　　　B. 如何在生意中成功

C. 如何用低消费的方式享受生活　D. 如何确定你做了分内的事

6. 若干个 5 人小组参加一项科学竞赛,你所属的小组获胜并得了 10 000 元奖金。实际上,你和另外一个人做了 95% 的工作。你觉得应该怎样分配这笔奖金?

A. 不管谁干了多少,大家平分

B. 我和另外那个人得 95% 的钱,其余的让别人分

C. 组长决定怎么分

D. 这笔钱分得使我获得最大的个人满足感

7. 假设所有其他因素(如工作绩效)都相同,以下什么因素在决定雇员的晋升中最重要?

A. 该雇员对公司忠诚　　　　　　B. 该雇员听从管理部门的指示

C. 该雇员能为自己打算　　　　　D. 该雇员过去对公司作出过重大贡献

8. 在为一次重要社交活动买服装时,下面哪个原因让你为所买的衣服满意?

A. 你自己喜欢这件衣服　　　　　B. 你父母喜欢这件衣服

C. 你的朋友喜欢这件衣服　　　　D. 这件衣服美得炫目,令人注视

9. 你认为在一个理想社会中,国家预算应该这样决定以致:

A. 全社会的人都有适当的收入来满足基本需要

B. 对国家作出卓越贡献的人会得到奖励

C. 社会极度稳定,有法有则

D. 人人有与众不同感及超越自我的感觉

10. 当别人让我谈谈自己的时候,我会:

A. 谈及我的祖先和他们的传统　　B. 谈及我的朋友和我们喜欢做的事情

C. 谈及我个人的成就　　　　　　D. 谈及我与众不同的地方

11. 假设你的未婚妻/夫与你的父母相处不和,你会怎么办?

A. 什么也不做

B. 告诉我的未婚妻/夫我需要父母的经济资助,她/他应该学会怎样去应付他们

C. 告诉我的未婚妻/夫去努力使自己融入这个家庭

D. 提醒我的未婚妻/夫我父母和家庭对我的重要性,她/他应该服从他们的意愿

12. 你想计划一次旅行,但这次旅行可能会给你的许多同事带来不便。在决定是否安排旅行之前,你会和谁讨论?

    A. 不跟别人讨论

    B. 跟我父母讨论

    C. 与我配偶或密友讨论

    D. 与旅游专家讨论，然后决定我到底是否应去该地

13. 请想象你要为你公司所举办的筹款活动选择乐队，什么是最重要的考虑因素？

    A. 我实在喜欢这个乐队

    B. 我的朋友认为这个乐队不错

    C. 我公司的行政部门认为这个乐队不错

    D. 该乐队的感召力

14. 假如你在工余时间进修，需要为下学期再多选一门课，你会怎么选？

    A. 选一门能帮助我超越别人的课   B. 选一门我父母让我选修的课程

    C. 选一门我朋友打算选修的课程   D. 选一门我自己认为最有趣的课程

15. 你和一群朋友在一家意大利薄饼餐馆，你怎么决定你点该店哪种薄饼？

    A. 让群体的头头给大家点   B. 我点我自己喜欢的薄饼

    C. 点一个多数人都喜欢的薄饼   D. 点一个店里最贵的

16. 你会选哪个人做工会领袖？

    A. 那个我朋友都投票的

    B. 那个我最喜欢的

    C. 那个跟我有私交的

    D. 一个对我很重要的组织的成员，该组织会因为他的入选而提高声望

评分方法：每一题的答案 A 代表水平个人主义，答案 B 代表水平集体主义，答案 C 代表垂直个人主义，答案 D 代表垂直集体主义。你选哪个答案最多，你就属于哪个维度。

六、舒华兹的文化价值取向模式

    舒华兹(Schwartz)是以色列耶路撒冷希伯来大学的教授，多年来一直从事跨文化的教学和研究。他认为以前的文化研究存在一些缺陷，如霍夫斯塔德的文化维度理论完全是基于数据提出的，而这些数据并不是在有理论指导的基础上收集的，因此有可能遗漏了一些相当重要的价值观维度。而蔡安迪斯的研究主要关注个体主义—集体主义一个价值取向，研究虽然深入，但很不全面。因此，他认为很有必要从人类行事动机的方方面面来全面思考对人类行为最有指导意义的价值观念，然后检验这些价值导向在不同文化中的主导程度，从而来说明文化之间的差异。经过多年的观察和思考，舒华兹在 1992 年提出了他的十大价值/需要导向理论，并认为这些价值导向放之四海而皆准。一言既出，作为一个严谨的专业学者，就需要用数据证明自己的判断不是空口无凭。于是，在随后的 10 多年里，舒华兹孜孜不倦地在全世界做调研，收集数据，终于向大家展现了其十大价值/需要导向的理论价值和实践意义。因为该理论与前面我们讨论过的理论有许多重合之处，

在本书中只对该理论做简要的论述。

舒华兹提出的十大价值/需要导向的具体内容如下。

第一,权力:社会地位和尊严,控制他人,控制资源(权威、社会权利、财富、公共形象)。

第二,成就:按照社会标准通过自己的能力取得个人成功(雄心、成功、才干、影响力)。

第三,享乐主义:自我享乐和感官满足(快乐、享受生活、自我陶醉)。

第四,鼓舞:激动、新奇、有挑战性(敢想敢干、有变化的生活、令人激动的生活)。

第五,自我引导:独立思考和行动——选择、创造、探索(创造力、自由、独立、自己选择目标、好奇)。

第六,普遍主义:理解、欣赏、容忍并保护所有人和环境的利益(平等、社会正义、智慧、胸襟宽阔、保护环境、与自然融为一体、美丽世界)。

第七,仁爱:对于自己亲近的人愿意保护并增加他们的利益(助人为乐、诚实、谅解、忠诚、负责)。

第八,传统:尊重、接受并承诺传统文化或宗教提倡的习俗和说教(奉献、尊重传统、谦逊、中和)。

第九,合乎规范:自我控制那些与社会规范不符的,或者会使别人不安或受到伤害的行为、倾向和冲动(自我约束、礼貌、敬老、顺从)。

第十,安全:社会、人际关系和自我安全、和谐与稳定(家庭安全、国家安全、社会秩序、整洁、报答别人的帮助)。

舒华兹认为,这十种价值导向可以进一步从以下两个维度来分析。

(1) 开放—保守的维度。开放包括刺激、自主导向和享乐主义;保守包括安全、传统和遵从。

(2) 自我强化—自我超越的维度。自我强化包括成就、权力和享乐主义;自我超越包括普遍主义和仁慈。

之后,舒华兹的研究小组开发了测量这十种价值导向的工具,即 57 个条目的"舒华兹价值观问卷",并用此工具在 60 多个国家选取样本进行测试,证实了这两个维度普遍存在于不同的文化中,同时发现了支持数据:这十种价值导向彼此概念不同,而且邻近的两种价值导向有互相渗透的现象。例如,自主导向与刺激之间存在正向关系,而刺激又与享乐主义存在正向关系,也就是说,追求自主导向的人更可能具有寻求刺激的价值导向,同时倾向寻求刺激的个体更有可能持有享乐主义的倾向。

舒华兹十几年来的研究结论是:虽然某一价值观对个体的重要性有本质的不同,但是这些价值导向却是由一个共同的结构组成的,这个结构中包含了动机的对立和统一,对在不同文化中生活的有知识的成人都适用。更重要的是,价值导向在研究中表现出了对个体的态度、性格特征、行为方式等相当一致的、有意义的、有预测性的结果。例如,他发现具有普遍主义、仁慈和遵从价值导向的个体在人际分配中更有合作性,而具有权力、成就和享乐主义价值导向的个体在人际分配中更有竞争性。在选举行为上,他发现具有自主导向、刺激、享乐主义和成就取向的个体更积极地参加选举,而那些具有传统和遵从导向的个体则相当消极。

七、文化维度理论的局限性

文化维度理论研究从 20 世纪 50 年代发展至今,已呈现出多学科交叉、多层次关联、多维度重叠和多视角整合这样一种网络化、立体化、系统化的发展格局。上述学者提出的文化价值取向模式,对于我们了解和研究民族文化与国际商业文化具有很大的启发性和应用性,但是,它们仍然避免不了自身的局限性。特别是在当今全球化的国际形势下,其解释力更显不足。

(一)现有理论框架的适用性还有待探讨

文化价值取向模式研究领域影响最大、应用最广泛的是霍夫斯塔德的文化维度理论。该理论是 40 年前提出来的,用以支撑该理论的数据都是在 1968 年和 1972 年收集的。和 40 年前相比,现代人的人生观、价值观已经发生了很大变化,这些都制约了该理论在国际环境中的阐释力。

(二)研究范式有待完善

文化维度理论作为一个新的研究领域,沿袭了传统管理领域的访谈和问卷调查的研究范式,但仅仅满足于原有的研究范式可能是不够的,因为复杂的文化变量无法被科学地处理。

(三)不完整性

所有的文化取向模式都是不完整的,且带有作者偏见。它们只是反映在某种时空条件下,研究者为了某种目的发展出来的一种便利性工具,也就是用语言将抽象的文化价值取向标签化,因此是不完整的。

八、文化层次与跨文化比较的视角

文化层次与文化视角属于方法论的内容,但是了解这方面的内容对于我们学习跨文化商务沟通很有必要,它可以增强我们对文化理论的批判能力,防止我们在比较文化和谈论文化时犯错误。

(一)文化层次

根据覆盖范围,我们可以将文化分为六个层次:第一,区域层面的文化,如东方文化、西方文化,但是这种划分方法太过抽象,它忽略了文化的差异性;第二,洲际层面的文化,如亚洲文化、欧洲文化、美洲文化等;第三,国家层面的文化,如日本文化、美国文化、瑞士文化等;第四,地域层面的文化,如中国文化可以分为北方文化、南方文化;第五,群体层面的文化,如留学生群体的文化、旅居者文化、家庭文化等;第六,个体层面的文化,即某个个体的文化。

（二）跨文化比较的视角

跨文化比较的视角指的是研究者和学习者要清楚自己是在哪个层面描述文化和对文化进行比较。在这里，要注意以下几点：第一，不能将一个文化层面的结论推论到另一个文化层面。这里有两种常见的谬误：一是生态谬误，把国家文化层面的结论推论到个人文化层面；二是反向生态谬误，把个人文化层面的结论推论到国家文化层面。第二，不同文化只有放在同一个层面时才能比较。第三，不能用国家文化的特点来刻画该国所有个体的心理和行为。例如，美国文化虽然是个人主义的，但也有人捐款、做义工；日本人普遍重视衣着服饰，但某个日本人也可能非常邋遢。因此，在开启文化之旅之前，一定要用文化维度理论对该文化有一个总体的了解和把握，毕竟它们经过实践检验是正确的，但是当你与这种文化的人进行接触时，还要考虑个体的差异性。

九、从电影中看日美文化的差异——日本电影《迷失东京》(2002)

（一）剧情介绍

《迷失东京》讲述了这样一个故事：鲍勃是一位电影明星，来东京的目的是拍摄一部关于威士忌的商业广告，而夏洛特则是陪伴其工作狂的丈夫（一位摄影师）来此旅游的少妇。在一个无眠之夜，鲍勃与夏洛特在一家豪华饭店的酒吧里相遇。这一次偶然的相遇很快便在两人之间铸就了一段奇妙的友谊。于是，他们在东京开始了一段冒险的旅程，其间他们遇到了各层次的市民，令他们深感不虚此行。欢欣之余，他们也找到了新的人生信念。

（二）影片中所体现的美国文化和日本文化

影片充分体现了日美文化的巨大差异，我们可以将其概括为以下几个方面。

1. 社交问候中体现出的文化差异

鲍勃抵达日本，进入宾馆时看到有一排日本人毕恭毕敬地站在那里迎接他，而且都向他鞠躬，十分正式地向他递送名片、赠送包装精美的礼物，这让他感到有些惊讶和不适应。

日本文化是关系导向型的，他们注重第一次见面就建立良好的关系，因此会隆重迎接客人，以示合作的诚意。同时日本是讲究集体主义的国家，喜欢集体决定、集体行动，这是这么多人一起迎接鲍勃的另一原因。而且，集体主义文化的人强调来自某个组织，容易对名片上的头衔肃然起敬。同时日本是一个权力距离相当大的国家，等级分明，名片上的头衔越大，地位就越高，越受人尊重。但是，美国文化是任务导向型的，人们注重的是工作本身，而不是建立人际关系。在美国，一般不会有这么多的工作人员在晚上专门到宾馆等待合作伙伴，而是大家直接在工作场所见面，更不会第一次见面就送礼物，因此鲍勃没有准备任何礼物。同时，因为美国属于个人主义文化，个人主义文化强调的是"我是谁"，而不是"我的单位和头衔"，因此鲍勃甚至没有准备名片供交换。这使得初到东京的鲍勃显得缺乏礼貌。

2. 告别时的文化差异

鲍勃即将离开日本，日方人员集体等在酒店大堂与其合影留念并一一握手告别。而此时来自个人主义文化国度的鲍勃真的很渴望多一点私人空间处理自己个人的事情,能好好地与夏洛特道别。但习惯了集体主义的日本人根本没意识到私人空间对美国人的重要性,没意识到那么多人等在那里,看着鲍勃与夏洛特道别有何不妥。鲍勃在众目睽睽之下浑身不自在地与夏洛特告别,心里总觉得不完整、不是滋味。随后他特意从送他离开酒店的车上下来,追上了走在人群中的夏洛特,以自己内心认同及渴望的方式与夏洛特依依惜别。

 **复习思考题**

1. 什么是文化价值观? 文化价值观与沟通行为有何关系?
2. 佛罗伦斯·克拉克洪文化价值取向模式的主要内容是什么?
3. 霍夫斯塔德文化维度理论的主要内容是什么?
4. 特龙帕纳文化维度理论的主要内容是什么?
5. 蔡安迪斯的个体主义—集体主义理论的主要内容是什么?
6. 舒华兹的文化价值取向模式的主要内容是什么?

 思考案例

<h3 style="text-align:center">约翰为何不高兴</h3>

这是一段对话,发生在美国与日本的一家合资企业里。员工甲和员工乙都是日本本土员工。

员工甲:约翰看上去吃了一惊……或许他感到受到侮辱。

员工乙:为什么?

员工甲:我违反了他们美国人的商业行为规范。

员工乙:你做了什么?

员工甲:我敲了敲约翰的门,敲得很轻很快……接着就走了进去。

员工乙:那又怎么了?

员工甲:他看上去大吃一惊,因为我进他的办公室之前,既没有得到他秘书的同意,也没有通知他。

员工乙:他的秘书当时在哪儿?

员工甲:她不在他的办公室。

员工乙:你为什么要得到他秘书的同意才能进入他的办公室?

员工甲:我感觉在美国公司里,关着的门和几堵墙是非常重要的,它们的意思是"站在外面",除非正式请你进来。

员工乙:你又是怎样知道的?是约翰这样告诉你了吗?

员工甲:没有。但他的行为告诉我他非常恼火。我能从他讲话的语调中,从他迅速把文件翻得哗啦哗啦响的动作上,看出他在生气。

案例思考题:上司约翰恼火的主要原因是什么?

障 碍 篇

第 三 章

跨文化商务沟通中的语言障碍

导读案例

请 病 假

下面是美国经理史女士和新加坡籍员工林小姐的一段对话,地点在公司办公室。

史女士:林小姐,请坐。我注意到上个月你请了好多次病假,我对你的身体有点担心。

林小姐:对不起,史女士。

史经理:自从我把你提升到办公室以后,你就这样了,是不是这个职位的担子太重了?

林员工:可能是。

史经理:我也不知道该怎么办。我也想过让沈先生或刘女士来当主任,但他们都不如你做事有效率,尤其是上几个星期。

林员工:哦,不是这样。他们都很不错,而且在公司工作的时间都比我要长得多。

在这个例子中,新、美两国的人在沟通中都习惯性地固守着各自文化的传播语境。高语境文化的人在表达感情和传递信息方面内向羞涩、间接、含蓄,注重"意会";而低语境文化的人外向、直接,喜好用坦率直白的方式进行沟通,沟通中注重"言传"。循着这个思路仔细分析,可以看出史经理和林小姐之间深层次的文化差异。首先,史女士看到林小姐请病假,根本没有看出来林小姐是在逃避当老员工的主任的尴尬,而以为林小姐是真的病了,可以看出史女士就事论事的低语境思维方式。但是,她也注意到请病假是在林女士被提升为主任后开始的,所以以为是工作本身带来的压力造成的,没有看出其实林小姐的病是在心理上而不是在身体上。其次,林小姐的回答相当含糊其词,不像史女士那般直接明了,表现出其高语境的沟通特征。她希望史女士能够"猜测"到她真正想表达的意图。然而,苦于史女士对林小姐成长的文化背景的有限理解,她很难"猜测"得到。因此,双方终因文化沟通的语境差异而使沟通受挫。

一、语言的特征

大自然非常善待人类,它提供给人类语言。语言是人类独有的,尽管鸟、蜜蜂等一些生物也通过唱歌或舞蹈来寻找配偶或合作,但它们的这种交流永远也不能被称为与人类语言相似的语言。英国哲学家伯特兰·罗素(Bernard Russell)说过:"不论一只狗叫得多么流畅,它也不能告诉你它的主人很穷但它很忠诚。"因此,语言在人类的沟通活动中起着十分重要的作用,是人类社会生活不可缺少的一个部分。

人类的语言有以下特征。

(一)符号表征性

人类语言本身只是一种符号,用来表征万事万物,换言之,语言是实体的指示物,它和实体不能画上等号。例如,肚子饿的时候,我们会想吃"面包",但是实际上能满足饥饿的东西,是从烤箱中出炉的那个香喷喷的面粉制品,而不是"面包"这个词或符号。因此,实体只能有一个,但是符号可以有很多,因为不同语言系统对同一实体有不同的符号表征。

(二)规则性

任何语言的结构,都必须遵从一定的规则。否则人们无法彼此了解,达到沟通的目的。语法就是语言的规则,无论是形态学、语音学、句法学、语义学与语用学,都要有语法加以规范。

例如,英文语句的基本结构是:主语+谓语+宾语,若用"I like you"(我喜欢你)来表示对另外一个人的爱意,不会产生意义不同的现象,但如果将它说成"Like you I"或者"You I like",就会产生误解或无法理解的现象。

(三)意义出自言说者

意义有语言意义和言说意义两种,无论是哪种意义,都取决于人们的决定,而不是取决于语言表面的意义。例如,我曾在课堂上同时问 10 个美国学生:"democracy"(民主)的意义是什么？所得到的答案人人不同,但是其意义差别不是太大;我又问 10 个分别来自中国、美国、韩国的学生,就发现个人之间在意义上的差异明显增大。

(四)变化性

语言与人一样,有生命的周期,为了延续语言的生命力,语言必须具有变化的特质。语言的变化因为不同人群的使用,而产生了包括在发音、拼法、句子结构和表达等方面的多样性。

二、语言与文化的关系

人类的语言现象非常神秘,是人类迄今尚未完全了解的东西。自古以来,语言学家们都试图从多方面对语言进行探讨,形成了许多语言学流派。归纳起来,现代语言学主要来源于两大传统:语文学传统和人类学传统。语文学传统继承者强调语言的自然属性,把语言看成一个封闭的、独立的系统,把语言学看成一门横跨人文科学和自然科学的独立的边缘科学。人类学传统指运用人类学方法去研究具有书写系统和文字传统的社会集团的语言。自 20 世纪初美国学者鲍阿斯(Boas)、沙皮尔(Sand peel)、布龙菲尔德(Bloomfield)提出描写语言学理论以来,人类语言学家都强调语言的社会属性,认为语言和它的社会环境是分不开的,因此必须把语言学看作一门社会科学,把语言置于社会文化的大环境中研究。通过从文化的角度来考察语言的交际过程,语言学家们发现人们在语言交际过程中不仅涉及语言系统,而且涉及同语言系统紧密关联并赖以生存的文化系统。通俗地说,语言像一面镜子,清晰地反映了使用该语言的文化内涵。

首先,语言反映出文化本身的特点。一种语言的文化结构是使用该语言的人和民族的生活方式的总和,包括地理环境、民间传说、寓言神话、社会发展历史、宗教信仰等。因此,语言反映出文化本身的特点,是文化的重要载体。例如,人们认为不同的气候对语言的起源产生深刻影响。热带地区人们户外活动较为频繁,其语言的语法规则简单明确,元音有较多的拼写方法和发音方法,适合人们在户外大声沟通,同时方便人们与不同地区的人们沟通。寒带地区语言的语法规则比较复杂,元音和辅音交错,适合人们在室内沟通,其他地区的人很难听得明白。

其次,语言反映文化的内容。在语言的各要素中,词汇是其基本要素,因此,民族和文化之间的差异必然会在词汇层面上有所体现。例如,在寒带地区,关于"下雪"(snow)的词汇就比较丰富。北极圈内终年冰雪覆盖,因纽特人生活在这里,以打猎为生。为了获取猎物,他们常常要在雪地上长时间守候猎物,在此期间,雪常常落在他们的衣服上。天长日久,因纽特人给不同图案、形状及大小的雪花取了不同的名称。他们关于雪的词有十几个之多,如 aput(地上的雪)、gana(落下的雪)、piqsirpoq(飘动的雪)、tlapat(静止的雪)、shlim(雪泥)、trinkyi(当年的初雪),甚至有"粉红的雪"一词。但是,在热带地区的原始语言中则没有关于"下雪"的词汇。尽管后来由于文字、书籍、现代通信手段的出现,各地区、各民族之间的语言和文化相互交流,热带地区的语言中也有了"雪"这个词,但绝不会有十几个不同的关于"雪"的词汇,热带地区的人也不会理解爱斯基摩语中关于"雪"的这十几个词汇的含义和区别。中国盛产茶叶,在中文中,有关茶叶的词汇特别多。日本以大米为主食,有关大米的词汇则比较多。德国北部是啤酒之乡,有关啤酒的词汇特别丰富;而德国南部是白酒之乡,有关白酒的词汇就比较多。关于骆驼,汉语中只有一个词"骆驼",英语中也只有"单峰骆驼"和"双峰骆驼"两个词,而阿拉伯语中有 400 多个词来表示"骆驼",因为骆驼曾是大多数阿拉伯人的重要交通工具。这 400 多个词可以区分骆驼的年龄、性别、品种、大小等,甚至还可以区分骆驼能否驮重物。据说最少有一个词指怀了孕的骆驼。

关于语言与文化之间的关系,有两派主要观点:语言决定论和语言相对论。下面我们分别予以介绍。

(一)语言决定论

德国语言学家和哲学家洪堡(Baron von Wilhelmvon Humboldt)在《论人类语言结构的差异及其对人类精神发展的影响》一书中指出:语言是"思想形成的器官","每一种语言都包含着一种独特的世界观"。20 世纪 30 年代,美国语言学家 B. L. 沃尔夫(Whorf)在美国从事了他最重要的学术研究工作,他把语言研究的重点放在了音位学上和形态学上,通过对土著印第安语霍皮语的研究来揭示语义和语形之间的联系,发现许多印第安部落的文化差异与他们持有的语言差异是一致的。在此基础上,他和老师沙皮尔提出"沙皮尔—沃尔夫假设"。该假设进一步发展了洪堡特的理论,提出了语言决定论,其基本观点是:语言是"思想的塑造者",语言决定思维、信念、态度等,甚至决定人们对世界的看法。思维的文化差异基本上是由语言结构的差异来决定的。沃尔夫(1952)这样阐释语言决定思想与行为的论点:"一种语言的语意系统并不只是表达思想的再造工具,而是思想的塑造者,精神活动的引领者……人类对大自然认识与剖析研究的归类,也都由其母语来设定……换言之,人类世界,乃是通过人类心智归纳后的一种印象性的万花筒所展示的——这意味着人类心理的语意系统。"这种假设包括以下要点:第一,每种语言的内部都蕴含着一套独特的内部逻辑;第二,语言的独特内部逻辑约束着说该种语言的人的思维过程,从而造成了人们之间有显著的认知差异。

语言不同的民族,其思维方式完全不同,如阴性与阳性。在大多数欧洲国家的语言中,阴性与阳性是任意的、无规律的。法语中月亮是阴性的,太阳是阳性的;德语中则正好相反。人们会用阴性和阳性来判断这个事物的心理性别特征。那么,讲法语的人会用更偏用女性化的语言来描述月亮,而讲德语的人会用更偏用女性化的语言来描述太阳,这些名词的词性本身会影响人们的认知。

🖜 小案例 3-1　如果耶稣来了

约翰是来自罗德岛的老师,为了研究因纽特人的语言,他已经在阿拉斯加北部住了整整 5 年,他记录了许多因纽特人的价值观、态度和信仰差异。他注意到他们提到未来事情的时候,用"如果",而不是"当"。例如,他们把"耶稣来的时候"说成"如果耶稣来了"。他也注意到在对未来事情提意见时,因纽特人常常会用"可能"(maybe)或"如果我还活着"(If I am still alive)。他也对因纽特人在他人问到其家人是否安好时,总是回答"到目前为止我们仍安好"(We are alright so far)感到惊讶。

这个案例向我们提出一个这样的问题:为什么因纽特人喜欢使用这样的表达方式?其实,这是因为因纽特人对于未来有强烈的不确定性,他们对未来没有把握,不知道未来会怎样,所以才会用"可能""如果"这样的表述方式。

(二)语言相对论

"沙皮尔—沃尔夫假设"在 20 世纪 40 年代一经问世,立即引起了学术界激烈的争论。争论焦点是该理论之陈述是否"正确"、是否为"真",主要研究方法是实证研究。后续研究发现,"沙皮尔—沃尔夫假设"过分夸大了语言对心理因素的影响,而忽略了人的心理因素也会影响到语言的使用。人的认知特性具有明显的跨文化一致性,语言对认知的作用并没有想象中的那么大。其证据有:语言的规则具有普遍性(任何一种语言都有普遍的语法);人类语言器官的解剖特征及神经系统都具有普遍性;人类语言发展过程具有普遍性。

按照皮亚逊的观点,语言发展是认知发展的伴生物,因而认知的发展是语言发展的先决条件,但对聋哑儿童语言发展的研究则证明这一观点是错误的。聋哑儿童虽然听不见声音,但他们可以发展出来用手势表现出的语言结构。对中美两国聋儿跨文化的研究证实,两国聋儿都是通过一系列手势表达思想,而且和正常人的句子结构相似,正常人在用手势时倾向于单个手势,这说明语言的结构是天生的。

20 世纪 60 年代末以来,人们对颜色词汇的研究取得了新的进展。美国学者 B. 伯林(Berlin)、P. 凯伊(Kay)和 E. 罗希(Rossi)相继公布了他们关于颜色词与认知的关系的研究成果,提出了焦点色、类典型和基本层次范畴等理论,指出人们对颜色的认知是由人的生理构造决定的,不受其所使用的语言影响。1969 年,B. 伯林和 P. 凯伊对 20 种语言进行调查,发现各种语言中表示颜色的词虽有多有少,但是基本颜色词限于 11 种(黑、白、红、黄、绿、蓝、褐、紫、粉红、橙、灰),而且如果一种语言只有两个颜色词,那必然是"黑"(或"暗")和"白"(或"亮"),如果只有三个,那必然是"黑、白、红"。E. 罗希的实验又证明,这些词表示的是色谱上最突出的颜色。这一现象表明,人类视知觉具有一定发展秩序,这一秩序会影响到语言以及语言中反映这些颜色的词汇。

1993 年,语言学家 Stan Bourne(斯坦恩伯格)从三个方面证明,思维先于语言并相对独立于语言:第一,儿童在习得语言之前就能理解口头语或书面语,这说明儿童先有了概念和思想,即思维能力。第二,习得语言之前就失聪的儿童同样有思维能力,他们通过感知、记忆再形成概念并用某种方式(如手语)表达思想。海伦·凯勒的语言缺陷并不代表她的心智无能,她甚至比常人具有更敏锐的思维能力,只是几年以后才借助其老师的方法表达出来。显然正常人所具备的心智能力并不需要语言做基础。

美国语言学家乔姆斯基(Chomsjy)提出了这样的观点:任何一种语言都有特定的语法,这种语法对应着人类认知功能的范围和本质。决定语言潜力的是内在语言装置系统,人出生就有这样的装置,这种装置由一系列固有属性和内在条件组成,这是人类所特有的,而且也为所有人类语言所共有。

在此基础上,沙皮尔和沃尔夫对原来假设做了调整,提出语言相对论,认为心理与语言是一种对应的、平行的关系,而不是我们通常所说的线性的、决定性的关系。也就是说,语言对认知确实有影响,但是这种影响是局部的,不是整体的。

语言决定论由于过分强调了语言对思维的决定作用,已经渐渐地淡出了语言学家的研究视野。语言相对论(即语言反映思维、信念、态度等)逐渐在学术界占据主导地位,并得到不断发展。

三、基于语言本身的沟通障碍

(一)浅层次的语言障碍

产生语言障碍首先表现为不同文化的人使用不同的语言符号体系。在跨文化沟通过程中,由于发讯者是用自己的母语进行语言交流,他按照母语的语言体系进行信息的编码和传送(这里指语和文字),收讯者要理解发讯者发出信息的意义,就必须用同样的编码规则去解码。换句话说,收讯者需要掌握发讯者的词语和语法规则,即掌握发讯者的语言符号体系。用符号学的语言来讲,就是要掌握发讯者的技术编码过程。这是沟通双方语言交流首先遇到的障碍——浅层次的语言障碍,也称翻译障碍。

在实际商务沟通过程中,这种翻译障碍包括以下几种。

1. **不同语系之间,很难找到对等的词语来直接翻译**

这样的例子可谓不胜枚举。一个中国员工到附近游泳池去游泳,一会儿就回来了,和他同一个办公室的中国朋友和一个外国朋友都感到奇怪。他解释说:"游泳池里人太多,水太脏,早该换了,简直像芝麻酱煮饺子。"这个比喻很别致、很生动,和他同办公室的中国朋友笑了,而那个外国朋友既没有吃过"芝麻酱",也没有见过"煮饺子",丝毫不觉得这个比喻幽默,难怪他显出一副茫然不解的神情。西方人形容某地人多、拥挤不堪,常说"It was papked like sardines."(塞得像沙丁鱼罐头一样,拥挤不堪)。这种比喻有些中国人可以理解,但不一定能欣赏其妙处,因为见过打开的沙丁鱼罐头的人不多,看到过一个又小又扁的罐头盒里,紧紧塞满整整齐齐的几排手指头长的沙丁鱼的人更少。汉语中有个谚语:"夏练三伏,冬练三九",激励人们坚持锻炼身体。"三伏"和"三九"在英语里是什么呢? 一个年轻翻译对几个加拿大人说"three fu"和"three nine"。听的人当然莫名其妙。其实,他只要说"In summer keep exercising during the hottest days; In winter do the same thing during the coldest weather"就可以了。

汉语中的"饺子"在英语中就是空缺的,因为这是中国的"名吃"。虽然在英语中也有表示类似于"饺子"这种食物的词,如"dumpling"和"ravioli",但"dumpling"是"汤团,团子","ravioli"指的是"有馅的小包子",它们与"饺子"不尽相同。所以《汉英词典》和《当代汉英词典》用这两个词来译"饺子",显然是不准确的。不过,这大概也是不得已而为之。再如,中国妇女传统穿的一种漂亮的开叉的衣裙"旗袍",以及"麻将""气功"等其他词,在英语中都没有对应的词,所以严格地说,它们都是无法翻译的。多数英美人从来没有睡过中国的"炕"(kang,a heatable bricked),没有吃过"冰糖葫芦"(candied haws on a stick),也没有用过中国的"秤"(steelyard)。类似这样的词在英语中找不到对应词;大部分中国人没有住过美国的"motel"(专为开汽车的游客开设的、有停车场的旅馆),没有吃过"hamburger"(牛肉饼,汉堡牛排,汉堡包)。类似这样的英语词在汉语中都找不到对应词,连词义相近的词也没有,因为根本没有这种概念。"阴"和"阳"的概念作为中医治疗基本原理的一部分已沿用了许多世纪,然而,这些原理却很难对西方人讲清楚。中医理论里所说的"寒""上火"等概念,也很难用英语词表达,只能做些解释,如"上火",就说是"内热过多",然后再描写一下症状。在《汉英词典》中"阴""阳"两词只好分别注释为:("in Chinese philosophy,medicine,etc".)"yin, the feminine or negative principle in nature; yang ,the masculine or positive principle In nature"("用在中国哲学、医学等方面"。)"阴,自然中阴柔的或消极的原则;阳,自然中阳刚的或积极的原则"。这与《朗曼现代英语词典》的解释一致,但西方人还是不易明白。

现代汉语中的职业称谓语"师傅"在英语中找不到对应词。同样,英语中的"Sir"一词,尽管人们一般把它译为"先生",实际上,它比汉语中"先生"的含义要广泛一些,所以在实际应用中,人们又视具体场合把它译为"阁下、长官、爵士"等。英语中的"Lady"一词也不是汉语中"女士"一词可以涵盖的,它还有"夫人、小姐"的意思。

汉语中有许多人称代词的尊称形式,英语中却无"你"的尊称形式。而令尊、令郎等中的"令"字,贵厂、贵校等中的"贵"字,高见、高足等中的"高"字,大作、大礼中的"大"字,惠顾、惠存中的"惠"字……由于在英语中没有相应的深层文化,也就没有相应的表层内容。与尊称相近的是语言中的"谦"词。谦词在汉语中尤为丰富,在古书中常可见"犬子、小女、贱事、固陋、私心、谨、再拜"等谦词。现代汉语中,人们亦间或使用"鄙人、寒舍、贱内、拙作、敝姓、老朽、不才"等谦词,这是汉民族"满招损,谦受益"的民族心理在汉语词汇层次上的反映。但在英语中,我们却无法找到这种谦词,因而"敝姓"只好说成"my name","贱内"只好说成"my wife"。

汉语中"干部"这个词译成英语时往往用"cadre",但是英语的"cadre"与汉语中的"干部"不同。而且"cadre"不是常用词,许多讲英语的人都不知道它是什么意思。即使认识它的人,在说到它时,发音也不一样——有三四种读法。因此有人建议用"official"(官员,行政人员,高级职员人)、"functionary"(机关工作人员,官员)、"administrator"(行政官员)等代替"cadre",但这些词没有一个与汉语中的"干部"完全相同。

同样,汉语中没有表达"cowboy"和"hippie"(或"hippy")的意思的对应词。这两个词是美国社会特有的产物。"cowboy"与美国早期开发西部地区有关,关于他们的传说总带有浓厚的浪漫主义和传奇色彩。在汉语中译为"牧童"或"牛仔",反映不出这些意义。汉语中把"hippie"音译成"希比士"或"希比派",也没反映出 20 世纪 60 年代那些中国人觉得行为古怪的美国青年的特点。译成"嬉皮士"可能稍好一些,不过这个词也会造成误解,因为那类青年并不都是"嬉皮笑脸"的人,其中有不少人对待社会问题很严肃,对社会怀有某种不满情绪,尽管他们的生活方式与众不同:往往蓄长发,身穿奇装异服,甚至行为颓废,染上吸毒恶习,等等。这就要在词典上或译文中加解释性说明了。

在用汉语与不同文化背景的人进行交际时,表示亲属的词语常常给双方的相互理解造成很大困难,因为不是所有的称呼都可以找到令人满意的对应词。英语中"Linda's brother married Michael's sister."这句话就和很难译成汉语,因为不知道"brother"是指 Linda 的哥哥还是弟弟;"sister"是指 Michael 的姐姐还是妹妹。在汉语中,则有许多称呼来指各种具体的关系。

2.词义不重合,错误的翻译往往引起误解

在商务沟通中,英语和汉语有一些量词的意义是不重合的,常常容易导致翻译错误。有这样一个故事:在一次商业谈判中,马上就要签合同了,一位细心的中方工作人员发现合同上的报价与谈判时不符,中方气愤地找到美方,美方也觉得不可思议。经过长时间的争辩,大家才弄清楚症结所在:中方提出报价,翻译直接用了"ton"这个单位,中方当然用的是公制重量级单位,而美制中分长吨、短吨,美方当然按照有利于自己的长吨来计算,所以误解在所难免。

3.商务术语中普遍存在一词多义的现象

商务术语中一词多义的现象比比皆是。例如,企业有"high leverage"时,"leverage"应译为"杠杆率",是金融术语,"high leverage"指企业有很高的负债比率,但在"leverage buyout(LBO)"这个术语中,"leverage"应译为"贷款"。

可见,一词多义容易导致商务沟通中的障碍,很多商务信息误译的根本原因在于译者对商务类目标语中部分约定俗成语类概念的片面理解和对特别语域意义的望文生义。

4.行业知识不足造成的理解错误和表达失误

这样的个例不胜枚举。例如:将"运输式"(modes of transportation)误译为"transportation",把"shipper"(托运人)误译为出口商。再如,在国际货物买卖中,"FOB""CFR"和"CIF"是最为常用的贸易术语,所占比率为 90%～95%。根据《2000 年国际贸易术语解释通则》的解释,按照这些贸易术语成交的合同,其相同点为:都属于装运合同,都是象征性交货,即只要出口人按合同规定的时间、地点将符合要求的货物装上买方派来的("FOB")或自己安排的("CFR""CIF")船上,提交买方符合要求的货运单据便履行了合同的义务,风险都于货物在装运港越过船舷时由卖方转移到买方,都仅适用于海运和内河水运,都规定由卖方提供货物和商业发票,将货物交至并及时通知买方办理出口手续,都规定由买方接收货物、支付价款、办理进口手续。三种贸易术语的主要不同之处在于:"CFR"和"CIF"下由卖方办理运输,"FOB"下由买方办理;"FOB""CFR"下由买方办理保险,而"CIF"下由卖方办理保险;"FOB"后接装运港名称,而"CFR""CIF"接目的港名称;"CFR"报价等于"FOB"价加上运费,而"CIF"价等于"CFR"加上保险费。如果你不了解这些术语,就会在跨文化商务沟通时产生表达错误或理解错误。

5. 俚语、成语、方言、缩略语、委婉用语的翻译障碍

除了正规语言外,语言中还包括俚语、成语、方言、缩略语、委婉用语等,它们也会对跨文化商务沟通造成很大障碍。商务交往要求省时省力,缩略语在国际商务合同、协议、函电及单证中较常用。"L/C"是国际贸易中的一个缩略语,意思是信用证支付货款(国际货款支付的最重要形式);"TR"是船舶注册吨位;"TQ"是关税配额;"TPND"是偷窃及不能送达险;"FC"是货交承运人;"FAS"是装运港船边交货;"ORC"是本地收货费用;"THC"是码头操作费;"BAF"是燃油附加费;"CAF"是货币贬值附加费;"YAS"是码头附加费;"EPS"是设备位置附加费;"DDC"是目的港交货费;"PSS"是旺季附加费;"PCS"是港口拥挤附加费;"DOC"是文件费;"O/F"是海运费。如果你不了解这些缩略语,在跨文化商务沟通时就会困难重重。

🔊 小案例3-2　俚语造成的误解

在一次商务谈判过程中,美国人对中国官员的提议表示赞同时,说:"It's a great idea,Mr. Li,but who's going to put wheels on it?"(李先生,这主意不错,但谁来启动呢?)翻译人员听不懂,但又不想丢面子,因此,他将此话翻译为:"美国客人刚刚就汽车工业方面的问题提了一个建议。"

对于以上浅层次的语言障碍,我们可通过系统的学习和训练予以克服。

(二)深层次的语言障碍

英国语言学家杰弗里·利奇(Geoffrey Leech)在他的《语义学》中将所谓最广义的语言符号的意义,划分为七种不同的类型,分别是理性意义、内涵意义、社会意义、情感意义、反映意义、搭配意义和主题意义。其中,内涵意义、社会意义、情感意义、反映意义及搭配意义统称为联想意义。

文化制约着我们的语言模式和行为方式,语言对事件的描述又赋予了自身的文化和情感,融入了看待世界的民族观念。语言通过符号感染运用相同符号的人们,唤起他们类似的期望、类似的偏好和类似的行为形式。换句话说,人们在使用语言过程中注入了自身的文化和情感,通过语符的指意和象征作用唤起使用同种语言符号人的同样情感。对外来刺激的感受和联想意义及赋予联想意义的方式方法会因文化背景的不同而不同。

例如,"black"作为一个英文词汇和文化上一种死亡的符号,无疑都是人为制造的,它作为死亡标志是一种文化和情感符号,而作为颜色的标记则不然。在西方语言中,"橄榄枝"和"鸽子"这两个词象征着和平,其喻意来自《圣经》,而在东方的语言中,我们可明显地看到佛教的影响。汉语中,"佛"是与人的善行联系在一起的,"放下屠刀,立地成佛"就利用了"佛"所隐含的喻意。人权(human rights)一词,美国人认为主要指《人权法案》中提到的"言论自由的权利、公正审判的权利"等,而在有些文化中指住房权和平等的医疗权等。在美国文化中,"腐败"是受道德谴责的犯罪,而有些文化中"腐败"虽然也是一种不好的行为,也是一种犯罪行为,但是人们不是在道德层面上谴责这种行为,而是从干扰政府正常行使职能的角度谴责这种行为。

"owl"(猫头鹰)一词,我们从"as wise as an owl"可以看出,"owl"在说英语的人看来是智慧的象征;而对于中国人来说,一只猫头鹰在晚上飞到某人的家里预示着不幸与灾祸。蝙蝠在西方国家被看作丑陋、险恶、吸血的生物,尤其是吸血蝙蝠更为恶毒。所以,他们有这样的术语:"as blind as a bat"("像蝙蝠一样瞎"),"crazy as a bat"("像蝙蝠一样疯狂"),"a bit batty"("有点古怪的"),"have bats in the belfry"("钟楼里有蝙蝠")等;然而对中国人而言,"蝙蝠"象征着好运、幸福、快乐,原因在于蝙蝠的"蝠"字的发音与代表好运、幸福、财富和权势的"福"字相同。竹子笔直修长,四季常青,质坚中虚,在中国文化中被认为是高尚谦虚、心胸开阔、刚正不阿的代表,是高风亮节的化身;但在西方本土并没有竹子,甚至连这个词也是从东方借来的,很自然竹在英文中就没有如上所述的这样联想意义了。美国商人和墨西哥商人打交道时,在谈到"明天"这个概念时,美国商人指的是一个精确的概念和时间段,即从当天午夜24点到第二天午夜24点,而墨西哥商人则认为,明天就是指未来,是一个模糊、宽泛的概念。因此,同样的词在不同文化中,读者或听众的感受大不一样。

在诗歌翻译过程中,语言的联想意义更是一个较大的沟通障碍。著名的英国文学家瞿理斯在翻译王昌龄诗句时,将"洛阳亲友如相问,一片冰心在玉壶"的后一句译成:"Tell them an icy heart in vase of jade."(告诉他们:"一颗冰冷的心在玉石的瓶子里。")这样一来,原来富有意境和情韵的诗句就变得索然无味了。瞿理斯在这里就犯了一个严重的文化错误,他只懂得汉语的"冰"和"玉"与英语的"ice"和"jade"二词的概念意义是相同的,但他没有了解汉语的"冰""玉"还有"冰清玉洁"的文化意义;而莎士比亚在"Shall I compare thee to a Summer'day?"(我能把人比作夏日吗?)中,把人比作夏日,这在中国人看来简直无法理解与接受。由于英国的地理环境,夏日并非像在中国一般烈日炎炎,人如同在炉中蒸烤一般。阳光对身居阴冷气候中的英国居民是亲切的。

小案例 3-3　中国人和西方人眼中的狗

中国人眼中的"狗":

走狗、狗仗人势、狗腿子、狐朋狗友、狼心狗肺……

西方人眼中的"dog"：

love me，love my dog（直译："爱我的话，也要爱我的狗"；意译："爱屋及乌"）

a luck dog（直译："幸运狗"；意译："幸运儿"）

top dog（优胜者）、old dog（行家）、clever dog（聪明的孩子）

小案例3-4　不同文化对于"龙"的理解

在英语和汉语中"龙"都是一个虚构的词，在动物学中都没有任何的概念表述。英文的"dragon"和中文的"龙"都来源于古代的神话传说。在中国文化里，"龙"是中华民族的象征，是中华民族精神的化身。"龙"同时也代表了皇室的权威，因此它拥有绝对的权力。从古至今，所有的中国人都把自己当成龙的传人。因此，有许多的词组和表达与"龙"有关，它们都有赞赏的意味，如"龙王""舞龙""龙船""龙年""龙马精神""望子成龙"等。对于说英语的人来说，"龙"通常是邪恶的象征，是一个应该被消灭的可以毁灭一切的凶恶怪兽。在《世界百科词典》中，"龙"的定义是这样的：古代的一种大而凶猛的动物，传说是一种像蛇或蜥蜴的有翅膀、爪子和鳞的动物。这个词通常用来比喻一个非常凶残的人、一个严厉而警惕的女性或邪恶的有影响力的人。在西方国家，许多圣人和英雄的故事都有与怪物斗争的场面，而绝大多数的怪物最后都被杀死了。其中最著名的是 Beowulf 所著的叙事诗 *The Sing of Beowulf*：这是一个发生在公元前700年的、征服英国部分地区的西日耳曼人的史诗故事，讲述的是英雄Beowulf 打败了一个叫作"Grendel"的怪兽，但最后他自己在一次屠龙的时候不幸牺牲了。

正因为龙有不同的历史起源，对于中国人和说英语的人来说，要想理解对方所指的龙是有点困难的。因而，很容易理解为什么中国人会说"亚洲四小龙"。而说英语的人却说"亚洲四虎"。

小案例3-5　送给法国人《君子图》

在中文中，从古至今流传着无数歌颂松树、竹子、梅花、兰花、菊花之类植物的诗歌。那是因为中国人把松竹当作不懈努力、完善自我的化身；而梅兰竹菊更是因为它们的坚忍顽强、不屈不挠被比喻为"花中四君子"。而在英语中，这些词没有这样的文化内涵。当说英语的人提到这些词的时候，他们不会产生像中国人那样的联想。曾有这么一件事：一个中国人送给法国人一幅国画《君子图》作为礼物，该图上画有梅、兰、竹、菊。法国人可以看出所画之物，但他想不明白为什么该画被命名为"君子"，也不理解"君子"这个词具有称赞的含义，反而会在逻辑上思考：冬天的梅花和秋天的菊花会在一起开放吗？这是什么品种的菊花呢？

小案例3-6　美丽多姿的蝴蝶

有一个中国老师给一个学生写留学推荐信，他说这个女学生如蝴蝶般美丽多姿，于是写道："The girl is as beautiful as a butterfly."在汉文化里，蝴蝶是美丽的化身，而且带有浪漫的色彩，流芳千古的历史故事庄周化蝶以及梁祝的爱情故事都有蝴蝶的影子。但在英美人士看来，蝴蝶是"轻浮"的别名。所以，这样写推荐信显然不太合适。

小案例 3-7 第一夫人

> T：你看了今天的报纸了吗？
> S：还没有。有什么有趣的消息吗？
> T：第一夫人去孤儿院看望那些可怜的孩子。看这张照片，她很漂亮。
> S：第一夫人是谁？
> T：总统的妻子。
> S：我明白了。这意味着总统不止有一个妻子。

正是因为深层次的语言障碍，在跨文化沟通中，我们经常可以看到这样的情景：由于文化上的差异，谈一个严肃的问题时，由于一句话说得不得体，可以使听者发笑，甚至捧腹大笑；一句毫无恶意的话可以使对方不快或气愤；在国外演讲的人经常发现听众对他讲的某个笑话毫无反应、面无表情、鸦雀无声，然而，在国内，同一个笑话会使听众笑得前仰后合。下面的小故事很能说明这一现象。

小案例 3-8 到处都漂亮

> 有一次，中国某公司总裁携夫人拜访美国合作伙伴，美方代表在机场迎候时说："Your wife is very beautiful."（您的夫人非常漂亮。）该总裁说："哪里，哪里。"谁曾想美方翻译的中文水平不高，竟然直译为："Where? Where?"美方代表说："Everywhere."（到处都漂亮。）结果使得双方都很不痛快。

从这则笑话我们可以看到，一开始美方代表就按自己的文化习惯说话，可这对中国人来讲甚为不妥（因为中国人不喜欢别人评论自己的妻子）。而中国人的回答"哪里，哪里"，其内涵意义并非对他夫人外貌的否定，而是反映了中国人表示谦虚的文化心理，结果双方都按自己的文化习惯进行沟通，造成误解。如果美方代表一开始按照中国人的方式来问候，如"一路辛苦了"，或者中国人听到问候后，回答"Thank you"（谢谢），就不会产生误解了。可见，文化对人们观念的形成和对世界的感知有极大的影响。我们的沟通行为和赋予信息意义的方式在很大程度上受着文化的制约。因此，不同文化背景的人的沟通行为和赋予信息意义的方式存在着非常大的差异。这成为跨文化沟通的深层语言障碍。

四、商务用语的特征、文体特点、翻译原则与技巧

（一）商务用语的特征及文体特点

在国际商务活动日益频繁的当今社会，商务用语包括技术引进、对外贸易、招商引资、对外劳务承包与合同、国际金融、涉外保险、国际旅游、海外投资、国际运输、商业广告等内容。

1. 商务用语的特征

（1）较强的客观性。商务交往中所使用的语言大多是为交易目的服务的，在使用此

类语言时,多使用客观性语言。因此,信息交流双方以及译者要注意避免使用主观性或带个人色彩的语言。

(2)平实的表达方式。商务活动是追求效率的活动,人们在使用商务用语表达思想和情感时,更倾向于使用明白晓畅、逻辑关系明确的语言形式和用语方式进行交际。

(3)独特的行业特点。许多日常用词用于商务活动中会具有一些新的、特殊的意义。要充分理解商务用语的意义和内涵,必须具有商务理论和商务实务等方面的知识。

2. 商务用语的文体特点

商务用语具有独特的文体特点,主要表现在以下几个方面:第一,实义词的词汇密度高,使得整个语篇负载的信息量较大。如:"Should you fail to honor your payment in the due time,we should terminate the contract and lodge a claim against you. "(如果贵方到期未能按时付款,我方将终止合同并提出索赔。)这个由 22 个词语组成的句子中就有 19 个实义词。第二,语篇中句段结构紧凑、信息严密,名词化现象明显。这类语篇翻译常常涉及商务合同双方各自的义务、责任、权限以及精确的量化信息等,每一项内容的阐述和翻译都要求面面俱到、滴水不漏、无懈可击。第三,多用成语介词或介词短语。为体现商务文体正规严肃的特点,常用 in terms of(在……方面),关于,in accordance with(按照)等成语介词,而非 against(与……相反),concerning(有关)等普通介词。第四,多用被动语态、情态动词、祈使句。第五,句式结构复杂。句中常常用插入短语、从句、非谓语动词等限定、说明成分,往往一个句子就是一个段落。例如,"The prices stated are based on current freight rates any increase or decrease in freight rates at the time of shipment to be the benefit of the buyer,with the seller assuring the payment of all transportation charges to the point or place of delivery"(所述价格是以时下运价计算,装运时运价的增减均属买方,卖方则承担至交货的全部运费)。

(二)商务用语的翻译原则与技巧

正由于商务用语同普通生活语言在表达方面有明显的不同之处,从而决定了商务用语翻译必须具备一定的技巧。

1. 商务用语的翻译原则

1)准确严谨

由于国际商务合同的专业性和兼容性越来越强,因此,合同的内容也就日趋精确和完备。这就要求译者在翻译时应把"准确严谨"作为首要标准,尤其是合同中的法律术语和关键词语的翻译更应予以特别重视,仅仅忠实原文远远不够,而应严格贴近合同所涉及的专业性内容。以"offer"一词为例,将它翻译为"提供、提议"是正确的,但在国际商务合同中,offer 一般只能译为"要约、报盘"。此外,为了避免产生歧义,有些词语的翻译必须保持同一种译法,尤其是合同中的专业术语和关键词语都有着严格的法律含义,翻译时一定要透彻理解原文的内容要求,准确完整地传达合同文件的精神实质。以"exclusive"为例,exclusive territory 应译为"独占区域",表示许可方不得再把同样内容的技术许可协议授予该地域内的任何第三方。但是,exclusive contract 则译为"专销合同",表示制造商与转卖商之间签订的专销协议,规定转卖商不得同时经销竞争对手的产品。

2）规范通顺

所谓"规范通顺"，就是把理解了的东西，用规范通顺的、合乎合同语言要求的文字表达出来。因此，要使合同语言"规范"，译者就要特别注意合同的词语运用规范，符合合同文体中约定俗成的含义。例如，将"documentary bill at sight"译为"即期付有单据的票据"，虽然表达的意思符合原文要求，但概念并不清晰，因为"票据"本身的含义是广义的，在国际商务合同中的票据主要指汇票，因此，应译为"跟单汇票"。此外，国际商务合同的译文不仅要符合合同语言的要求和规律，还应做到通顺，着重体现在条理清晰上。国际商务合同的条款往往比较繁复，翻译时应首先弄清全文的条例，对各条款间的制约关系和逻辑关系须仔细琢磨，注意译文语言的语句结构，不拘泥于原文的词句结构和句法框框的限制。

2．商务用语的翻译技巧

商务用语的翻译技巧有很多，在这里我们选择最关键的技巧予以介绍。

1）泰特勒的"三原则"

最早为我国翻译界所熟识的外国翻译标准是英国的泰特勒（Alexander Fraser Tytler）在其所著的《论翻译的原则》（*Essay on Principles of Translation*）一书中提出的著名的"三原则"：首先，译文应完全复写出原作的思想；其次，译文的风格和笔调应与原文的性质相同；最后，译文应和原作同样流畅。

2）增词翻译法

增词翻译法是翻译技巧中非常重要的一种技巧，指在翻译时按意义（或修辞）和句法的需要，增加一些词来更忠实、通顺地表达原文的思想内容；换句话说，就是在译文中明示原文读者视为当然而译文读者却不知道的意义。增词翻译法用于以下三种情况：第一，为了语法上的需要。第二，为了表达的清晰和自然。第三，为了沟通不同的文化。例如："Cotton is falling in price, and the buyers hold off."可以译为"棉花价格正在下跌，买家都持观望态度"。

3）重复翻译法

词或词组的重复，是英语和汉语中的有效表达手段。利用这种手段一般可达到三种目的：第一，表达强调语势；第二，表达生动活泼；第三，表达明确。例如：Most notably, China has avoided the large output declines and severe macroeconomic instability that have tended to characterize the transition experiences in central and Eastern Europe and the former Soviet Union.（最值得注意的是，中国避免了大量的产出下降和严重的整体经济不稳定，而这往往是中欧、东欧以及苏联在转型过程中出现的特点。）这个表达既生动又明确。

以上商务用语翻译技巧要求译者拥有丰富的商务理论知识、行业交际经验和应用水平能力，需要经过长时间的历练方能游刃有余。

五、高语境文化与低语境文化

语境是修辞学、语用学中的一个重要概念，也是理解语言和运用语言的一个凭借、标准。英文的语境为"context"，《麦克米伦高阶英语词典》是这样定义的："the words surrounding a particular word that help to give it its meaning。"(围绕某一特定词的词语,有助于赋予其意义。)通俗一点讲,语境,就是言语环境。人们说话,总有一定的听众对象,总有一定的时间、地点、场合,总有一定的题旨情趣,还有谈话的上下文,这些与说话人自己的一定身份、思想、修养、性格、职业、心境结合起来,就构成语境。语境包括大至社会环境、小至上下文的一系列因素。而这些因素,又往往不直接见之于字里行间,而是潜藏在语句之外。语境就是这样在语言运用中起着作用,成为语言运用的一种潜在的力量。

人类学家爱德华·霍尔(Hall)根据交流中所传达的意义是来自交流的场合还是来自交流的语言,认为大致可分为"高""低"两种传播语境。霍尔这种分类所用的假设是:"文化的功能之一是在人和外在世界中间建立一个高度选择性的屏幕。文化通过该屏幕的各种各样的形式决定了我们注意到的内容和忽视的内容。"霍尔之所以提出高低语境的概念,与他在日本的生活经历有关,因为美国和日本两国人在沟通上的差异实在太大,让他有许多感触。在《跨文化》一书中,霍尔是这样定义高语境传播的:绝大部分信息或存在于物质语境中,或内化在个人身上,极少存在于编码清晰的被传递的讯息中。与之相对应的是低语境传播,即将大量的信息置于清晰的编码中。根据这一理论,高语境文化成员在表达感情和传递信息时含蓄间接,用字隐晦,而低语境文化背景下的人们则是通过直接的表达和符号传递进行交流的。霍尔认为接近低语境文化的有美国、加拿大、英国、瑞典、德国以及北欧的一些国家,产生的原因是其同质性较低;接近高语境文化的有日本、中国、朝鲜等,产生的原因是其同质性较高。

(一)高语境文化的沟通特点

1. 言简意赅

霍尔说:"高语境文化的结果是在日常生活的大多数正常交流中,他们并不需要也不期望详细深入的背景信息。"因此,在高语境文化中,意义没有必要一定包含在话语当中。人与人的沟通讲究点到为止、言简意赅。

2. 强调心领神会

高语境文化强调心领神会。在高语境文化当中,可以通过手势、空间的使用甚至沉默来提供信息。例如,一个中国男人问一个女士:"你爱我吗?"女士回答说:"讨厌! 傻样!"其实就是说:"我爱你,你还看不出来吗?"

3. 对环境较为敏感

高语境文化对周围的事物和环境更加敏感,不通过语言也能传达他们的感情。正如安德森所指出:"高语境文化更加依赖和熟悉非语言交流。"在高语境文化中,通过环境就可以获得许多信息,没有必要把所有事情说出来。例如,"我爱你"等表示喜欢的话很少被直接说出来,因为这一信息已经通过语境表示出来了。

日本文化是典型的高语境文化,日本人的表达是间接、含蓄的。在电影《艺伎回忆录》中,我们可以看到,小百合16岁那年与会长重逢,她非常希望会长知道她是谁,但是她没直接说,而是借大家泡温泉玩"真假故事"的游戏讲述了自己小时候遇见会长的事。影片还多处运用比喻义委婉地表达:电影开头千代子的母亲说千代子的姐姐像树而她像水,"水可以蜿蜒前进,哪怕有岩石阻挡",寓意千代子遇到困难依然可以生存下去。战后,野武请小百合重新做艺伎。小百合觉得自己已经不具备做艺伎的条件了,但她没有直接说,而是问:"树没有枝条和叶片了还能叫树吗?"

有两位哈佛大学的经济学家专门研究了在贸易活动中的日本人和美国人,结果发现,让美国谈判者最不舒服、最拿不准、最反感的是日本贸易伙伴的沉默。因为美国人不了解对方的沉默到底代表什么意思,往往最终以妥协告终。

中国文化也是典型的高语境文化。最典型的就是中国的禅宗,它的特点之一是不立文字,直指人心,见性成佛。时常是师父说一句高深莫测的话,留给弟子们去参透其中的玄机,当然能参透者甚寡,能参透者即是佛祖的有缘人、日后的得道高僧了。对于高语境的中国文化,特别是中文表达的含蓄性,很多外国人都描述过自己的感受。法国哲学家、汉学家弗朗索瓦·于连在《迂回与进入》一书中,引用了美国传教士阿瑟·史密斯的《中国人的特性》中的一段话:"仅仅听一位天子说话,是不可能明白他要说什么的。某个外国人,中文口语精熟,以至于能听懂每个句子,在需要时可以用中文写下来,但他很可能无法准确地表明说话者的思想。显然,这是因为说话者并不想说他真正所想的东西,而只满足于表达某种与他想法类似的东西,为的是让别人以此推断他的思想,或他的部分想法。为成功地与中国人交往,外国人除了要有较深的语言知识外,还应具有很强的推断能力。"

非洲一些国家和民族的文化也属于高语境文化。跨文化交际研究学者迪纳·R.莱万(Deeena R. Levine)描述了在非洲埃塞俄比亚的阿姆哈拉文化:阿姆哈拉人沟通的基本方式是间接的,并常常守口如瓶。阿姆哈拉人的谈话充满了泛泛的、含糊其词的话语,如说话人不明确所指之事时,就问"什么更好";说话人没具体说明自己所要之物时,就说"给我";说话人在打量着眼前之事或自己所要之物,他的回答却并不透露出他心里的真正想法。

4. 注重面子和关系

沟通中不会轻易伤害别人面子,该说的说,不该说的则不说。

(二)低语境文化的沟通特点

1. 直截了当

在低语境文化中,语言传达了大多数信息,语境和参与者方面只包含极少的信息。人们在沟通的时候强调直截了当、开门见山、毫不含糊。

2. 直接、坦率、反应外露

在低语境文化中,沟通者把所有要沟通的信息都用明白无误的、可编码的文字语言传达出去,常常没有隐藏在字里行间的意义,不需要说话听声、锣鼓听音。也就是说,所有事情都需要说明白,而且是越明白越好。他们常说的一句话是:"你想怎样说就怎样说(speak your mind)。"任何人想通过暗示、间接方式或非语言方式进行沟通和交流,不仅不能达到沟通的目的,还会被认为是在回避问题,甚至会被认为是一种不诚实的行为。例如,美国人在批评孩子的时候一般都会直截了当指出不足,同时提出需要改进的方面。

3. 沟通风格以自我为中心

低语境的沟通风格往往以自我为中心,强调自己的体会、意见、看法和要求,甚至让人觉得咄咄逼人,而且沟通者还有些自我吹嘘的倾向,习惯强化和夸大自己的知识、身份、作用和独特性,表现出过分的自信和自大。

小案例 3-9　电影《迷失东京》所反映的日美语境差异

　　在影片中,男主人公鲍勃应邀到日本拍摄威士忌广告。在第一次拍摄现场,鲍勃彻底迷失在日本文化中。日本导演对不懂日语的他叽里呱啦地说了一大串日语,而翻译把这段长长的日语仅翻译为一句极短的英语:"他想让你转头看向镜头。"鲍勃困惑地问道:"那是他说的全部的话吗?"翻译答道:"是,转向镜头。"鲍勃又问道:"那他想让我从左边还是右边转?"翻译接着将这句英语翻译成了一段长长的日语,导演又回复了一段长篇大论,翻译却将这段长长的回复仅用短短的一句"向右边转,要有力度"翻译过来。鲍勃不确信地问道:"就说了这些? 但看上去他说的不止这些。"翻译未回答,鲍勃只好无言地开始拍摄。在此过程中,翻译的缩水、添加,主要是因为在不同文化中,翻译的职责和功能也有差别。在日本,翻译需发挥联系功能,而不是仅仅直译原话,以避免因文化差异造成的误解。翻译对美国文化有一定了解,她之所以不把导演的话全盘翻译过来,是因为她知道美国人关注的是具体明确的指令,而对抽象、模糊、啰唆的话不能理解。日本人习惯把一个意图表示得很复杂,让他人办一件事情,还要用合理的解释做铺垫,且语言中还要用到敬语,这样一来,一个简单的意思往往要用很长的语句来表达。同时日本的权力距离较大,而美国的权力距离较小,日本导演绝对权威的命令和口气很可能让崇尚平等的美国演员产生不满,因此翻译只把导演的具体指令翻译了出来,而省略了她认为没必要译出的信息。再者,日本文化中十分强调为他人考虑,不使他人难堪,所以翻译想尽量过滤掉会让鲍勃感到不舒服的信息,只传递有效且不会产生文化误解的信息。可能她也想到了这样会让鲍勃产生困惑或不信任,但她没有解释,因为日本人替别人着想是不说在嘴上的。可见,日本是高语境文化的国家,很多事要靠当事人根据当时的情景自己去领悟和体会,而不是直接用言语表达出来。而美国是低语境文化国家,习惯用直白的语言明确地把自己的意图表达出来。这是美日跨文化商务交流中非常容易产生误解的一大因素。

小案例 3-10　伊拉克人对美国人的误解

　　1991 年 1 月 9 日,在美国决定对伊拉克开战前,伊拉克外长阿兹和美国国务卿分别率团在日内瓦进行最后一次谈判。美国代表团的决策者就在谈判现场。坐在伊拉克外长 Azia 身旁的是萨达姆的姻亲,只见他不停地给萨达姆打电话,报告谈判进展。他汇报说美国人说得非常清楚,如果伊拉克不从科威特撤军,美国肯定会向伊拉克宣战。

　　萨达姆问他美国人会不会动真格的,他评估说:"虽然美国人给出了最后期限,措辞严厉,但语气非常平静,声调也不高,表情也不愤怒,看样子不像动真格的。"伊拉克属于高情境文化国家,人们会根据语气、语调、表情来判断对方的真实意图,语言本身并不是最重要的,怎样说才是最重要的;而美国文化属于低情境文化,说话的清晰性被推崇。所以,当美国代表团认为自己已经把最强硬的姿态摆出来时,伊拉克代表团认为还有余地和空间,后来美国代表团没有妥协,最后的结果是美国进军伊拉克。

小案例3-11　爱情的表达方式

　　我在给留学生上课时,曾给留学生看过一部电影《梁山伯与祝英台》。我怕他们看不懂,就把故事梗概译成外文,预先发给他们看,放映前又请人对情节做了介绍。电影结束后我们搞了一个座谈会,我问他们看懂了没有。他们说,看懂了,但看得很累。十八里相送,祝英台对梁山伯的暗示听来很累,用那么多的暗示来表达爱情,为什么不直接说一句"I love you"呢? 他们说,故事的年代、情节同《傲慢与偏见》基本上一样,而伊丽莎白和达西可不是这种表达的方式。我解释说这是中国人表达感情的细腻之处,我们认为这是美;我们觉得有些话直接说出来,反倒没有深度。他们却觉得外露才是美,对中国人表达爱情的方式实在无法理解。

小案例3-12　电影《喜福会》中的沟通误解

　　在电影《喜福会》中,洋女婿是一个美国人,第一次到中国岳母家登门做客,为了款待他,岳母做了一桌丰盛的饭菜,并客气地说:"这条鱼做得有点淡,我们喜欢吃清淡的。"洋女婿听后,立即拿着桌上的酱油倒到鱼的身上。显然,这个美国人是典型的低语境文化的思维特点,没太听明白岳母说这话其实是谦虚的一种表现,结果惹得岳母非常生气。

小案例3-13　批评方式的差异

　　在低语境文化中,上司可能会公开严厉地训斥一个不负责任的下属,拿他来做例子,以儆效尤。这个上司可能会不顾情面地揭露下属的错误,同时也会直截了当地说出希望对方改正的地方,以及如果再达不到期望的话,会有怎样的后果等。

　　然而,在高语境文化中,这个上司可能会顾及下属的"面子"而不当众训斥他,相反,上司更多地会在私底下向下属提出批评,同时会选择一些婉转的语言来表达批评的意思。他不会直接说出下属哪里做错了,但是他会通过"绕圈子"的方法引导下属自己发现错误。例如,一个员工经常迟到。在高语境文化中,上司不会直接针对迟到这件事情来批评他,相反,这个上司可能会不断强调同事之间的责任感,成为团队里面"拖后腿"的人是一件可耻的事情等。在这个时候,这个员工通过上司的语气声调、肢体动作以及脸部表情,应该能够明白其所想表达的意思。

(三)高语境文化商务人士和低语境文化商务人士的沟通特点

1. 对信息来源的使用偏好不同

低语境文化的人倾向于使用客观的、不具有个人喜好的、明确的信息,而高语境文化的人则偏好有关各方清楚"理解"的、具有个人喜好特点的信息。

小案例3-14　直来直去的美国伊利诺伊州人

　　汤姆·沃梅尔多夫大多数时间生活在伊利诺伊州的斯普林菲尔德,他谈到了他在该州开办商店时的感受:"通过倾听顾客的心里话,我学会了他们希望我怎样进行沟通。我是一个很好的倾听者,所以花不了多长时间,我就能够弄清楚中西部地区的人。那个地区的人想什么就会说什么,而他们的话也是直来直去的,不会绕弯子。"

2．对非言语信息的认识不同

低语境文化的人较少注意非言语动作或行为(如面部表情、语调等)、沟通场合以及交流对象的身份所传达的信息,商务人士的反应主要针对言语本身,但高语境文化的商务人士不费吹灰之力便能理解这些语境传达的含义。当他们遇见对此类信息不能正确回应的人,往往会认为这些人反应迟钝甚至粗暴无礼。

3．对事实、统计数据以及其他细节资料的依赖性不同

作为支持性证据,在商业陈述中,来自低语境文化的人倾向于要求获得事实、统计数据以及其他一些可靠的数据。他们对数字的信任远胜于对直觉的信任。这一点正如一句美国格言所说:"数据从来不会扯谎。"举个例子来说,在解释销售量下降的时候,他们宁愿相信数字,也不愿相信特殊情况。他们的陈述中所看重的是各种表格、图片以及引自特定领域专家们的话语,而不太在乎推测或自觉。他们也经常期望能够从其他人那里获取同样详尽的统计分析。而高语境文化的人不仅重视事实、统计数据,也相信自己的推测和直觉。

4．沟通风格不同

在低语境的文化中,商务人士的沟通特点是直截了当。他们喜欢直接切入重点。这种做法可以帮助他们保证进度,完成任务。因此,那些来自低语境文化的人通常会在一开始的时候,就会说明电话、信件、电子邮件或面对面会谈的原因;接着才会继续谈论细节。而高语境文化的人则在开始时有许多套话和礼节性的语言,然后才会进入主题。

5．对任务和关系的认识不同

通常,来自低语境文化的人倾向于把自己的工作任务和自己的各种关系相互分割开来。实际上,关系会被看作任务以外的事情,而不是任务内的一部分。即便是项目的某个关键人员离开了公司,其他人也能够轻而易举地接替他的岗位。这是因为商业交易被看作是在企业与企业之间发生的,而不用依赖某些人之间的关系。而高语境文化的人则不会将任务和各种关系割裂开来,而是认为它们是相互联系的一个整体。

小案例 3-15　画圆圈

在一家位于瑞典斯德哥尔摩的跨国公司主办的跨文化商务沟通培训课上,参与者们被要求在一张白纸上画三个圆圈。第一个圈代表他们的家庭关系,第二个圈代表他们的工作关系,第三个圈代表教会和社区的关系。参与者们被要求画出这三个圆圈,并且要用这些圆圈表示这三种关系之间的重叠程度。在全部 29 个参与者中,有 12 个人画出了没有任何重叠的三个清楚的圆圈。这 12 个人全部来自低语境文化国家。有意思的是,画出的圆圈相互重叠的那些人,则全部来自高语境文化国家。但是,没有哪组人能够认识到:他们看待任务和关系之间的独立性的方式,也属于自己文化中的一部分。

该案例说明,低语境文化和高语境文化的人对任务与关系的认识是迥异的。

6. 对宴会的认识不同

高语境文化赋予宴会的含义在于食物的质量和数量、主客间的地位、与席者间的关系和庆祝的场合。如果呈上的都是些珍馐佳肴,客人就知道自己受到特别的尊敬和重视。席间,人们也会互致一些表示尊敬的恭维话。这些在低语境文化看来都是难以理解的。

7. 对礼节的认识不同

低语境文化的人更希望能在沟通中剔除礼节性的规范,能够更加真诚自然地以心交流,传达彼此的感受。高语境文化的人则认为要严格按照礼数行事以表达对对方的尊重和欢迎之情,以此体现自己是个高素质的人。

8. 对可能出现的冲突的态度不同

高语境文化和低语境文化在沟通方面的差异非常明显地表现在商务人士对待冲突的态度上。因为高语境文化比较含蓄,所以高语境文化的商务人士认为冲突会破坏交流,是不方便直接和公开讨论的。丁·图米说:"对于他们而言,应该慎重而巧妙地解决冲突。"而低语境文化的商务人士却觉得必须将双方未来可能遇到的问题及解决方案一一阐述清楚,而不在乎是否会发生冲突。

9. 对合同的认识不同

对于低语境文化的人来说,一旦合同上签了字,合同就成了铁律。如果合同双方起了争执,低语境文化的商务人士往往会诉诸合同的条款,试图解决分歧,而高语境文化的商务人士除了考虑合同的条款,很可能会考虑到双方的关系和情境因素。事实上,对高语境文化人士来说,情境因素比起合同更加重要。

小案例 3-16   在太空中纪念安息日的时间

犹太文化属于低语境文化。在低语境文化中,对法律的忠诚是显而易见的,人们非常重视合同的准确性。以色列宇航员伊兰·拉蒙上校计划在太空中纪念犹太教安息日,为了给自己的使命做好准备,他要求犹太教的首脑为他确定应当在何时开始以及应当在何时结束自己在安息日的纪念活动。犹太教的安息日是每星期一次,开始于星期五太阳落山的时候,结束于星期六太阳落山的时候。

一大群受人尊敬的犹太教传教士就此问题展开了争论和探讨。在飞行之前,拉蒙上校收到了一份裁决:他应当在东方天亮的时候纪念安息日,因为这是航天飞机启航的时刻。

六、话轮转换的文化差异

会话是说者和听者共同参与的一个合作性的过程,会话分析是对会话进行专门研究的一门学科,而话轮转换是会话分析中的重要研究内容。

话轮这一概念是由哈维·萨克斯(Harvey Sack)、爱默儿·斯格夫(Emanuel Schegolff)和盖尔·杰弗森(Gail Jefferson)在 1974 年提出的。他们认为谈话从根本上讲是一项话轮转换活动(turn-taking activity)。话轮是指一个说话人在另一个说话人开始讲话之前说出的所有内容。他们指出,话轮可以由不同的语言单位构成。在英语中,单词、短语、从句、句子组合等都可以充当话轮。萨克斯等人举了下面一段会话证明其观点。A:Was last night the first time you met Miss Kelly?(昨晚是你第一次见到凯莉小姐吗?)B:Met whom?(谁?)A:Miss Kelly.(凯莉小姐。)B:Yes.(是的。)在这一段会话中,第一个话轮是一个完整的英文句子,第二个和第三个话轮是由短语构成的,最后一个话轮由一个独立的英文单词构成。

会话过程,也就是说者和听者不断变化角色的过程,即说者和听者轮流发话。我们把这个过程叫作话轮转换。会话的基本规则是轮流发话,即在同一时间只有一人讲话,谈话双方都遵循着 A—B—A—B—A—B 这种一来一往的规则。即 A 先说,停下来后,B 再接着说。但是,会话本身具有复杂性。它并不是一直遵循 A—B—A—B 这样的线性循环,还存在着"毗邻应对"等形式。("毗邻应对"即在称赞与应答模式中,会话的一方先进行称赞,另一方作出适当的回应。)

萨克斯等通过对真实语料的分析,总结了以下三条话轮转换规则:第一,如果当前的说话人在当前的一个话轮中选择下一个说话人,那么当前的说话人必须停止说话,被选中的说话人必须接着说话。第二,如果当前的说话人没有选择一个说话人,那么,任何其他的参与者都可以自我选择,谁先说话,谁就获得说下一话轮的权利。第三,如果当前的说话人没有选择下一个说话人,也没有其他的参与者做自我选择,那么,当前的说话者可以继续说话(但并非必须)。要使会话顺利有序地进行下去,参加会话的各方必须善于运用一些技巧或手段相互配合,以达到某种默契。

不同文化的人在谈话时话轮转换的习惯也不同。有人把英美人的谈话比作打乒乓球,话轮转换的方式就像乒乓球一样在两人间来回往复。谈话中人们常用副语言、眼神交流及姿势来暗示话轮转换。沉默是消极的,它意味着混乱、无话可说、不愉快、应该被打破。而人们常把日本人、中国人话轮转化的习惯比作打保龄球,人们要等待说话的时机。谈话中经常出现停顿和沉默,因为人们一般不会打断别人讲话,而是习惯保持沉默、自己思考。这种现象在中外合资企业较为常见。在外企工作的中国员工经常感到没有话语权,抢不到说话的机会,往往是自己的话还没说出口,老外就已经把说话的计划抢跑了。

🖱 小案例3-17 课堂教学的有趣发现

西安外国语学院教师王芳曾对中英学生的话轮转换特点进行过专门研究。研究所采用的方法为归纳法,即将收集的语料进行分析,然后归纳总结每种类型所反映出的特点及规律,进而就相似语境下英汉课堂会话的话轮转换技巧所表现的异同点进行分析对比。研究发现,中英课堂会话在话轮转换技巧方面存在着以下不同点。第一,英汉课堂话轮转换均是在教师的控制下有序进行的,但控制程度稍有差别:中文课堂会话的话轮转换几乎完全由教师控制,而英文课堂会话中出现了偶尔由学生控制的局面。第二,在中文课堂教学会话中,学生多次使用萨克斯总结的话轮转换规则一,换句话说,教师多次使用指定或选定的方式使下一位说话人介入谈话,从而使课堂会话得以持续;而英语课堂会话中,学生很少使用这一规则,即教师很少用这种方式让学生介入会话。第三,在中文课堂师生会话中,参加会话的学生常以他选技巧介入话题;学生参与课堂会话的主动性不足,参与面窄;而英文课堂教学会话中,学生常以自选方式主动参与课堂讨论,学生的参与面广。第四,从话轮转换过程来看,中文课堂教学话轮转换频率较低,甚至有时出现停顿、冷场的现象;而英文课堂教学中话轮转换频率高,节奏快,很少有冷场或停顿现象出现。

小案例3-18　南希的困惑

　　与美国乒乓球式的谈话方式不同,日本人的谈话方式是保龄球式的。美国女孩儿南希嫁给一个日本人后,她的日语进步很快,可她发现好几次当她参与谈话时,其他人会露出惊异的表情,然后谈话就会停下来。通过长时间的观察,南希终于发现问题主要出在她还是西方式的思维方式:虽然她讲的是日语,但她没有意识到自己已经处在另一个完全不同的谈话方式中,即每个谈话者都应掌握自己开口的时间,知道自己在谈话中的次序。在日本,年龄、社会地位及与其他谈话者的关系决定说话的顺序。这就像打保龄球,当轮到某人时,他就会拿着保龄球走到前面并将其掷出去,而其他人则会在一旁静静观察并等待自己的次序,在球碰到瓶子之前没有人会打断掷球者。在一小段沉默过后,当其他人确定该人已结束游戏,下一个人才会拿球并上前掷球。在"接替"之间常常都会有一小段时间的沉默。因为日本人在谈话时,问题的答案往往是要经过深思熟虑的,并不是轻易说出口的,因此人们可以理解一段时间的沉默。日本人的这种表现在美国人看来是被动的表现,是不够积极的表现,而且觉得这样的方式导致谈话时间过长。

七、从电影中看意大利的高语境文化特点——意大利电影《天堂影院》(1988)

(一)剧情简介

　　影片讲述的是一个成长在意大利西西里岛詹卡多村庄中小孩子的故事。主人翁多多是个古灵精怪的小孩子,而艾弗达则是"天堂乐园戏院"的放映师,因为电影的穿针引线,使得他们建立起来亦师亦友的感情。放映师所扮演的是个引领者的角色,在多多的童年、青少年、成年,甚至是老年,一直带领着多多成长。在他死后,他留给多多一盒胶卷,重新串联起多多遗失了30年的回忆与情感。

(二)影片中所体现的意大利高语境文化特点

意大利文化属于典型的高语境文化,这在影片中有充分体现。

1. 意大利人的沟通方式

在20世纪40年代的意大利小镇上,电影在放映之前都要经由牧师检查,把认为观众不宜的镜头(如接吻戏)严格地剪掉之后,才可以放映。所以,观众每当发现接吻镜头又被删去了的时候,就会全场起哄,甚至吐口水。而放到煽情的段落,观众又会集体号啕大哭。

总之,电影院里总是热闹非凡。我们从中可以看出,意大利人在沟通时,面部表情非常丰富,喜欢使用眼神,手势运用也特别多,甚至很夸张。

2.多多和艾弗达之间的沟通

多多和艾弗达的许多次沟通都是含蓄的、言简意赅的,是在更深层次上的沟通。影片中有几个镜头可说明这一点。

第一个镜头,艾弗达失明后,多多在影院工作。有一次,他拍了一些片子在电影院播放,艾弗达坐在一边,他能感觉到多多放的是一个女人。当艾弗达问到这个女人长什么样时,多多回答:"蓝眼珠,金色长发,和我同岁,很漂亮,很纯真,纤瘦。嘴唇上有颗小美人痣,很小,她笑的时候很特别。"艾弗达马上说:"恋爱,我知道是恋爱。"

第二个镜头,多多爱上了艾莲娜,艾弗达觉得这样的爱情不会有结局,但他没有直接说出来,而是给多多讲了一个公主和士兵的悲情故事,让多多自己去领会。

第三个镜头,多多当了一年兵,退伍后第一时间就去看望艾弗达,多多说:"听说你从不出门,也不和任何人说话,为什么?"艾弗达答道:"你知道怎么回事,只是迟早的事,你说不说都无法改变事实。"可见,两个人的交流强调心领神会。

第四个镜头,多多要离开家乡去罗马追求自己的事业,艾弗达到车站去送他,虽然内心非常舍不得,但他流着泪说:"不准回来,不准想我们;不准回头,不准写信;不准妥协,忘了我们。如果你办不到就回来了,我是不会让你进我的房间的,明白吗?"多多回答:"我明白,谢谢你为我做的一切。"

母亲与多多的沟通也是如此。虽然多多从未明确地告诉母亲他的抱负和打算,但她却知道儿子想干什么,什么时候回来。多多入伍前在家乡电影院工作过一段时间,母亲每次睡觉前关大门的时候,都不锁门,不敢入睡,一直等到儿子回家,她在房中听到多多进寝室的声音,确定儿子已经睡了,才偷偷出来将大门锁上。这充分表明她对待多多工作的支持和理解,但她从未直接对多多说出来。正所谓"一切尽在不言中"。

八、从电影中看中国的高语境文化特点——中国台湾电影《饮食男女》(1994)

(一)剧情介绍

老朱是中国台湾的大厨师,现在退休和三个女儿住在一所老宅子里,每天他都要花大量的时间做出丰盛无比的菜肴。大女儿家珍是一所中学的老处女教师,刻板保守、笃信基督教教义和赞美诗;二女儿家倩从小有做菜天赋,和老爸不和,坚决不进自家的厨房。她在一家航空公司做管理工作,还有一个情人;小女儿家宁正在上学,正是情窦初开的年纪。

尽管老朱每天做出堪称豪华的盛宴,但三个女儿还是各有心事,都不买老爸的账,老朱也逐渐失去了厨师最重要的能力——味觉。家珍年纪越来越大,生怕嫁不出去,对学校的体育教师有点喜欢;家倩自立能干,一直要和男人分庭抗礼,一会儿决定自己买楼搬出去住,一会儿又要被公司派到阿姆斯特丹去,但一方面和情人的关系不清不楚的,另一方面又和公司的干将李凯产生了感情;家宁人小鬼大,不仅抢了女友的男朋友,还把自己的肚子搞大了。而老朱除了和女儿们斗斗气,就是帮邻居小女孩姗姗做午餐盒饭。姗姗的外婆梁伯母从美国回来,女儿们虽然讨厌这个唠叨不停的老太婆,但还是希望能给老爸找个老伴。

家宁和男友走了,要很快结婚生小孩;家珍也在一次学生的恶作剧之后"搞定"了体育老师;只有家倩,情人要和别人结婚,李凯也成了最好的"朋友",买的楼盘赔得一塌糊涂,为了照顾老爸还推掉了阿姆斯特丹的升迁机会。

眼见女儿们要各自散去,老朱召集了一次包括姗姗一家的全家"扩大"晚宴。在宴会上,老朱一吐胸中的不快,决定卖掉老屋,并郑重请梁伯母把女儿锦荣嫁给自己,原来两人早已"私订终身"。梁伯母当场昏倒,全家一阵大乱,晚宴匆忙结束。

不久以后,独自住在已经卖掉的老屋中的家倩自己下厨,召集全家赴宴,但大姐入教洗礼,小妹刚刚生产,锦荣也怀了身孕,都无法参加。家倩和老朱两个人面对偌大的餐桌和空空的房间,一时百感交集。就在老朱喝汤的时候,两个人惊喜地发现老朱的味觉又恢复了。

(二)影片所表现的中国高语境文化特点

中国文化是典型的高语境文化,这在影片中得到充分体现。

1. 父亲对女儿的爱

影片中父女之间的亲情很浓烈,父亲爱女儿,这是毋庸置疑的,但是,父亲对女儿的爱不是通过语言体现出来,而是通过行动体现。这是典型的中国式沟通风格。父亲的爱挥洒在那些花一天工夫的菜肴中,融化在每一次为女儿洗衣中,还有那一声声"起床"的呼唤中。然而他收获的是什么呢?菜被女儿挑剔地指出他味觉退化,洗衣却被女儿责怪搞错了彼此的衣服,叫起床面对的却是扭身的背影或是针锋相对的拌嘴。不过,也许父亲的乐趣就在于此吧。花一天工夫做的菜也许只是女儿生活的作料,但是它让大家聚在一起;为女儿洗衣即使是内衣也那么仔细,至于叫女儿起床他更是享受女儿沉睡的温馨,女儿一醒他就又变回那个严肃木讷的父亲。也许女儿对于父亲的爱也就在那些挑剔与苛求中吧。这里特别要提到的是二女儿与父亲的情感变化:父亲是最疼爱二女儿的,因为她的模样最像亡妻,性格又是两人的结合,然而这种爱只能通过外人之口(温伯伯)点明,并且由外人作为中介。影片安排温伯伯这个人物就是为父亲和女儿解开心结的,而温伯伯的逝去引起了两人对生命的思考,以及中介消失必须面对彼此的慌乱。女儿是父亲的克星,或者可以说,父亲是女儿的克星。女儿固执地认为父亲"看她不顺眼",于是四处寻求出口,"把所有钱都丢下去了"只为逃离那个家,她可以在父亲看似严厉实则关怀的话语后反驳一句同样的,甚至可以在父亲好友温伯伯住院时毫不吝啬地给他一记香吻却忽视父亲"吃醋"的眼神。这小小的手段多么真实地反映了当代中国那种隐忍的情感宣泄:父母子女之间彼此深爱却不好意思说出口的境遇。

2. 家庭成员之间缺乏沟通

影片中有几个吃饭的镜头,也是家庭成员聚会的镜头,可以看出,朱家人吃饭时话都不多,如果有什么事情要通知其他人,总是在吃饭时候说"我有事情要宣布一下",可见家庭成员之间缺乏沟通,遇事很少互相商量。

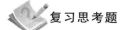

复习思考题

1. 什么是语言决定论？
2. 什么是语言相对论？
3. 跨文化商务沟通中浅层次语言障碍是什么？
4. 跨文化商务沟通中深层次语言障碍是什么？
5. 商务用语的特征和翻译技巧是什么？
6. 什么是高语境文化和低语境文化？二者的沟通风格有何不同？
7. 什么是话轮转换？话轮转换的文化差异体现在哪里？

思考案例

并非审美观的不同

一位美国人到中国人家做客。客人和主人可以毫无困难地用英文交谈。当大家围坐在餐桌上吃饭时，美国客人对男主人说："你的妻子很漂亮。""不，她不漂亮。"男主人说。美国客人看了一下男主人，又看了一下女主人，微笑着再次说："我是说你的妻子很漂亮。""我知道你在说什么，但我妻子一点儿也不漂亮。"美国客人耸耸肩说道："也许我们的审美观不同。"

过了一会儿，美国客人又说："你的孩子很聪明。""不，不，他其实很笨的。"男主人说。美国客人睁大了眼睛，看看男主人，再看看一旁的孩子，简直不敢相信自己的耳朵。告辞时，美国客人说："谢谢你们的邀请，谢谢你们精心的准备和丰盛的晚餐，我们度过了一个愉快的夜晚。"主人回答："哪里哪里，今晚也没准备什么菜，也没让你吃好，没让你玩好。"其实主人一家早在一周前就开始忙碌了。美国客人带着不解离开了。

案例思考题：为什么美国客人会一再感到大惑不解？

第四章

跨文化商务沟通中的非语言沟通障碍

 导读案例

美国人的感受

某天晚上,美国人杰克和他的同事汉斯参加了一个在波士顿为某建筑公司举行的记者招待会。该建筑公司已经和两家跨国公司建立了合作关系,计划在南非某地建造一个医疗中心。在出席招待会的 25 位与会者中,只有 6 名是美国人,其余的人都来自其他国家。招待会结束后,杰克和汉斯碰了一下面,相互询问了一下情况,并且分享了各自对招待会的印象。

杰克注意到了当亨利先生让英国人詹姆斯、雷诺博士后退到房间的一个角落那一刻雷诺先生的表现,他说:"亨利的动作好像跳舞一样,而雷诺先生看上去好像有点不开心。"

汉斯观察了一位韩国与会者,他说:"是啊,雷诺先生并不是唯一一位不愉快的人,我一直试图盯住帕克先生的目光,但是这种做法好像让他很不愉快,当我问他问题的时候,在回答问题之前,他总是会有一段较长时间的停顿。"

"你看见那两个穿着礼服的小伙子了吗?"杰克问道,"为什么有人会认为商务招待会是很正式的呢?我就不明白为什么事情就不能变得好些?我倒确实希望正式的会议能比招待会开得顺利一些。好歹大家都说英语。"

在上面这个案例中,我们可以发现,在招待会上,各国人的表情、目光接触、动作、空间距离都有很大差异,这些其实都是非语言沟通(nonverbal communication)差异的表现。由于世界各国的文化差异,非语言沟通的方式也各不相同。在国际商务交往活动中,如果忽视了这种差异性,很可能就会导致沟通失败,并引起不必要的麻烦,甚至造成非常严重的后果。在这一章,我们将做详细分析。

一、非语言沟通的含义、功能与特征

(一)非语言沟通的含义

语言是人类最重要也是最便捷的沟通工具,但语言并不是唯一的沟通工具。非语言符号在人类的社会沟通中同样具有极其重要的意义。非语言沟通指的是使用除语言符号以外的各种符号系统,包括声音品质、面部表情、手势、身体姿势以及空间距离来进行的沟通。

在非语言沟通中,沟通双方相互作用的本质是十分明显的。没说一个字,你就能通过衣服的选择、面部表情、姿势或任何其他非语言信号来沟通。仅仅是走过校园这一种简单行为,你也在发出信号并从甚至不相识的过路者那里得到信号。你也许在想:"多漂亮的大衣,不知道是在哪里买的?""他的个子真高,可能是一个运动员。"当别人看到你时,他们也可能同样在对你进行评价。

我们可以想象这样的情景:一个漂亮的少女在商店购买东西时,看到一个招人喜欢的小伙子迎面走来。当走近时,两个人的目光接触了两秒钟,然后少女转过头,并微笑而略显羞涩地走过。当他们擦肩而过后,她转过头,以确定他是否在注意她。沟通就这样发生了作用,他停下来与她交谈。在他们交谈之前他们没有说一个字。显然,他们所进行的就是非语言沟通。

在非语言沟通领域中最为卓越的研究者是美国学者 R. L. 伯德斯戴尔(Bodlesdale)。1963 年,他在《情绪研究的身势学水平》一文中创用了"身势学"的概念。伯德惠斯戴尔的理论要点是:身势语是和人类语言十分相似的一种符号体系。说具体一些,我们往往无意识地皱着眉头,吆五喝六地打着手势,眼睛有时直愣盯着人……这些动作看起来漫不经心,但也和人类的有声语言一样有着特定的含义。伯德惠斯戴尔估计,在两个人互动的场合中,有 65% 的"社会含义"是通过非语言的方式传送的。后来,有一位专门研究非语言沟通的学者艾伯特·梅热比(Mreby)甚至提出了这样一个公式:

$$相互理解 ＝ 语调(38\%) ＋ 表情(55\%) ＋ 语言(7\%)$$

上述数据是如何获得的?人们不得而知,但是能够证明的是,在人类的沟通中,互动双方所获得的信息有很大一部分来自非语言的行为。在高语境文化中尤其如此。

(二)非语言沟通的功能

1972 年,英国著名的非语言行为研究者 M. 阿盖尔(Argyle)在《人类社会互动的非语言沟通》一文中曾提出非语言沟通有三个方面的用途:一是处理、操纵直接的社会情境,二是辅助语言沟通,三是代替语言沟通。据此,笔者将非语言沟通的功能概括为两大功能:一是对语言符号的支持功能,二是部分非语言信息表示亲近性。

1. 对语言符号的支持功能

1)代替语言符号功能

我们现在使用的大多数非语言沟通方式经过人类社会历史文化的积淀而不断地传递、演化,已经自成体系,具有一定的替代有声语言的功能。许多有声语言所不能传递的信息,通过非语言沟通却可以有效地传递。这时候,非语言符号起到代替语言符号表达意思的作用。在日常工作和生活中,我们也都在自觉或不自觉地使用各种非语言沟通来代替有声语言,进行信息的传递和交流。有时候某一方即使没有说话,也可以从其非言语符号上如面部表情上看出他的意思,从而在传递交流信息的过程中,既省去过多的"颇费言辞"的解释和介绍,又能达到"只可意会,不可言传"的效果。有"飞人"之称的美国著名篮球运动员乔丹曾说:"我和皮蓬两个人在场上的沟通相当重要,我们相互从对方眼神、手势、表情中获取对方的意图,于是我们传、切、突破、得分;但是,如果我们失去彼此间的沟通,那么公牛的末日来临了。"

小案例4-1 藏不住心事的齐桓公

春秋时期,齐桓公与管仲密谋伐卫,议罢回宫,来到其所宠爱的卫姬宫室。卫姬见之,立即下跪,请求齐桓公放过卫国,齐桓公大惊,说:"我没有对卫国怎么样啊!"卫姬答道:"大王平日下朝,见到我总是和颜悦色,今天见到我就低下头并且避开我的目光,可见今天朝中所议之事一定与我有关。我一个妇道人家,没什么值得大王和大臣们商议的,所以应该是和我的国家有关吧?"齐桓公听了,沉吟不语,心里决定放弃进攻卫国。

第二天,齐桓公与管仲见面后,管仲第一句话就问:"大王为何将我们的密议泄露出去?"齐桓公又被吓了一大跳,问道:"你怎么知道?"管仲说:"您进门时,头是抬起的,走路步子很大,但一见到我侍驾,走路的步子变小了,头也低下了,您一定是因为宠爱卫姬,与她谈了伐卫之事,莫非您现在改变主意了?"

上面这个案例中,齐桓公的心事被别人通过他的面部表情、行为举止看破了。

2) 辅助语言符号功能

非语言符号作为语言沟通的辅助工具,又作为"伴随语言",使语言表达得更准确、有力、生动、具体。例如:《长恨歌》是中国唐朝诗人白居易的一首长篇叙事诗,其中有这么一段诗句:

汉皇重色思倾国,御宇多年求不得。

杨家有女初长成,养在深闺人未识。

天生丽质难自弃,一朝选在君王侧。

回眸一笑百媚生,六宫粉黛无颜色。

其中,"回眸一笑百媚生"使我们感觉到美貌绝伦、多才多艺的贵妃眼睛是会说话的,这种非语言信息把杨贵妃的千娇百媚衬托得淋漓尽致,难怪她会集三千宠爱于一身呢!

3) 重复语言符号功能

使用非语言沟通符号可以起到重复语言所表达的意思或加深印象的作用。例如,讲话人在说"这次我们一定要赢!"的同时,用力握一下拳来表示态度的坚决。又如,说否定性的"行了行了",有不耐烦的意思,往往加以手的摆动。再如,我第一次到纽约的大都会博物馆,出了四号地铁后向一个牧师模样的男人问路。他告诉我,一直往东走,遇到第一个红绿灯往右拐,然后再往前走300米即到。他在说的同时,还用手指着博物馆的方向。口说与手指同时发生,意味着手指的动作正重复着口语的信息内容。

4) 规范语言符号功能

使用非语言信息可以鼓励或禁止对方的行为。例如,作为教师,我在刚开始上课时总是提高嗓门,是为了引起学生注意;课堂上有学生交头接耳说话时,我马上停止讲话,也是为了引起学生注意。人们在噪声较大的工地或停车场,无法听见对方的讲话,便可以用手势来指挥吊车的工作、停车的位置和距离。实弹射击场要求营造紧张、严肃的氛围,老师在学生射击过程中,除在射击前和射击结束时下达正常的口令外,在射击过程中不针对单个或部分学生下达口令,只是用手势来提示,以免惊吓其他学生而发生意外事故。

2. 部分非语言信息表示亲近性

部分非语言信息,可以传达"亲近性"的感受与行为。这种亲近性的非语言沟通,通常表达了以下三种正面性的信息。

1)亲近的信息

如挥挥手或点点头,表示对方可以靠过来。

2)表达友善的信息

和蔼亲切的表情向他人传递了相互友好的关系。

3)加强感觉刺激的信息

抚摸或者挨着对方,在生理或心理上都可能意味着希望增加互动的意思;专注地倾听别人讲话,则表示倾听者对讲话人的看法很重视,能使对方对你产生信赖和好感,使讲话者形成愉悦、宽容的心理。

在人际关系的发展过程中,亲近性的非语言信息至关重要,因为亲近性的非语言信息,可以增进双方见面的欲求和彼此喜欢的程度。在跨文化的比较上,有学者发现不同文化对亲近性的非语言信息的表达方式也有所不同。比起美国人和芬兰人,日本人较少使用亲近性的非语言信息,而美国人与芬兰人的差别不大。

(三)非语言沟通的特征

非语言沟通具有如下特征。

1. 无意识性

正如心理学大师弗洛伊德所说,没有人可以隐藏秘密,假如他的嘴唇不说话,则他会用指尖说话。一个人的非语言行为更多的是一种对外界刺激的直接反应,基本都是无意识的反应。例如,与自己不喜欢的人站在一起时,保持的距离比与自己喜欢的人要远一些;有了心事,不自觉地就给人忧心忡忡的感觉;当一个人撒谎时,他极有可能会做出用右手的食指搔搔耳垂下边的颈部或右手食指与拇指拉一拉耳垂的动作。

2. 情境性

与语言沟通一样,非语言沟通也表现于特定的语境中,情境左右着非语言符号的含义。相同的非语言符号,在不同的情境中,会有不同的意义。同样是拍桌子,可能是"拍案而起",表示怒不可遏;也可能是"拍案叫绝",表示赞赏至极。

3. 可信性

语言信息受理性意识的控制,容易作假,非语言则不同,非语言大都发自内心深处,极难压抑和掩盖。根据阿盖尔等人的研究,当语言信号与非语言信号所代表的意义不一样时,人们通常相信的是非语言信号所代表的意义。例如,当某人说他毫不畏惧的时候,他的手却在发抖,那么我们更愿意相信他是在害怕;小孩子拒绝陌生人的食物时说"不吃",但同时却流着口水盯紧食物,表现出非常想吃,我们更愿意相信后者;两人发生了冲突,其中一个说"我希望您别生气",另一个回答:"我才不生气呢!"不过他提高音调,带着不屑的眼神,或嘴角紧绷,握着拳头。这说明他非常生气。

小案例 4-2　子产破案

传说春秋时候郑国的著名大夫子产曾经破过这样一个疑案:有天清晨,他正坐车去上朝,经过一个村庄时,听见远处传来一个妇女的哭丧声,他按住赶车人的手要他把车停下,并仔细听了一会儿,就通知官府把那个哭丧的妇女抓来审问。那个妇女很快就承认了亲手绞死丈夫的罪行。过了几天,那个赶车人问子产怎么会知道那个妇女是罪犯,子产回答说:"一个人若爱他的亲人,亲人开始有病的时候就会感到忧愁,知道亲人临死的时候就会感到恐惧,亲人去世了就会感到哀伤。那个妇女在哭她已经死去的丈夫,可是她的哭声却让人感到不是哀伤而是恐惧,因此肯定是内心有鬼。"

在上面案例中,子产依据哭声进行判案,充分说明非语言沟通的可信性。

4.文化制约性

虽然部分非语言信息具有普遍性,可以充当文化间、种族间或国际的沟通语言,但大部分非语言信息的意义仍然要受到文化的制约。由于文化的差异,一个非语言信息在不同的时空下会有着不同的意义。第一个对非语言信息进行科学研究的是达尔文(Darwin)。他在《人类和动物表情》一书中指出,很多非语言的表达方式有很大的文化差异,如身体的姿势、眼睛的注视、面部的微笑、恶作剧的行为等在不同的文化环境中,所代表的意义和得到的反应是不同的。例如,在中国文化中,挤眉弄眼被视为一种不检点的行为,特别是女性对男性的挤眼,几乎可以算作一种挑逗的行为。但是在美国,这种行为却代表着友善和热情。再如,同性青年勾肩搭背,在中国被认为是"哥俩好",但是同样的行为在欧美国家,则代表同性恋倾向。这种文化制约性,使得非语言信息在跨文化沟通的过程中产生了很大的模糊性。一不小心,就可能踏入误区,发生严重的误解与冲突。因此,了解不同文化在非语言沟通上的差异,是提升跨文化沟通能力的必经之路。

二、声音品质

(一)声音品质的作用

研究发现,在沟通过程中,38%的信息是通过声音表达的。声音被称为"沟通中强有力的乐器"。

你喜欢某人,可能是他的声音好听;你讨厌某人,可能是他的声音让你无法接受。我相信,这样的感受每个人都有。似乎从小开始,我们就因为喜欢某些人的声音,而与他们交往;对于那些不愿听到他们声音的人,我们就避而远之。声音的影响力可见一斑。

声音还是一种威力强大的媒介,有时候,我们往往能够凭借一个人的声音辨别出他的情绪、态度甚至性格。打电话时尤其如此。虽然没有面对面,看不清对方的面部表情,但是我们却能够从对方的声音中,判断出对方的情绪、态度甚至性格。正如《吕氏春秋》所云:"故闻其声而知其风,察其风而知其志,观其志而知其德。"比如说,与一个身处异国他乡的朋友电话聊天,她的声音有点哽咽,并夹杂着哭声,我们就能判断出她可能想家了或者遇到了什么不顺心的事;与网友第一次电话聊天,他语速有点快,语调高昂,时不时还发出愉快的笑声,那我们就能判断出这个人属于活泼开朗型的性格;从商场买来的产品出了问题,你打电话投诉,对方接起电话就破口大骂,那我们肯定会觉得这个人的态度很恶劣。

由此可见,声音就像一面镜子,传递出许多潜在的信息。你发出的声音,一方面可以让别人了解你,诸如你的情绪、态度和性格;另一方面,声音也能够直接影响你的沟通效果。你的声音好听,别人愿意与你交往;反之,则避之。

(二) 声音品质的类型

一般来说,声音品质包括音量、音调、语速等要素。

1. 音量

与人交谈时,太大的声音会让人反感,以为你在装腔作势;音量太小又会使人听不清楚,让人误以为你怯弱。一般来讲,要根据听者的远近,适当控制自己的音量,最好控制在对方听得见的限度内。

2. 音调

一个人的声音可以是尖锐刺耳、朦胧不清、嗲声嗲气、悦耳动听、仓皇急促的。刺耳的声音让人头疼,悦耳的声音应该是饱满的、充满活力的、能调动人的感情的。可见,音调能够增添说话的魅力和效力。一般情况下,柔和的音调表示坦率和友善,在激动时音调自然会有颤抖,表示同情时音调则略为低沉。不管说什么样的话,阴阳怪气就显得冷嘲热讽;用鼻音哼声往往表现出傲慢、冷漠、恼怒和鄙视,是缺乏诚意的表现,会引起对方的不快。由于说话者的声调不同,同一句话的语义就可能迥然相异。在沟通中,人们怎么说事实上比说些什么更为重要。设想一下说"我恨你!"这句话,如果用娇嗔的语调可以表达亲昵的感情;而说"你可真行!"这句话,却完全可以在表面的赞扬之中带着尖刻的嘲讽。在日常生活中,我们往往能够单凭音调可靠地判断说话者的性别、年龄、经历、热情程度以及来自哪一地区,甚至我们也能够据此判断一个人的社会地位、情绪状态、心境以及说话者的攻击性强度如何。

音调高低的熟练运用,甚至对听众会产生一种戏剧性的效果。有一次,意大利著名悲剧影星罗西应邀参加一个欢迎外宾的宴会。席间,许多客人要求他表演一段悲剧,于是他用意大利语念了一段"台词",尽管客人听不懂他的"台词"内容,然而他那动情的声调和凄凉悲怆的表情,不由使大家流下同情的泪水。可一位意大利人却忍俊不禁,跑出会场大笑不止。原来,这位悲剧影星念的根本不是什么台词,而是宴席上的菜单。

3. 语速

急缓适度的语速能吸引听者的注意力,使人易于吸收信息。如果语速过快,他们就会无暇吸收说话的内容;如果过慢,声音听起来就非常阴郁、悲哀,令人生厌;如果说话吞吞吐吐、犹豫不决,听者就会不由自主地变得十分担忧、坐立不安;建设性地使用停顿能给人以片刻的时光进行思考,并在聆听下一则信息之前部分消化前一则信息。

(三) 文化差异对声音品质的影响

文化或多或少会影响到声音品质。

就音量而言,不同文化存在一定差异。研究发现,阿拉伯人音量较高,菲律宾人说话比较轻柔。美国人认为女性使用高音量的声音意味着她们心中有所不满;反之,细声低调的女人是性感的象征。日本男人则习惯使用低沉的声音表现阳刚之风与掌控的力量。

小案例 4-3　在中国的经历

　　一个瑞典留学生讲了一段他在中国的留学经历:我听到两个男生讲话时音量特别高,他们对着彼此在喊叫,我以为他们在吵架,就赶紧快步走开了。后来,我在中国生活久了,听懂中文后,我才知道他们可能是因为太久没见面,是老友相逢表示兴奋的一种方式。

这个小案例表明中国人说话时音量偏高。

在语速方面,不同文化存在较大差异。例如,意大利人、阿拉伯人的语速较快,相反,美国人的语速较慢。

在音调方面,不同文化也存在差异。特龙帕纳和汉普顿特纳(Hampton Turner)研究发现,欧美人说话抑扬顿挫,有起有伏,跌宕有致;拉美人说话语调很高,而且保持亢奋状态,情绪激昂。东方人说话时语调平缓单一,很少起伏,不紧不慢。这种表现通常可以从这些国家的领导人做演讲、报告时看出。来自东方国家的领导人做报告时一般都表情中性、语调平稳,常常看着稿子读,使人昏昏欲睡。拉美国家的领导人包括意大利人讲话的语调变化多端,以激起听众的兴趣,有点像演戏。欧美国家的领导人则处于两极中间。语音语调平和还是夸张,当然与一个文化的价值理念是联系在一起的。东方文化求静,讲求含蓄深沉,追求不以物喜不以己悲,讲话不露声色就是这种境界的表现。而拉美文化注重个人情感,情感丰富表现出人性和对生活的热爱,讲话当然得眉飞色舞,语调夸张才行。

三、面部表情

想必大家都在电视里看见过警察破案的场景,不知道你有没有注意过:即使嫌疑人守口如瓶,警察仍能从他们身上获取很多线索。因为他们脸上的细微表情出卖了他。面部表情语是指运用面部器官,如眉、眼、鼻、嘴来交流信息、表达情感的非语言符号。按照身势学的创立者伯德斯戴尔的估计,"光人的脸,就能做出大约 25 万种不同的表情"。这一估计似乎过于惊人,但社会心理学家一般都认为人的面部表情在 2 万种以上。这一数字令人瞠目结舌,可见面部表情之丰富。面部表情可以说是非语言信息最丰富、最集中的地方。正如狄德罗在他的《绘画论》一书中所说:"一个人心灵的每一个活动都表现在他的脸上,刻画得很清晰、很明显。"

生物学家达尔文研究发现,人类的一些基本面部表情,其意义不光在人类中是明确的,甚至在动物中也非常明确。如咧开嘴的大笑表示欢迎和高兴;头紧皱表示不满和忧虑。

1957 年,美国心理学家爱斯曼(Iceman)对面部表情的意义做了一个跨文化的实验。他在美国、巴西、智利、阿根廷、日本五个国家选择被试者,拿一些分别表现喜悦、厌恶、惊异、悲惨、愤怒和惧怕六种情绪的照片让这五国的被试者辨认。结果显示,绝大多数被试者的"认同"趋于一致。这个实验证明，人的面部表情是内在的，有较一致的表达方式。

但是，后续的研究推翻了这一观点。2007年，日本北海道大学的行为科学家雅纪纪（Masaki Yuki）根据自己的一项研究认为，在我们如何看人或如何理解面部表情上，文化是一个重大的决定因素。在日本，人们倾向于看眼睛来捕获情感暗示，而美国人倾向于看嘴巴。他认为，在任何情况下，眼睛比嘴巴更难克制，因此，即使他或她在尽力克制自己的情感，眼睛也可能会更好地提供一个人情感状态的线索。2009年，英国格拉斯哥大学的教授罗贝托·卡尔达拉（Roberto Caldara）领导的一项研究表明，人类的情绪交流比专家此前认为的更加复杂，因此，在跨文化交际场合，曾经普遍认可的面部表情不能可靠地传达情绪。研究人员让13位西方白人与13位东亚人观察人类面部表情照片，记录他们把照片归入高兴、悲伤、吃惊、恐惧、厌恶、愤怒或中性类别时候眼睛的运动，辨认面部表情的文化差异。结果发现，东方人把重点更多地放在了眼睛上，且错误显著多于西方人。西方人用整张脸传达情绪，而东方人更多使用眼睛，较少使用嘴巴。上述研究结论证实了不同文化的人的面部表情各不相同。

在面部表情语中，最有表现力的当属目光语和微笑语。我们从这两方面分析不同文化之间的差异。

（一）目光语

在人际交往过程中，与交往对象保持目光接触是十分必要的。近代西班牙哲学家奥塔加（Aota Jia）在《人与众人》一书中说："每一次注视都说出了注视者的心路历程。"中国古代成语有"画龙点睛"之说，人类男女之间有眉目传情之举。从莎士比亚（Shakespeare）的"仿佛他眼睛里锁藏着整个灵魂"到音乐摇滚的"不要说，你的眼睛已经告诉了我"，都说明目光注视在人际交往中的重要功能。

眼睛是透露人的内心世界最有效的途径，人的一切情绪、情感和态度的变化，都可从眼睛里显示出来。眼睛是心灵的窗户，能够最直接、最完整、最深刻、最丰富地表现人的精神状态和内心活动。眼睛通常是情感的第一个自发表达者，透过眼睛可以看出一个人是欢乐还是忧伤，是烦恼还是悠闲，是厌恶还是喜欢。从眼神中有时可以判断一个人的心是坦然还是心虚，是诚恳还是伪善：正眼视人，显得坦诚；躲避视线，显得心虚；也斜着眼，显得轻佻。眼睛的瞳孔可以反映人的心理变化：当人看到有趣的或者心中喜爱的东西时，瞳孔就会扩大；而看到不喜欢的或者厌恶的东西，瞳孔就会缩小。目光可以委婉、含蓄、丰富地表达爱抚或推却、允诺或拒绝、央求或强制、询问或回答、谴责或赞许、讥讽或同情、企盼或焦虑、厌恶或亲昵等复杂的思想和愿望。

小案例4-4　眼神出卖了自己

在一部关于列宁（Lenin）的著名电影里有这样一幕：有一个肃反委员会的工作人员叛变了，肃反委员会主席捷尔任斯基（Dzerzhinsky）得知情况询问他时，此人不敢正视对方的眼睛。根据这一点，捷尔任斯基认为他有罪。

不同民族、不同文化对眼神的运用存在差异。英美人交谈时，双方正视对方，在他们看来，这是正直与诚实的标志。英美人有句格言：Never trust a person who can't look your eyes.（不要相信不敢直视你的人。）因此，与他人交谈或向他人打招呼时，应目视对方。如果不看着对方，会被认为是羞怯、缺乏信心或不尊重他人。美国学者齐克拉（Gikela）研究表明，美国人在对话中平均3秒交换一次眼神。他解释道：如果他们注视对方过久，会被误认为是对对方有不同寻常的兴趣；如果对视不到1秒便移开目光，就会被认为是对对方毫无兴趣。在美国文化中，他们认为对话同公共演说一样都应该涉及一定的目光接触，因为那是对人的尊重和诚实的表现。有教养的英国男子认为直接凝视与之交往的人的眼睛是一种绅士风度。瑞典人在交谈中用目光相互打量的次数多于英国人。法国人则特别欣赏一种鉴赏似的注视，因为用这种眼光看人是在传达一种非语言信号：虽然我不认识你，但我从内心深处欣赏你的美，所以法国男子在公共场合对妇女的凝视是人们公认的一种文化准则。

中东阿拉伯人在讲话时，必须直视对方的眼睛，以示尊敬。两个阿拉伯人在一起交流时会用非常热情的目光凝视对方，因为他们认为双目是个人存在的钥匙，从眼睛里可以看出一个人的灵魂，因此，说谎时，会从眼睛里流露出来。平常我们在电视里看到中东国家的领导人接受记者采访时，随时都戴着深色太阳镜，不知者以为这么做是求美的表现。其实不是这样：政治上国与国之间钩心斗角，不说真话的机会很多。戴着深色太阳镜可以避免让记者直接看到眼睛，以免心事暴露，坏了大事。

相反，在中国、日本、菲律宾、印度尼西亚等国家，人们会尽量避免直接的目光接触，他们认为直视对方的眼睛是不礼貌或暗含威胁的行为。日本人对话时，目光要落在对方的颈部，而对方的脸部和双眼要在自己眼帘的外缘，他们认为眼对眼是一种失礼的行为，四目相视是不得体的。中国人在交谈时，双方不一定要不时地正视对方，甚至有的人还有意避免不断的目光接触，以示谦恭、服从或尊敬。原因是"羞耻感"文化的影响，即"非礼勿视"。在菲律宾、印度尼西亚这些国家的文化中，女子是禁止注视男子眼睛的，男子为了表示尊重，也不能直接注视女子。

小案例 4-5　诚意被怀疑

在2014年南亚博览会上，很多为印度等南亚国家商户提供翻译服务的中国学生都遇到这样一个问题：当在与老板交谈有关工资的话题时，老板会直视你的眼睛，但是作为中国人就不太习惯这样的交流方式，所以学生们会下意识地去避开眼神的接触，结果印度老板认为自己不被信任，从而对中国学生的诚意有所怀疑。

小案例 4-6　她是做贼心虚吗

有个十来岁的波多黎各姑娘在纽约一所中学里读书。有一天，校长怀疑她和另外几个姑娘吸烟，就把她们叫去，尽管这个姑娘一向表现不错，也没有做错什么事的证据，但校长还是认为她做贼心虚，勒令其停学。他在报告中写道："她躲躲闪闪，很可疑。她不敢正视我的眼睛，她不愿意看着我。"

原来，在校长查问时，她的确一直注视着地板，没有看校长的眼睛。而英美人有

"不要相信不敢直视你的人"这样一句格言,校长于是判断这个姑娘是做贼心虚。

碰巧有一位出生于拉丁美洲家庭的教师,对波多黎各文化有所了解,他同这个姑娘的家长谈话后对校长解释说:就波多黎各的习惯而言,好姑娘"不看成人的眼睛",这种行为"是尊敬和听话的表现"。幸而校长接受了这个说法,承认了错误,妥善处理了这件事。这种目光视向不同的含义给他留下很深的印象,也使他了解到各民族的文化是多种多样的。

小案例4-7　她真的不愿意理我吗

一个加拿大留学生讲到她在中国的经历:有一次,我走在宿舍的楼道里,我的前面有一个中国女孩,在马上要超过她的那一刻,我很自然地抬起眼睛看着她,因为,我期待经过的时候,可以对她微笑,打个招呼,以示友好。但是,当我们彼此靠近的时候,我注意到她的眼似乎一直盯着地面。

在加拿大,遇到这种情况我们会相互对视。既然这个女孩不愿意看我,我就认为她不愿意理我。

(二)微笑语

根据社会学家的研究,全球人类,不管是在岛国上还是大陆上,对微笑普遍的感觉都是"友善,好感"。但不同文化对微笑还存在不同看法。

美国人会在公共场合随意地对陌生人微笑,而许多俄罗斯人却认为这是不寻常甚至是可疑的行为,认为美国人的微笑不合时宜。不过美国人却觉得俄罗斯人笑得太少、行事冷漠。中国人通常用微笑或大笑来掩盖自己的消极情绪,除非在亲密的人面前才会展露真正的情绪。因此,不同文化间的差异就容易造成交流双方的误解。

在某些场合,西方人会不理解中国人为什么微笑。一个美国人存放自行车时,一不小心自行车倒了,他因为自己动作不麻利而感到困窘。这时如果旁边的中国人笑起来,他会觉得受到耻笑,非常生气。我在餐厅里也看到过类似情况:一个外国人偶然摔了一个碟子,他本来就感到很窘,而在场的中国人发出笑声,使他更加觉得不是滋味,既生气,又反感。或许在那个外国人心里,这意味着双重的耻辱。其实,中国人的这种笑,不论是对本国人还是对外国人,并非嘲笑当事人,也不是幸灾乐祸。这种笑有很多意思,可以表示"别当一回事儿""一笑了之""没关系""我们也常干这种事"等。不过,对于不了解这些意思的人,这样一笑会使他们感到不愉快,而且会对发笑的人产生反感。

日本人的微笑很难理解,这在世界上也是闻名的。日本人的微笑和点头并不一定表示快乐与友谊,也许是表示害羞、不舒服等感情,甚至也可表示悲痛和厌恶。在日本,妻子在面对丈夫去世时是很淡定的,甚至面带微笑,而在其他国家,妻子或许不会那样淡定,甚至会号啕大哭。日本人认为死亡是必然的命运,忍住眼泪是对死者的尊敬。日本籍的英国血统文学家小泉八云,在题为《日本人的微笑》的随笔中描述道:"日本人即使临死时也能莞尔一笑。平时,他们的脸上总是挂着笑容,这种微笑,没有伪善,没有反抗,同人们经常联想到的那种性格软弱的病态微笑也没有关系。它是一种竭尽心力、长时间培养成的品质,是一种无声的语言,如果用西方式的脸部表情来解释这种微笑,不管做何努力,都不会得出正确的结论。"

因此,不同民族、不同文化和社会的人们,会根据不同的标准看待个人不同的微笑表达方式。微笑传播作为一种符号建构,其含义是由特定文化决定的。文化设定了使我们成为人,以及使我们微笑、使我们哭泣并使我们感觉相互联系的因素。在跨文化沟通中,要重视微笑的文化差异以避免不必要的麻烦。

小案例4-8 微笑的总统

一名被革职的菲律宾警察挟持了一个香港旅行团。在挟持过程中,很多游客惨遭毒手。菲律宾总统阿基诺三世却在事发现场面带微笑对着镜头,他的这一表情深深伤害了网民及其香港民众,很多人指责菲律宾总统为冷血动物。没想到,阿基诺三世在记者招待会上出现时,仍然面带微笑,这一次招致更广泛而强烈的批评。事后,总统为自己的这一表情表示道歉,说自己的微笑是一种习惯性表情,没有任何冒犯之意,实属无心之失。

小案例4-9 微笑惹的祸

中国小伙子涂先明在美国驻中国的一家公司担任部门经理。前不久,他在工作中出了纰漏,打算去向总经理彼得道歉。在得到允许后,涂先明进入总经理的办公室,还没开口就赔上笑脸。在诚心诚意道歉时,他的微笑也一直挂在脸上。彼得望着涂先明的笑脸,不解地问道:"真的吗? 你真的意识到自己犯了错吗?""绝对! 我保证!"涂先明说着,脸上的笑容更浓了。没想到彼得却冷漠地说:"对不起,我无法接受你的道歉,我看不出你有什么不安!"

涂先明的脸急得通红,他急切地想要彼得明白自己的意思:"相信我,我一定改过。"没想到彼得更为恼火了,大声吼道:"如果你是真的悔过,又怎么会笑得出来呢?"

四、手势

手势语是通过手部动作形态来代替语言交流和表达思想的。手势在人类的非语言沟通中起着十分重要的作用,如请你先说、停止、想说却没有说的话等,我们都可以用手势来表示。许多人类学的材料都证实手势在原始部落中曾被广泛使用过,并确实起过沟通和思维的作用。列维·布留尔(Levy-Bruhl)就曾经记载了大量的如下事实:"不同部落的印第安人彼此不懂交谈双方的有声语言的任何一个词,却能够借助手指、头和脚的动作彼此交谈、闲扯和讲各种故事达半日之久。"

手势可分为技术性手势、自闭式手势、说明性手势、象征性手势。技术性手势指的是特定行业或特定场合下通用的可以学来的手势,如聋哑人的手势语、裁判、音乐指挥、交警等用的手势。自闭式手势是反映个人内心情绪的,是个人的一种行为习惯,与文化关系不大。例如,有的人用咬指甲来表示不耐烦,有的人却用跺脚来表示。说明性手势是说话的时候做出的,即一边说一边做手势,其作用是辅助说明所说的话。说明性手势并不是有意识地或者有目的地做出的,而且绝大多数都是没有实际意义的,很难记忆。象征性手势是指那些在本文化中具有明确而具体的含义的手势,它经常可以替代人们想要表达的语言,因为借用这个手势所表达的含义非常清晰,双方完全能够理解。象征性手势受文化的影响很大,本书所讨论的是象征性手势。

(一)手势的文化普遍性

手势具有文化普遍性。首先,没有一种文化是没有手势的。其次,很多手势在大多数文化中都存在,如表示停止的手势;拍手、挥手等动作;摊开手总是和坦诚、没有防御心联系在一起的。

(二)手势具有文化特殊性

手势的文化特殊性表现在以下两个方面。

第一,不同文化对手势运用程度不同。一般而言,南欧地区的国家如意大利、西班牙、希腊等国对手势的运用频繁而且夸张;中西欧国家如德国、英国、荷兰、比利时、卢森堡等次之;而远在北方的北欧诸国则又次之,因为他们几乎不使用手势来表达任何的讯息。例如,犹太人对手部动作的运用远比一般德国人多,所以第二次世界大战时期生活在德国境内的犹太人要尽量控制自己的手部动作,以免暴露自己的身份。

第二,象征手势在不同文化具有不同的含义。例如,对于司空见惯的 1~10 的数字,不同文化的手势就有很大差异。图 4-1、图 4-2 分别是中国人、法国人的数字手势图。在马来西亚、菲律宾等国家,见面时会行"摸手礼",即一方将双手先伸向对方,另一方则伸出自己的双手,轻轻摸一下对方伸过来的双手,随后将自己的双手收回胸前,稍举一下,同时身体前弯呈鞠躬状。在新加坡、越南等国家,见面时通常行"握手礼"。在泰国,人们见面时会行"合十礼",一般是两掌相合,十指伸直,举至胸前,身子略下躬,头微微下低,口念"萨瓦蒂"。"萨瓦蒂"系梵语,原意为如意。遇到不同身份的人,行此礼的姿势也有所不同。例如,晚辈遇见长辈行礼时,要双手高举至前额,两掌相合后需举至脸部,两拇指靠近鼻尖。男人行礼时头要微低,女人行礼时除了头微低外,还需要右脚向前跨一步,身体略躬。长辈还礼时,只需双手合十放在胸前即可。拜见国王或王室重要成员时,男女还均须跪下。国王等王室重要成员还礼时,只需点头即可。无论地位多高的人,遇见僧人时都要向僧人行礼,而僧人则不必还礼。

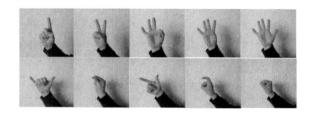

图 4-1　中国人对于 1~10 的手势

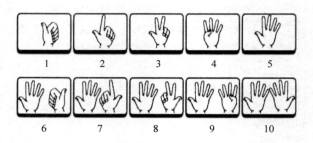

图 4-2　法国人对于 1~10 的手势

在跨文化交际的场合,由于同一象征手势在不同文化有不同甚至完全相反的含义,就会造成沟通的障碍和尴尬。例如,在世界上大多数国家,人们点头表示赞同,摇头则传递拒绝或不赞成的信号,然而,在斯里兰卡、尼泊尔、印度等一些南亚国家,人们摇头表示同意,点头表示反对。中国人竖起拇指表示"好",伸出小指表示"差"或"坏",这反映了一种"尊卑有等""长幼有序"的文化心态。美国人将拇指朝上表示要求搭便车,将拇指朝下则表示"坏"。而日本人伸出小指却表示"情人"。在表示保佑、祈祷时,英语国家的人们通常在胸前画十字,同时手指聚拢在一起,分别在前额、腹部、左右肩膀轻轻触碰一下。在中国,如北京人经常去的雍和宫,我们可以看到人们在祈祷时两手放在胸前,掌心相对,有的人还会伴随下跪磕头等动作。用食指在太阳穴周围画圆圈这一动作,对英语国家的人们来说,这表示"我快要发疯了",而在中国等东亚国家,这一动作表示"思考,动脑筋",我们都比较熟悉的日本动画片《聪明的一休》中就多次出现过此动作,它同样表示思考。"OK"这个手势比较常见:食指和大拇指合成一个圆圈,另外三指伸直。不过,我们需要注意,在中国、美国、英国,这个手势的含义是"很棒",但在其他一些国家可就不是了:在法国,这个手势表示"零"或"没有",引申为毫无价值;在泰国,做出这个手势,是告诉人们"没有问题";到了印度,这个手势又变成了"正确"的意思;如果到了德国、巴西、希腊,这个手势是非常不文明的,和一些污秽的内容相关。假如一位美国人无意中把筷子直直地插进饭碗内,再把饭送给中国人吃,中国人心里就可能会大为不快。因为按照中国的风俗,供死人时才把筷子插进饭碗里。中国人很喜欢用手摸小孩子的头顶表示喜爱和关心,然而在美国人看来这是极其不礼貌的行为,有"轻薄"孩子的意味在里面,因此会引起孩子妈妈的反感。

可见手势语在不同文化背景下的差异非常之大。了解这种文化导致的差异,有助于我们避免不必要的误会。

小案例 4-10　就这价,拿去

在 2014 年南亚博览会中,当印度老板决定以双方谈好的价格卖给顾客货物时,会五指并拢,做出一个向外赶的动作,但这个动作在中国是带有侮辱性的"滚"的意思,因而很多顾客怀疑是自己过低的出价惹怒了印度人,其实这个手势在印度是"get it and go"(就这价,拿去)的意思。

小案例 4-11　航运部长的失误

1990 年 7 月,在盂加拉国的新一届议会召开期间,立法者狂暴地谴责航运部长阿布杜·罗布(Abdul Rob)做出的一个手势,认为这个手势不仅是对议会的侮辱,更是对整个国家的侮辱。

究竟罗布做了什么动作引起如此强烈的愤怒呢?据说他涉嫌做出"竖起大拇指"的手势。

在美国,这个手势意味着"进展顺利";在中国,很多人用这一姿势表示"真棒";但是,在盂加拉国,它是对别人的一种侮辱。

小案例 4-12　丘吉尔的失误

在第二次世界大战中,领导英国进行战争的首相温斯顿·丘吉尔曾做了一个手势,当时引起了轰动。他出席一个场面盛大而又重要的集会,一露面,群众就对他鼓掌欢呼。丘吉尔做了一个表示"victory"(胜利)的 V 形手势——用食指和中指构成 V 形。做这个手势时,手心要对着观众。不知丘吉尔是不知道还是一时失误,竟然把手背对着群众了。群众当中,有人鼓掌喝倒彩,有人发愣,有人忍不住哈哈大笑。这位首相所做的手势表示的是别的意思:那不是表示"胜利"的 V 形,而是一个下流的动作。

小案例 4-13　布什竖起大拇指

有一次,布什访问澳大利亚,一切都非常圆满,可是,他向澳大利亚的欢送者告别时竖起了大拇指,这引起了一个不大不小的问题。对美国人来说,这是友好、赞誉的表示,而澳大利亚人却认为是猥琐的动作。

小案例 4-14　罗杰的困惑

有一次,美国著名作家、《手势》一书的作者罗杰·阿克斯特尔(Roger Axtell)出访法国,旅馆的接待员问他:"你对房间满意吗?"他对接待员做了一个"OK"的手势,这个接待员带着愤怒的表情耸了耸肩:"如果你不喜欢它,我们就给你另换一个房间。"阿克斯特尔感到非常困惑:既然我喜欢这个房间,为什么还要给我换呢?

小案例 4-15　握手的文化差异

有一位中国驻外人员叙述了这样一段经历:在巴基斯坦时,有一次他请当地学生到使馆看中文电影。一位刚结婚的学生把妻子也带来了。老师见到后,主动与学生妻子握手,并且握得很紧,以示热烈欢迎。没想到的是,第二天上课时,该学生满脸怒气,拒绝回答该老师的提问。课后,另一个学生告诉老师说,这位学生认为老师主动逼他妻子握手,太失礼节。原来,按照巴基斯坦礼俗,男子对陌生女子不能主动握手,老师解释自己的本意是表示客气与友好后,才算消除了误会。可见握手的概念常因文化的不同而不同。

一些文化间象征手势的区别见表 4-1。

表 4-1　一些文化间象征手势的区别

见面问候	北美人在见面时握手相互致意,他们从儿童时代起就学会握手时要紧紧地有力握一下;日本人喜欢向对方鞠躬致意;因纽特人常用鼻尖相碰;中东人和许多东方人在握手时,往往轻轻握一下,那是因为在他们的文化里,紧紧握手意味着挑衅
打招呼和告别	北美人不论是向人打招呼还是告别,或者只是要引起离他较远的人注意,他们都会举臂,张开手,来回摆动;在欧洲大多数地方,这个动作表示"不!"。欧洲人在打招呼或告别时,习惯于举臂,将手在腕部上下挥动,好像篮球运动员运球的动作;意大利人用完全不同的手势:举手,仅手指向内摆动
召唤	北美人要召唤别人通常是先挥手以引起对方的注意,然后把手转过来做向内舀的样子。美国人还有一种召唤人的手势,那是伸出食指(手掌朝着自己的脸),将该食指向内屈伸;在欧洲各地,要表示"到这儿来"的手势是举臂,手掌向下,然后将手指做痒状;在澳大利亚和印度尼西亚等地,屈伸食指这个手势,只用来召唤动物,从来不用来召唤人
"OK"的手势	北美人经常并热情地炫示这个手势:拇指和食指构成环形,其他三指伸直。在法国,这个手势表示"零"或"毫无价值"。在日本,它的意思是"钱",好像是在构成一枚硬币的样子。如果和日本商人谈判结束之后,向对方做"OK"手势后,日本商人的态度可能会改变。虽然在许多文化中"OK"表示"很高兴我们谈成了这笔交易",而日本人却理解为"他在向我们提出要钱的暗示"。在巴西、俄罗斯和德国,这象征人体上非常隐蔽的孔,因此,在那些国家里,绝不要打这个表示"OK"的美国手势
竖起大拇指	这个在北美以及许多别的国家里非常普遍的手势常被用来无声地表示支持和赞同:"干得好!""OK"或者"棒极了!"以及其他十几种表达用语;在澳大利亚,如果大拇指上下摆动,这等于在说脏话;在尼日利亚等地,这个手势却被认为非常粗鲁,因此必须避免这么做;在日本和德国,竖起的大拇指也用来计数:在日本表示"5",但在德国则表示"L"

五、身体姿势

（一）身体姿势的功能

　　身体姿势指的是站、坐或者行走的方式,它在沟通过程中扮演重要角色,能传递积极或消极的信息:可以表示赞成或反对,可以传递自信与否,可以反映社会地位的高低,还可以表示一个人对某一问题是否感兴趣等。例如,身体前倾,眼睛注视对方,说明对对方很感兴趣。一个自信的人,身体往往向外扩展,身体所占空间较大;相反,一个不自信的人,身体往往向内缩,身体所占空间较小。一个社会地位高的人,一般情况下身体较为放松;相反,社会地位低下的人,身体往往很紧张,并同时向后退缩。各种身体姿势及意义如图 4-3 所示。

（二）不同文化之间身体姿势的差异

　　就坐姿而言,不同文化之间有较大差异。例如,美国人的坐姿比较放松,习惯跷二郎腿,但这在中东、泰国是不允许的,人们认为这样坐是对别人的不尊重,甚至是侮辱。他们有句格言:"不要让别人看到你的鞋底。"

1. 好奇　　2. 疑惑　　3. 不感兴趣　　4. 拒绝　　5. 观察

6. 自我满足　7. 欢迎　　8. 果断　　9. 隐私　　10. 探究

11. 专注　　12. 暴怒　　13. 激动　　14. 舒服

15. 奇怪　　16. 鬼鬼祟祟　17. 羞怯　　18. 思索　　19. 做作
支配 怀疑

图 4-3　各种身体姿势及意义

就蹲姿而言,中国人的蹲姿让老外特别不能理解。不少中国人喜欢蹲在地上吃饭、聊天等,这种姿势被称为"亚洲蹲"。"亚洲蹲"这个词是一个网络热词,指的是亚洲常用的蹲姿:脚着地、臀部靠近脚踝和膝盖分开这种姿势。许多欧美人觉得这种蹲姿非常难看,无法接受。

小案例 4-16　身体姿势的差异

　　电影《暗物质》中有一个镜头:爱荷华大学计算机专业的中国留学生刘星第一次见到他的导师、教授贾克布。贾克布坐在宽大的椅子上,将两只脚交叉放在桌子上,这一系列动作表明他不太重视这次见面。而刘星则一直毕恭毕敬地坐着,两腿并拢,其间,刘星有数次站起来的动作。离开办公室时,他正面对着导师走开。这些都反映了刘星内心的紧张,也表达了他对教授的尊重。

这个案例说明:在沟通时,中国人和美国人身体姿势存在一定差异,当然也反映出双方社会地位的差异。

小案例 4-17　日本商人与美国商人的一次会面

日本人濑户与美国人琼斯从未见过面,对对方国家的文化背景了解甚少,两个人都是第一次到新加坡参加商务会议。他们事先约好会前在大厅先会晤交谈。上午 9 点,他们准时达到。濑户很快注意到琼斯比自己年长,而且身穿高质量的西服,他准备以日本最礼貌的方式问候。濑户在离琼斯两步之遥时,突然停住,双手扶膝,在正前方鞠躬 90 度。与此同时,琼斯却准备握手,他伸出的手一下子刺着了濑户的眼睛。对此,琼斯深感不安,不停地道歉,忙上前扶住濑户的肩膀。这在日本是从未有过的事情,为了不丢面子,挽回第一次的失误,濑户摆脱了琼斯的手,又一次站在了正前方,更加深深鞠了一躬。见状,琼斯还以为濑户因刚才的疼痛要跌倒,急忙抓住了濑户的双肩,并扶他坐在邻近的椅子上,然后自己也坐下,并又一次伸出了手。这次濑户干脆拒绝与琼斯握手,他感到自己在公众场合丢了脸,受到侮辱,因为竟有人抓住他的双肩。琼斯也很沮丧:一是他的手碰到了濑户的眼睛;二是这位日本人不接受他表示友好的握手。双方的第一次会晤对以后的业务开展产生了极为不利的影响。

这个案例说明美国人和日本人在沟通时身体姿势的差异。

六、接触文化与非接触文化

在交谈过程中,沟通双方身体面向对方的多少、是否触摸对方(包括握手、亲吻、拥抱以及拍肩膀等)体现着十分明显的文化差异性。霍尔根据沟通中互动双方的身体接触情况,把文化分为接触文化和非接触文化。接触文化最重要的特点是鼓励沟通双方身体的接触,允许双方之间身体的接近甚至触摸亲吻;而非接触文化通常不鼓励身体的接触,对话双方之间隔得较远。霍尔发现,接触文化通常是在一些热带地区,包括阿拉伯地区和南美地区。非接触文化通常是在气候较为寒冷的北半球地区。

1970 年,美国心理学家华生(Watson)发表了《近距行为》一书,介绍了自己在科罗拉多大学研究 110 名男性外国大学生的结果。他让这些学生带一名与自己讲同一母语的人来实验室,先填写一份问卷,然后就自由与他的同伴用母语交谈。实验者透过单向玻璃观察并记录以下几项内容:身体方向,目光接触,二者之间的空间距离,触摸程度,以及语音高低。

华生的研究结论是:相对美国人而言,阿拉伯人、拉美人、南欧人之间交谈时更愿意面向对方,触碰对方更频繁。同时,与美国人相比,亚洲人、印巴人和北欧人之间交谈时更倾向于不面朝对方,更不愿意触碰对方。

在这一方面,有一篇调查报告也提供了一些有趣的数字。调查者在各地大学里或附近的商店中观察两个人坐着单独说话时的情景,每次至少 1 小时,记下两人触摸对方的次数。世界各国的调查结果表明:英国首都伦敦为零接触;在美国佛罗里达州的盖恩斯维尔,每小时只有 2 次;在法国首都巴黎,每小时达到 110 次;在波多黎各首府圣胡安,每小时则达到 180 次。这些数字本身很说明问题。

在英语国家里,一般的朋友和熟人之间交谈时,避免身体任何部位与对方接触。即使仅仅触摸一下也可能引起不良的反应。如果一方无意触摸对方一下,他(她)一般会说"Sorry""Oh,I'm sorry""Excuse me"等表示"对不起"的道歉话。在这些国家,同性男女身体接触是个难以处理的问题。一过了童年时期,就不应两个人手拉手或一个人搭着另一个人的肩膀走路。因为这意味着同性恋。在马来西亚,人们还有"男女授受不亲"的讲究:在社交场合,不准许男女进行身体接触;即使夫妻或情侣在大庭广众之下勾肩搭背、挽臂而行,或是拥抱亲吻,也在禁止之列。

阿拉伯人、俄国人、法国人、东欧人、地中海沿岸和有些拉丁美洲国家的人,妇女见面要相互触摸、亲吻和热烈拥抱,男子也是如此。阿拉伯人甚至不停地嗅着对方身上散发出的气息,对他们来说,好的气味能令人精神为之一爽。意大利人见面喜欢不停地拍拍、碰碰人,表示亲热和友好。缅甸人、蒙西人和分布在挪威、瑞典、芬兰等国的拉普人会嗅着彼此的面颊表示问候。拥抱亲吻的这些差异充分反映了不同文化的特色和浓厚的社会文化意义,也是不同民族文化之间深层次的差异在身势语这个表层上的具体表现。

总起来看,接触文化包括多数阿拉伯国家、北非、地中海地区、法国、希腊、意大利、葡萄牙、西班牙、来自欧洲和中东的犹太人、东欧和俄罗斯,以及拉丁美洲。非接触文化包括北美国家、北欧国家、亚洲国家。有研究表明,在公共场合的肢体接触方面,亚洲国家明显低于其他国家。中国和日本被形容为"不接触国家"。

在商务领域,来自不同国家的人往往会遇到来自身体姿势的误会。例如,拉美人要比欧洲人在交往中更多地接触别人,他们把这看作友好的表示,而欧洲人则认为这样过于侵略和过于友好,甚至有被冒犯的危险,因而会躲避或后退,但这在拉美人看来是冷漠的表示。

小案例 4-18　《我的盛大希腊婚礼》中的文化差异

在电影《我的盛大希腊婚礼》中,伊恩和托拉是一对恋人,前者是美国人,后者是希腊人。伊恩第一次到托拉家里吃饭,家里来了好多亲朋好友,一大群男女老少都和他打招呼。姨妈让他低下头,摸他的头发,久久不放,这让他很不舒服。

还有一个镜头,在伊恩的父母第一次到托拉家时,托拉的父母突然上前,分别用力拥抱伊恩的父母,这让他们措手不及,甚至想逃离。

小案例 4-19　看了同事的电脑

一个外国人想看一个美国同事的电脑,他走到同事身边,碰了一下她的肩膀,看了看电脑,但令他没有想到的是,后来人力资源经理把他叫过去,训斥了一番,并且警告他:下不为例。

小案例 4-20　奥运会上不同国家运动员的反应

在 2008 年北京奥运会上,一共举行了 302 次颁奖仪式,在每次颁奖仪式上你可以观察到来自不同文化的人对于肢体接触反应的差异:一些运动员可以很轻松地和官员握手、拥抱、接吻,而有些运动员和官员很显然对肢体接触感到不安与犹豫。我们不止一次注意到中国运动员对来自异性的亲吻表现出明显的退缩和回避。这些都反映了不同文化对身体接触的态度和行为差异。

商务沟通中最为常见的体触行为是握手。在国际化相对普及的今天,这种社交礼仪已经是约定俗成的,似乎失去了文化差异的框框。然而,握手方式的差异有时候也会导致握手双方尴尬场面的发生,有时候又会制造出一些有趣的场景。英国人、澳大利亚人、新西兰人、德国人以及美国人的握手通常都发生在两人见面之初以及分手道别之时。大多数欧洲人则不然,他们会在同一天与同一个人握手数次,而法国人握手的频率则更高。

近年来,一些研究还表明某一文化中的接触和非接触是发展的概念,如实证研究发现,美国正向接触文化发展。1998 年,麦克丹尼尔(Mcdaniel)和安达森(Andersen)在美国一个机场对异性游客的接触进行了研究,发现在美国、东北亚、东南亚、加勒比海、拉丁美洲的游客中,东北亚人身体接触最少,而美国人显然要比东北亚人多。

七、空间距离

一位心理学家做过这样一个实验:在一个刚刚开门的大阅览室里,当里面只有一位读者时,心理学家就进去拿椅子坐在他或她的旁边。试验进行了整整 80 个人次。结果证明,在一个只有两位读者的空旷的阅览室里,没有一个被试者能够忍受一个陌生人紧挨自己坐下。在心理学家坐在他们身边后,被试者不知道这是在做实验,多数人很快就默默地远离到别处坐下,有人则干脆明确表示:"你想干什么?"

这个实验说明了人与人之间需要保持一定的空间距离。生活在不同的民族文化习惯中的人们在进行语言交流时,保持一定的空间与距离有其内在含义。每个人都有自己的个人空间。所谓个人空间,是指一个人与另外的人之间所保持的空间或距离。沙莫瓦(Samovar)把它定义为我们占有并称之为属于自己的那片领地,它包含在围绕我们身体周围的看不见的无形界限之中,它是无形的,但却是实际存在的。作为这一"领地"的所有者,我们通常决定谁可以进入,谁不可以进入。所以,当人们进行交际的时候,交际双方在空间所处位置的距离具有重要的意义,它不仅告诉我们交际双方的关系、心理状态,而且也反映出民族和文化特点。

霍尔研究发现,根据人们交往关系的不同程度,可以把个体空间划为以下四种距离。

一是亲密距离。这种距离是人际交往中最小的间距。处于 0~15 厘米之间,彼此可以肌肤相触、耳鬓厮磨,属于亲密接触的关系。这是为了做出爱抚、亲吻、拥抱、保护等动作所必需的距离,常发生在爱情、亲友关系之间。如果用不自然的方式或强行进入他人的亲密距离,可被认为是对他人的侵犯。处于 15~45 厘米之间,这是身体不相接触,但可以用手相互摸触到的距离,如挽臂执手、促膝倾谈等,多半用于兄弟姐妹、亲密朋友之间,是个人身体可以支配的势力圈。而势力圈以眼前为最大,也就是一个人对前方始终保持强烈的势力圈意识,而对自身的两侧和背后的关心次之。据这一原理,飞机上、长途汽车上和影剧院都采取长排向前的座位,尽量避免对面的座位,使每个人都拥有一个平均的前方势力圈。

二是个人距离。这种距离较少有直接身体接触。处于45~75厘米之间,适合较为熟悉的人们亲切地握手、交谈,向他人挑衅也在这个距离中进行。处于75~120厘米之间,这是双方手腕伸直可以互触手指的距离,也是个人身体可以支配的势力圈。

三是社交距离。这种距离已经超出亲密或熟悉的人际关系。处于120~210厘米之间,一般是工作场合和公共场所。在现代文明社会,处理一切复杂的事务几乎都在这个距离里进行。如企业里的上级对下属布置工作任务;接待因公来访的客人;进行比较深入的个人洽谈时大多采用这个距离。处于210~360厘米之间,表现为更加正式的交往关系,是会晤、谈判或公事上所采用的距离。领导接见外宾或内宾、大公司的总经理与下属谈话等,由于身份的关系需要与部下之间保持一定的距离。

四是公众距离。处于这种距离时人际沟通大大减小,很难进行直接交谈。处于360~750厘米之间,这是产生势力圈意识的最大距离。如教室中的教师与学生,小型演讲会的演讲人与听众的距离。所以在讲课和演讲时用手势、动作、表情以及使用图表、字幕、幻灯等辅助教具都是为了"拉近距离",以加强人际传播的效果。处于750厘米以上距离位置,在现代社会中,则是在大会堂发言、演讲、戏剧表演、电影放映时与观众保持的距离。

从这四种距离可以看出,人类在不同的活动范围中因关系的亲密程度而有着或保持不同的距离。心理学家发现,自我空间的大小会因不同的文化背景、环境、行业、个性等而不同。不同的民族在谈话时,对双方保持多大距离有不同的看法。例如,多数讲英语的人在交谈时不喜欢离得太近,总要保持一定的距离。亲密距离除了适合于父母、子女、夫妻外,同性朋友交往中很少保持这样的距离。西班牙人和阿拉伯人交谈会凑得很近,拉美人交谈时几乎贴着身体,而对英国人来说,意大利人交谈时过于靠近。因此,英国人与意大利人交谈时,意大利人不停地"进攻",英国人不断地"撤退"。实际上他们交谈时都只不过是要占据对自己适当的、习惯的实际距离。另外,西方文化注重隐私,人们对于个人空间的需要十分强烈,但是东方人的文化中这种"私"的概念是十分淡薄的。对于在电梯里或者巴士上,素不相识的人互相挤在一起的现象,西方人接受不了,而在东方人看来却是习以为常的。在对个人空间的要求方面,中国人、日本人以至大多数亚洲人要比西方人小得多。

空间的观念是立体的,不仅包括领域的大小距离和领域的高度,还体现在社会关系上。人们用"拉开距离"来表现出不同的社会地位和人物关系。法庭、教堂、礼堂、会议厅的布置都十分注重利用空间距离来发挥这一功能,以表现优越感与从属关系。在中国,长辈和领导面朝南坐,而西方的领导则坐在椭圆桌子头的位置,这都说明了不同文化的人对于空间的要求和布局有着自己不同的需要,从而构成文化的差异,让空间的使用具有更为丰富的文化功能。

八、从电影中看美国文化的非语言沟通特点——美国电影《心灵捕手》（1998）

（一）剧情简介

麻省理工学院的数学教授林保,在他系里的公布栏写下一道他觉得十分困难的题目,希望他那些杰出的学生能给出答案,可是却无人能解。结果年轻的清洁工威尔在下课打扫时,发现了这道数学题并轻易地解开了这个难题。威尔聪明绝顶却叛逆不羁,甚至到处打架滋事,并被少年法庭宣判送进少管所。数学教授有心培养他这个数学天才,要他定期研究数学并接受心理辅导。数学难题难不倒他,但对于心理辅导,威尔却特别抗拒,直至遇到一位事业不太成功的心理辅导专家桑恩教授。在桑恩的努力下,两人由最初的对峙转化成互相启发式的友谊,从而使威尔打开心扉,走出了孤独的阴影,最终实现自我。

(二)电影中所体现的美国非语言沟通的特点

1. 语音语调

在语调方面,和英国英语相比,美国英语相对单调一些,不如英国英语那样抑扬顿挫,音调的高低范围也没那么宽,因此美国英语听起来比较清晰易懂。但是和汉语比较起来,美国英语的语调起伏较大。例如,"对""是""好啊"在汉语中是降调,在美语中一律是升调。

2. 目光接触

电影中有许多眼神碰撞、交锋的镜头,几乎每一场对话都有目光接触,充分说明了美国人的沟通特点。

威尔和林保教授有很多次眼神交流。威尔在看守所,林保教授去看他,两个人在谈话的过程中始终是目光直视对方;威尔从看守所出来,和林保教授一起研究数学问题时,也有多次目光交流。当林保教授提出要给他找心理医生治疗时,他不愿接受治疗,瞪着教授说:"看着我的眼睛,我没病。"

威尔和他心仪的女孩子——哈佛漂亮女生史嘉娜的交流也是如此。有一次,两个人在露天咖啡店谈话,史嘉娜问威尔:"你有影像记忆力吗? 你学过有机化学吗? 你精神正常吗? 哈佛有很多聪明的人,但他们很用功,你不用功却做得比他们好,为什么?"威尔回答:"贝多芬、莫扎特天生就会弹钢琴,我就是那种人。"史嘉娜接着说:"这不公平。"然后两个人长久对视。

威尔和桑恩教授的沟通也体现了这一特点。电影最后有这么一幕,心理辅导结束了,桑恩要走了,威尔去告别,但他没有进屋,而是站在窗外恋恋不舍地看着桑恩,桑恩也站在屋里望着他。

3. 身体接触

大部分美国人不喜欢触摸。好朋友之间会偶尔碰一下对方的前臂或肘部,非常好的朋友之间只会把一个手臂围着对方的肩膀。在影片中我们可以看到这一点。桑恩通过给威尔做心理辅导,两人成为无话不谈的朋友,但基本上没有身体接触。

4. 空间距离

美国人沟通时的空间距离较大。桑恩给威尔做心理辅导时,两个人始终保持 1.5 米左右的距离。随着熟悉程度的加深,才慢慢相互靠近。

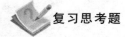 复习思考题

1. 什么是非语言沟通? 它有哪些功能?
2. 非语言沟通具有哪些特征?

3. 不同文化在语调方面有何不同？请举例说明。

4. 不同文化在目光接触方面有何不同？请举例说明。

5. 不同文化的象征性手势有何不同？请举例说明。

6. 什么是接触文化和非接触文化？不同文化在沟通时的身体接触有何不同？请举例说明。

7. 不同文化在面对面的沟通时的空间距离有何不同？请举例说明。

 思考案例

尴尬的面谈

一个美国商人到某阿拉伯国家谈生意，商谈进展得很顺利，双方都感到非常满意。

在会谈休息时，美国经理和阿拉伯经理站着闲聊。阿拉伯经理认为，既然双方已经彼此认识，两个人应该站得更近一些，以表现出双方关系的亲密程度。于是，他向美国经理靠近了一些。美国经理对此感到惊讶，但他转念一想，这或许是阿拉伯经理无意间的举动。因此，他丝毫没有表现出他对那位阿拉伯人的理解，而是稍微后退了一点以保持距离。阿拉伯经理对美国经理的悄然后退同样感到吃惊，他认为美国经理并没有理解他的好意。于是他决定再向前移动一步，以表示他的诚意。没想到这个举动使美国经理感到不安（他甚至感到有点不高兴）。然而，由于这是他第一次到这个阿拉伯国家做生意，他不希望因为区区小事而破坏了这次商谈的气氛，使双方尴尬。于是，他再次悄悄地向后退去。就这样，阿拉伯经理的向前移步和美国经理的后退行为重复了多次，直到美国经理的后背碰到了墙——他再也无法后退了。两位经理对这一情形都感到非常沮丧，但他们谁也弄不明白为什么对方会对两人间的距离采取相反的行动。

案例思考题：为什么美国经理和阿拉伯经理会对两人间的距离采取相反的行为？

第 五 章

跨文化商务沟通中的其他障碍

 导读案例

摊主欺负诺瓦克女士了吗

诺瓦克女士是从德国来到中国某高校教德语的外籍教师。由于她有良好的中文底子，所以在日常生活中没有遇到太多的麻烦。她居住在高校生活区，又自己做饭，常常去买菜，这让她感到自己很接近中国人的生活。她固定在小区里的一个菜铺里买菜，因为她觉得那里的菜新鲜、品种多，摊主每次都热情地招呼她，不论她买多少菜，一定会奉送几根小葱给她。

这天诺瓦克又去买菜，摊主热情地问她买什么菜。由于她的中文还没有好到叫出每一种菜的名字，所以她每次都是用手指来指去。她还在犹豫间，就听到摊主又在热情地招呼别人："王阿姨，你也来买菜了。今天还要玉米吗？"她选定了一样菜，等着摊主过来。只听到摊主说："李奶奶，你今天怎么这么晚才来？要不要来点西红柿？西红柿可新鲜了。"诺瓦克女士看见摊主手脚麻利地给后来的两个顾客拿菜，她略有不快，体会到在异乡被歧视的感觉。

在这个小案例中，中国摊主根本没有歧视诺瓦克的意思，它其实反映了德国和中国文化不同的时间观：德国文化是典型的单向时间观，人们做事情非常守时，一个时间段只做一件事；而中国文化是典型的多向时间观，人们以人际关系和谐为重，准不准时是次要的，甚至不是问题。因此，同一时间安排好几个约会都是常事。可见，不同的时间观在跨文化商务沟通中常常会带来误解。除了时间观外，思维方式、社会规范、倾听风格、色彩、气味、社会心理因素等都会成为跨文化商务沟通中的障碍，本章将一一对它们进行阐释。

一、思维方式差异对跨文化商务沟通的影响

广义地讲，思维指的是人们处理信息的过程。生活在这个世界上，我们每个人时时刻刻都在处理信息，对于信息的需求是人类的普遍属性。思维过程分为选择、组织、解释与判断四个阶段。最开始我们的五官受到无数信息的刺激，难以作出处理。在选择阶段，所有获得的信息被过滤了一遍，只有极少数被保留下来进入下面的处理阶段。但这种经过过滤的信息仍然比较复杂，于是在组织阶段，它们被进一步简化。许多细小的具体的信息

被分组归并成为更有意义的信息块。在解释阶段,我们向信息分配意义,确定信息的含义。最后,在判断阶段,信息被用来形成所需的决定。

各种文化群体既有人类所共有的思维规律,也有在自己文化氛围中形成的具有各自特色的考虑问题、认识事物的习惯方式和方法。

(一)思维方式的跨文化一致性

思维方式具有跨文化一致性,体现在:第一,无论是哪种文化的成员,都必须去处理从感觉器官获得的信息,如看到的、听到的、闻到的、嗅到的信息,因此基本的感知过程不受文化差异的影响。第二,无论是哪种文化的成员,都必须对感官获得的信息进行分类处理,也就是说我们要对于我们周围事物给出一些相同的名称,以方便我们对这些信息进行处理。归类的方式可以根据事物之间的相似性来归类,也可以根据事物之间功能的一致性来归类。无论采取哪种归类方式,我们都要利用归类这一思维过程,来减轻我们的认知负担。第三,无论是哪种文化的成员,都必须记住大量的信息,也就是说记忆这一心理过程本身是没有文化差异的。否则我们就不可能对我们的生存环境形成稳定的认识。患有失忆症的人,虽然很容易忘掉那个曾经带给他们痛苦的经历,但他们仍会记住自己的身份和爱好。第四,无论是哪种文化的成员,必须具有思考问题、理解问题和判断问题的能力,都会思考事物之间的因果关系,并根据因果关系和自己的思考,选择合适自己意图的行为。第五,无论是哪种文化的成员,都会对自己认为重要的事情、关系、人作出积极反应和偏重,也就是说我们都会根据事物的轻重缓急和人的亲疏远近,来作出合适自己的反应。

(二)思维方式的跨文化差异

1. 文化对思维方式的影响

1)在思维方式的应用过程中,文化起到决定性的作用

这也就是说思维过程会受到文化背景的影响。而思维机制本身可能具有跨文化的相似性,就像语言一样。虽然语言的功能具有跨文化一致性,但是每种语言表达过程是不一样的。因此,虽然不同文化的人都会对因果分析有同样的要求,但如何进行因果分析,特别是它的侧重点就会有跨文化的差异。

2)对思维所处理的内容的影响

虽然我们都具有思维,但思维的内容绝对不会是一样的。下面这个小案例充分说明了这一点。

小案例 5-1 欧美学生和华裔学生的眼睛活动

《南方都市报》2005 年 8 月 24 日报道了这样一则试验:密歇根大学对 25 名欧美学生和 27 名华裔学生的眼睛活动进行了仔细观察后发现,这些学生看指定的图片时,目光会停留在不同区域,并且停留的时间长短很不相同。研究显示,欧美学生更关注图片近景中的物体,如丛林中有只美洲豹,他们的目光会长时间地停留在豹子身

上;而华裔学生更习惯于花时间观察图片的背景和整体,并且会在背景和美洲豹这一主体间来回移动目光,注重观察近景的物体与背景环境的关系。

这项研究证实了不同文化对细节和整体侧重点的不同:西方文化结构侧重对细节进行分析,东方文化结构则擅长对事物进行整体综合分析。

3)文化对思维的影响,还体现在某种思维活动产生的情境中

我们的思维不是产生在真空中,而是产生在我们的社会活动之中,与我们的生存密切相关,而我们的生存情境在很大程度上又是具有跨文化的差异性的。在很多情况下,思维的差异就是文化差异的重要来源。

4)文化会对高级感知过程,或者人的复杂心理能力产生巨大的影响

人们往往不是对感知过程简单作出反应,而是作出有意义、带情感的加工。"感时花溅泪,恨别鸟惊心。"是杜甫《春望》中的名句。中学语文教材解释为:"由于感伤时事,见到春花,更使人泪水飞溅;由于恨与家人别离,听到鸟叫更惊动愁心。"因此,这就不是看花闻鸟这样简单的感知,而是把自己复杂的心理感受加在其中。我们阅读文学作品,常常可以读到这一类的句子:"风在鸣咽。""雷在怒吼。""月亮羞羞答答地钻进了云层。""小溪唱着欢歌,蹦蹦跳跳地向山下流去。"其实,风的"鸣咽",雷的"怒吼",月亮的"羞羞答答",小溪"唱着欢歌",都是人根据欣赏对象的特点,通过想象,赋予他人的思想、感情而形成的。这些简单感知之上的复杂心理能力,往往是由不同的文化经历所造成的。因此,人的心理越复杂,他所受到社会文化影响就越大。

2. 思维方式跨文化差异的表现

1)归类判断的差异

康德曾对分析判断和综合判断进行了区分,以主词(假定为 A)和谓词(假定为 B)的关系来划分,人类的判断有两种类型:一种是从属关系。B 从属于 A,隐含在 A 的概念中,强调 A 与 B 的逻辑隶属关系,这是一种分析的判断。另一种是相关关系。B 完全处于 A 的概念之外,但二者有联系,这是综合判断。

跨文化研究证实,东方被试偏好综合判断,关注的是两个概念之间的相关联系;西方被试强调从属判断,关注的是两个判断之间的逻辑隶属性。

我们来看一下美国心理学家尼斯贝特(Nisbeth)发明的一个心理测验:你认为在鸡、牛、草中哪两个事物更应该归类在一起?如果将鸡、牛归类在一起,你就是关注具体对象的从属关系;如果将牛和草配对,那你可能更关注相互关系,偏好综合判断。

🐷 小案例 5-2 中国人和美国人的归类差异

心理学家纪利君(Gilliam)和尼斯贝特曾做过这样的实验,让中国的被试和美国的被试判断哪两个事物应当归为一类。例如,猴子—香蕉—熊猫,香波—空调—头发,教师—医生—家庭作业,胡萝卜—兔子—茄子。他们发现中国人倾向于根据事物之间关系的亲疏程度进行归类,如猴子—香蕉,香波—头发,老师—家庭作业,兔子—胡萝卜,美国人则倾向于根据事物的本性进行分类,如猴子—熊猫,香波—空调,教

师—医生，胡萝卜—茄子。这样的归类差异很容易让人觉得中国人的归类水平不如美国人。

2）文化和记忆

虽然记忆本身是一个普遍存在的心理过程，但是如何记忆、记什么、如何组织记忆都受到文化背景的影响。

康奈尔大学的心理学家王琪曾对中国学生和美国学生的最初童年记忆进行比较研究，他发现中国学生的最早记忆与家庭成员的互动有关，美国学生的最早记忆与个人的成绩和进步有关，如第一次打网球、第一次学习滑板、第一次踏入幼儿园等。

3）因果关系判断的文化差异

归因方式在很大程度上受到文化影响，如卢刚枪杀事件。1991 年 11 月 1 日，就读于美国爱荷华大学的中国博士留学生卢刚开枪射杀了 3 位教授和副校长安·柯莱瑞以及一位和卢刚同时获得博士学位的中国留学生山林华，在枪杀 5 人之后，卢刚随即当场饮弹自尽。该事件在当时曾震惊中美两国。

对于这件枪杀案的原因，中国人和美国人就有不同看法。美国人将卢刚的行为归因于其内在特性：性格、动机、意愿等，而忽略外部因素；中国人倾向于归因于外因：如果他在中国可能就不会杀人，因为他无法获得枪支；如果他结婚了，可能就不会杀人；如果他带着孩子，可能就不会杀人。

4）相关关系判断的文化差异

在相关关系的判断上，中国人和美国人之间存在着很大的文化差异。中国人的大脑更倾向于准确地估算两种事物之间的相关关系。曾有一个实验，在计算机屏幕的左边是各种物体的图像：手机、字典、笔记本、铅笔；在计算机屏幕的右边是各种数字，数字与图像的相关对应程度则是由计算机随机控制的。被试的任务是估计这些数字和图像的相关关系。研究发现，中国人能比美国人更为准确地估计两种事物的相关关系。而且，中国人对两种事物的相关关系不太受到首因效应的影响。

5）概率判断的文化差异

中国人在对一般知识方面的判断过于自信。有一个实验，向中国被试和英国被试询问同一个问题：长江和密西西比河哪个长？一个第三国的人口是多少？土豆是在低温下生长快还是高温下生长快？英国被试总是用不确信的口气在回答，中国人则用"百分之百肯定是""没有一点可能性"等语言在回答。

这项研究得到密歇根大学耶茨教授的证实。他认为中国人在概率判断上的过分自信与中国人缺乏伪证有关，他的这种假设得到了一项研究的支持。在这项研究中，中国被试和美国被试都被要求对每一项判断问题提出它可能不对的证据，结果发现，中国被试在这项测试上落后于其他国家的被试。

（三）跨文化商务沟通中的思维方式差异

在跨文化商务沟通中，很多人倾向于认为对方与自己有同样的思维方式。正是这种错误的认识，常常使跨文化沟通难以顺利进行：由一种思维方式组织起来的一种语言信息发出后，收讯者以另一种思维方式去破译或者重新组织，就可能发生歧义或误解。一席讲话或者一篇文章，在受甲种文化影响的人看来是符合逻辑的，而在受乙种文化影响的人看来就不那么符合逻辑；在甲种文化的思维方式看来思路清晰、很好理解，而在乙种文化的思维方式看来可能显得思路混乱、令人费解；在受甲种文化影响的人看来很有说服力，而在受乙种文化影响的人看来，可能就不那么有说服力。例如，"Thank you. It is my duty to do so."这是中国人陪同外宾参观后，外宾表示感谢以及中方的回答。"Thank you."，是出于礼貌，中外双方都能接受的表达方式，但中方说"It is my duty to do so."（这是我应该做的），这个句子在汉语中是谦逊的回答，但是外宾容易产生误解，其含义可能是：不用谢，我是没办法才这样做的，因为这是我的职责，不然的话，我是不会做的。

🎩 小案例 5-3　写信

有一个很有意思的小故事：一个美国人给一个日本人写信，日本人看了美国人的信后非常生气。因为美国人在信中开门见山地提出自己的要求，即把需求放在最前面，后面才讲些客套话。日本人为了保持心理平衡，拿到美国人的信先看后面的内容。而美国人看日本人的信，则是越看越糊涂，不知道对方要说明什么，前面都是寒暄，主要事情却写在后面。于是，美国人也是倒过来看日本人的信。

在国际商务谈判中，不同的思维方式可能会导致不同的谈判风格。譬如中国人常以综合思维方式考虑问题，注重先谈原则，后谈细节；英美国家的人往往讲究务实，将注意力放在细节程序和外部因素上，对原则不太感兴趣；法国人通常将研究总的原则放在务实之前；德国人则重视方针的条理性和处理过程的系统性。关于这些内容我们在后续的章节还会专门探讨。

二、社会规范差异对跨文化商务沟通的影响

社会规范是人们社会行为的规矩、社会活动的准则。它是人类为了社会共同生活的需要，在社会互动过程中衍生出来的，或者相习成风，或者约定俗成，或者由人们共同制定并明确施行的范式和标准。其本质是对社会关系的反映，也是社会关系的具体化。

社会规范可分为成文的和不成文的两类。风俗习惯、部分道德规范、宗教规范是不成文的；法令、条例、规章和大部分法律、重要的教规是成文的。不同文化的社会规范存在很大差异。本书主要讨论不成文的社会规范的文化差异。

（一）道德规范的差异对跨文化商务沟通的影响

道德，指衡量行为正当与否的观念标准。它对人的行为具有一定的约束力。一个社会一般有社会公认的道德规范。只涉及个人、个人之间、家庭等的私人关系的道德，称为私德；涉及社会公共部分的道德，称为社会公德。

人类的道德有共通性。但是，道德和文化有着密切的关系，有些时代又给道德打上意识形态的烙印。所以，不同的时代、不同的社会，往往有一些不同的道德观念；不同的文化

中,所重视的核心道德元素、所持的道德标准也常常有所差异。西方强调个体本位,而中国人提倡群体本位。中西方道德观的不同,使中西方的伦理体系和道德规范具有了不同的特点:西方重契约,中国重人伦;西方重理智,中国重人情;西方伦理重视竞争,中国伦理则偏重于中庸、和谐;西方的伦理道德是以人性恶为出发点,强调个体的道德教育,中国儒家是从人性善的观点出发,强调个体的道德修养。

例如,在中国文化中,不赡养老人是不道德的,美国文化则持不同观念。在美国,父亲请儿子帮忙干活常常还要付款,这在美国人看来是正常的事情,在中国人看来则不成体统。

小案例 5-4　米勒的道德两难困境

为了研究道德观念对人行为的影响,心理学家米勒曾经设计过一个道德两难困境:阿本在洛杉矶出差,在出差完成后,他必须赶到旧金山去参加朋友的婚礼,因为他是伴郎,必须亲自把戒指交给新郎,然后由新郎交给新娘。可是不巧的是,当他赶到火车站时,他突然发现自己的钱包丢了,而钱包里有去旧金山的火车票。这个时候,只剩下最后一趟去旧金山的火车了,他必须要赶上这趟火车。可由于阿本是一个外地人,没有人愿意借钱给他买火车票。他正在百般无奈的时候,发现旁边有一个衣冠楚楚的有钱人不小心把外衣放在椅子上,从外衣的口袋里,他看到刚好有一张去旧金山的火车票。阿本该不该去偷这张票呢?米勒在印度和美国分别对这一问题进行了研究,发现了非常大的文化差异。在印度,有 90% 的三年级学生认为阿本应该去偷这张票,因为他对朋友的承诺非常重要;有 80% 的七年级学生认为阿本应该去偷票;也有 80% 的成年人认为阿本应该去偷票。可是在美国,认为阿本应该去偷票的比例低于 40%。可见,美国的道德判断是建立在坚持法律公平标准基础上的,而印度的道德判断是建立在关系义务基础上的,对他们而言,传统的法律责任不如关系义务的道德重要。

在跨文化商务沟通中,由于道德规范是比风俗习惯更高一层次的社会规范,因而,沟通双方对道德规范上的差异更难适应,由于道德规范上出现的摩擦或者冲突会造成沟通者心理上的不悦或痛苦。下面这个案例很能说明问题。

小案例 5-5　破旧的 PCBA 板有必要修复吗?

付先生是索尼有限公司的一名电气工程师。一天,他看到一块破旧的 PCBA 板(一块用于多媒体电脑上的线路板),把它捡起来后仔细检查,发现上面有不少贵重的元件。

作为一名工程师,付先生认为自己有责任修复它,否则它就会被当作一个废物丢弃。他花了大约两个小时的时间才把这块 PCBA 板彻底修好。测试结果表明:其工作性能良好。付先生为自己的杰作感到高兴,他在系在 PCBA 板边上的卡片上签上了自己的名字。

大约一个小时之后,那块被修复的 PCBA 板被质量检查部剔了出来,总经理办公室通知付先生去一下。他到达那里时,日方总经理津吉近藤先生以及来自法国的质量检查部经理弗兰克先生都用冰冷的目光看着他。

"他就是那个把报废的 PCBA 板放在生产线上的人。"质量检查部经理弗兰克先生以一种咄咄逼人的口气对总经理说。

"您为什么把那块报废的 PCBA 板修好,然后又把它放到生产线上?"津吉近藤先生以一种怀疑的口气问付先生。

"那不再是一块废板,我敢保证它的工作性能正常。"付先生以自信的口气回答了总经理的提问。

"为了替公司省钱,我不辞辛苦去修复它,同时干得也很出色。这是为公司好。你们为什么把我叫到这里来,用这种严肃的态度质问我?"付先生的目光直逼弗兰克的眼睛。

"您是否打算买一部装有这块破损但却被修复的 PCBA 板的多媒体电脑?"质检部经理没有回答付先生的问题,而是直接向付先生提了一个问题。

近藤先生接着说:"您知道,您想为公司省下 1 000 美元,但是索尼公司的声誉却是无价的。假如这块经过修复的 PCBA 板逃过了我们的质量检查到了消费者的手中,那对索尼公司的声誉将是一场灾难。这就是我们要把那些问题比较严重的 PCBA 板扔掉的原因。"

从上述案例可以看出,这次跨文化商务沟通出现障碍的关键是道德观念的不同。中国文化认为节俭是一种美德,所谓"新三年,旧三年,缝缝补补又三年",在处理公司问题上也是这样,能省就省,节约至上。日本文化则认为追求卓越是一种美德,体现在管理上就是每一位员工应把质量最好、顾客满意、为公司赢得良好声誉作为努力的目标。

(二)风俗习惯和宗教信仰差异对跨文化商务沟通的影响

1. 风俗习惯差异对跨文化商务沟通的影响

风俗习惯是出现最早、最普遍的一种社会规范。风俗习惯是各民族在长期历史发展中相沿久积而自发形成的习惯行为和生活方式,是一种没有正式的法律规定但在一定范围内大多数人共同遵守的行为规范,表现在饮食服饰、节庆、居住、礼节、婚姻、丧葬、经商等社会生活各个方面。世界上不同国家的风俗习惯千差万别,这些差异会渗透并影响国际经贸与商务活动,给跨文化沟通带来障碍。下面是两个相关案例。

小案例 5-6　是否可以直呼其名

陈勇是美国伊利诺伊大学的一名留学生,他在课堂上发现了一个有趣的现象:一位年轻的美国老师每次上课都直呼一位六十多岁的日本进修生的名字,这引起了班上一些来自中国、日本和韩国学生的不满,他们觉得这位年轻老师直接叫长辈的名字是不尊敬对方的表现。而班上的法国学生和美国学生则认为,老师对所有的学生都可以直呼其名,这并没有什么不妥。

小案例 5-7　绿色的高尔夫帽子

1992 年,由不同专业的专家组成的一个中国代表团,去美国采购约 3 000 万美元的化工设备。这么大一笔订单,美方自然想方设法令他们满意。其中一项安排是在第一轮谈判后送代表团每人一个小纪念品。纪念品的包装很讲究,是一个漂亮的红色盒子,代表喜气和吉祥。可当代表团高兴地按照美国人的习惯当面打开盒子时,每个人的脸色却显得很不自然——里面是一项高尔夫帽子,颜色却是绿色的。美国商人的原意是:签完合同后,大伙去打高尔夫。但他们哪里知道"戴绿帽子"是中国男人最大的忌讳。最终代表团没签下合同,不是因为美国人"骂"人,而是因为他们对工作太粗心,连中国男人忌讳"戴绿帽子"这点常识都搞不清,怎么能放心地把几千万美元的项目交给他们?

在这一案例中,美国人谈判失败不是因为他们缺乏诚意,而是因为他们不了解中国文化。

2. 宗教信仰差异对跨文化商务沟通的影响

风俗习惯中有一项最重要的内容是宗教禁忌。多数国家历史上信仰某种宗教,有些国家宗教色彩极为浓厚,宗教信仰已经渗透到这些国家的政治、经济、法律、教育、艺术和风俗等各领域,影响着人们的价值观、思维模式、情感取向、工作态度、婚姻家庭、穿着饮食和娱乐习惯等各方面。宗教禁忌是跨文化商务沟通中最敏感的问题,也是最应注意的方面,如对宗教禁忌不了解或不尊重就会刺激甚至伤害对方的感情。下面几个案例就很能说明问题。

小案例 5-8　公司选址有讲究

一家外国电讯公司打算在泰国曼谷设立一家分公司,选址时,看中了一处房价适中、交通方便且游人众多的地段。这幢楼的对面立着一尊并不十分高大但非常显眼的如来佛像,有关心者警告公司经理说,贵公司若在此营业,生意会很糟糕的。但公司经理非常自信,认为这不可能,因为公司在中东地区开设的另外几家分公司业务都很红火。所以他没听劝阻,分公司就在这里如期开业了。

几年来,正如关心者所言,这家公司果然生意冷淡。公司经理不得不改变了公司地址,生意这才明显地好起来。经理本人对此始终大惑不解,他到处打听原因,得到的解释是:业务不景气的根源在于公司大楼的高度超过了对面的如来佛像两层,也就是说,公司的位置在如来佛像之上。这在一个信仰佛教的国家是严重忌讳的。没有尊重当地人对佛像的信仰和敬畏,他们自然产生感情上的不快甚至愤怒,当然不愿与公司往来做生意了。

小案例 5-9　小细节毁掉了生意

在利雅得,一位美国出口商向一位沙特阿拉伯的官员推销货物。这个美国人的坐姿是：舒服地靠在椅子上，跷着二郎腿，鞋底朝外（这在当地被认为是侮辱对方的姿势）；同时，他用左手把文件递给阿拉伯人（穆斯林认为左手不洁净）；他拒绝喝咖啡（这是对主人好客的不领情）。看来，这个美国人对阿拉伯文化一无所知。他为此付出的代价是：那位阿拉伯官员拒绝与他合作，而是同一个了解并尊重阿拉伯习俗的韩国人签订了一份 1 000 万美元的合同。

小案例 5-10　阿拉伯人的禁忌

琼斯先生从美国飞到阿拉伯洽谈生意，事先已经安排好由一个友善的阿拉伯家庭接待他一个星期。为了尽地主之谊，阿拉伯家庭请琼斯先生共进晚餐。见到满桌的菜肴，他迫不及待地伸出双手，把不同食物抓到自己的盘子里，但他同时发现，在座的其他人似乎都以一种奇怪的眼光注视着他的举动，琼斯先生认为是自己多心了，因此一点儿也没在意。第二天晚餐时，琼斯先生照样用双手抓取食物，并且手舞足蹈地讲述当天发生的事，这回，阿拉伯人表现出了一副鄙夷厌恶的表情。琼斯先生觉得不对劲，深恐发生不愉快的事情，当天他就找了一个借口，搬到附近的宾馆住了。

下面介绍一些国家的宗教禁忌。

1）信奉伊斯兰教的国家

中东是信奉伊斯兰教的国家，穆斯林都视未放血的动物为禁品，禁食猪肉、狗肉、猫肉、马肉、驴肉等。多数阿拉伯人不喜欢吃海参、螃蟹等食物，也不食无鳞鱼。接待来访的穆斯林客人一定要安排清真席，特别要注意冷盆中不要出现猪肉，以及他们不吃的其他一些食物。《古兰经》规定，穆斯林在正式场合严禁饮用含酒精的一切饮料，但在公开场合各国对酒的忌讳程度是不同的。有的国家在餐桌上可以摆酒杯，酒杯里可以放矿泉水、橘子汁等饮料代替酒。有的国家的人自己不喝酒，但其他人饮用不会引起反感。但有的国家要求桌子上只能摆水杯，不能出现酒杯。有的国家不喝烈性酒，有的国家连啤酒也不能喝。这些国家对酒的忌讳程度是不一样的，在接待不同国家的客人时要具体了解清楚。对完全不喝酒的人，如果有讲话是不能祝酒的。

穆斯林一般都认为左手是不洁的，忌讳用左手给人传递物品，特别是食物。在穆斯林家中做客，主人有时用右手抓一些肉、米饭分给大家，这时你不要拒绝，不能表现出为难或不愿意接受的样子。接受主人递茶的时候，我们一般都认为用双手接比较文明，但在伊斯兰国家要注意不要用双手接，而要用右手接。

信奉伊斯兰教的国家每年有斋月，斋月是按伊斯兰教历推算的。在斋月里日落之后、日出之前不能吃喝，所以来访、出访时都要尽量避开这个时期。虔诚的穆斯林每天都要面向圣城麦加方向祈祷 5 次，即晨礼、晌礼、晡礼（每天 3 点到 5 点）、昏礼、宵礼。穆斯林都自带小地毯，到了钟点就朝麦加方向做礼拜。碰到这种情况应给予理解，要注意避开他们朝拜的方向。伊斯兰国家规定星期五为休息日，一般要到清真寺做礼拜，如果正好碰上星期五，要注意安排时间让他们做礼拜。进入清真寺前要脱鞋，在参观清真寺时一定要注意不要穿破损的袜子。

小案例5-11 李先生的失误

A公司的业务已拓展到国外好几个地区,但中东地区仍是空白,因为它缺乏与阿拉伯人做生意的经验。一天,一个迪拜代表团到A公司参观,李先生作为公司的总代表接待了他们,双方就产品问题进行了谈判。谈判中,让李先生感到困惑和厌烦的是:那些阿拉伯人每隔一小时就要求暂停一会儿,然后他们会去洗手间将脸和手洗上一番,从洗手间出来就跪下祈祷。由于洗手间没有毛巾,阿拉伯人祈祷时手和脸都是湿漉漉的。

到了午餐时间,公司为阿拉伯人准备了丰盛的午餐。服务员用英语介绍各种菜肴,阿拉伯人对各种菜肴表现出惊讶和开心。然而,当服务员介绍到烹制猪肉这一道菜时,所有的阿拉伯人都板起了脸,然后很快离开了餐桌。在没有通知A公司的情况下,迪拜代表团离开了A公司所在的城市。

几天后,李先生接到了最坏的消息:迪拜代表团与他们的竞争对手C公司签订了合同,而那份合同正是A公司与迪拜代表团谈而未果的那份。李先生因此受到了公司严厉的批评。

小案例5-12 成功的中东之行

北京某外贸公司的秘书程玲燕,对阿拉伯国家的民俗礼仪颇有研究。为了开展与中东某国的出口业务,该外贸公司的经理同程玲燕秘书一同前往该国洽谈业务并推销产品。到了该国,经理和程玲燕注重阿拉伯国家的习惯,穿上素服,戴上头巾不露秀发,深得客户信任。在客户应邀来北京谈判时,她又处处注意礼仪,每逢伊斯兰教节日便中止谈判,安排客户前往清真寺进行宗教礼拜活动,这样既建立了友谊,又取得了对方的信任和尊重,双方不仅签署了上百万元的合同,而且这位客户以后所有的业务都愿意找程玲燕所在的公司合作。

该案例说明,在商务沟通中,尊重对方的宗教信仰,不但能取得对方的信任和尊重,还能保障商务活动的成功。

2)信奉印度教的国家

在信仰印度教的国家(如印度、尼泊尔等国),教徒认为牛是神圣不可侵犯的,他们奉牛为神,牛在大街小巷上走行,人车一定要避让。他们把母牛视为“圣牛”,甚至当母牛不能自己寻觅食物时,有的还被收入“圣牛养老院”中供养。在印度、尼泊尔,很多人不吃牛肉,而且也忌讳用牛皮制成的皮鞋、皮带。在尼泊尔,黄牛被视为国兽,颈后带驼峰的牛被视为神牛,受到尼泊尔人特别是印度教徒的尊重。尼泊尔的法律规定,神牛和母黄牛受到法律保护,一律不得宰杀。一位印度的专家解释了印度教禁牛的由来,他说:“牛的乳汁哺育了幼小的生命,牛耕地种出的粮食养育了人类,牛就像人类的母亲一样,所以我们非常敬重牛。”

3)信奉佛教的国家

缅甸的国教为佛教,佛教徒占缅甸总人口的95%。缅甸人十分尊敬僧侣,僧侣出门上车、坐船时,其他人都得起立让座。僧侣的食物由佛教徒来斋奉。家家户户都要奉斋,黎明时准备好饭菜,等待僧侣的光临。男子一生至少要剃度一次,当过和尚才算成人,连王储也不例外。

泰国人信奉佛教,且非常重视头部,认为头部是神圣不可侵犯的。如果用手触摸泰国人的头部,则被认为是对他的一种极大的侮辱(佛、僧长或是父母摸小孩的头被看作祝福,别人摸了就被认为不吉利),同时,泰国人也忌讳坐着的时候别人提着物品从头上掠过。如果长辈在座,晚辈必须蹲跪,以免高于长辈的头部。泰国人还比较忌讳跷二郎腿,把脚底冲着他人。泰国人认为睡觉时不能头朝西,因为日落西方象征死亡。泰国人死后才将尸体的头部朝西停放。

此外,各国对数字还有一些忌讳。西方人忌讳"13",宴会避免在"13 日、星期五"举行,门牌号、旅馆房号、楼房号、宴会桌没有 13 号,乘车没有 13 号车。日本人忌讳 4 字,因为 4 字与死的读音相似,意味着倒霉和不幸,在日常生活中送礼品不送 4 件,剧场不用 4 号。

三、时间观对跨文化商务沟通的影响

《长歌行》汉乐府有这样的诗句:

青青园中葵,朝露待日晞。
阳春布德泽,万物生光辉。
常恐秋节至,焜黄华叶衰。
百川东到海,何时复西归?
少壮不努力,老大徒伤悲。

这首诗蕴含着古人的时间观。时间观是人们在长期社会实践中自然形成的对时间的根本看法和态度。人们的时间观一旦形成,其言行就不知不觉受它的制约和支配。反过来,一定的言行又反映一定的时间观,传递关于时间观的某种信息。霍尔认为,时间会说话,它比有声语言更坦率,它传达的信息响亮而清晰。不同文化背景的人在看待时间和使用时间的时候会采用不同的方式。

(一)时间系统

世界上存在三种文化时间系统:技术时间、正式时间和非正式时间。

技术时间指的是用科学方法精确地测量出时、分、秒等时间长度。如天文学中的年就有回归年(365 天 5 小时 48 分 46 秒)、恒星年(365 天 6 小时 9 分 9.54 秒),以及近点年(365 天 6 小时 13 分 53.1 秒)。技术时间与人际交往和文化交流过程关系不大。

正式时间是非科学的,是由历史积淀而成的。具体地说,它是指特定文化的人看待时间的习惯。人们一般把时间划分为世纪、年代、年、季、月、周、日、时、分和秒。但是,有的农业社会的文化则把时间与月亮的圆缺和庄稼的生长季节等自然事件相连,如中国古代农业社会的文化中就形成了农历中"二十四节气"。正式时间通常不会带来交际障碍。

非正式时间是指人们笼统地提到的时间。它最为复杂,不同文化之间的差异也主要表现在这类时间之中。当某人说"得等一会儿"时，你只有对他十分熟悉并了解这句话的语境时才知道"一会儿"意味着多长时间。不同文化的人对约会"准时"所定的标准不尽相同：英美人的标准是 5～10 分钟，阿拉伯人的标准是半小时，而意大利人的标准是两小时。非正式时间的用语与技术时间和正式时间的用语完全相同，但词义却常常随情况而异，因而会给沟通带来困难。了解一种文化成员如何对待非正式时间，就可以获知这一文化的时间意识。

（二）时间观

霍尔在《超越文化》（*Beyond Culture*）一书中首次区分了两种不同的时间观念，即单向计时制（mono chronic time）和多向计时制（poly chronic time）。后来的研究者发现还有第三种时间观，即轮回时间观。

1. 单向计时制

单向计时制认为"时间是线性的、可分割的，就像一条道路或带子向前伸展到未来，向后延伸到过去"。也就是把时间看成可以分隔的（如时、分、秒等），但不可重复的、有始有终的一条线，是以有规则的间隔方式流失的连续性事件。欧美国家大多属于这种时间观。这是受到基督教的影响。在基督教的历史中，事物发生的每一瞬间都是前后连贯、环环相扣的，时间是方向明确的单行线，这是典型的线性时间观。

单向计时制特别强调时间在行进，在流逝，一旦消逝便无法挽回。时间有始有终，是一种宝贵的物品。在英语中，有关"准时"或"及时"的词语很多，如：punctual（准时），on schedule（按计划），on time（按时），on the minute（一分钟内），to the minute（那一刻），on the hour（一小时内），in time（及时）等；相关的句子有：

Time is money. （一寸光阴一寸金。）

Punctuality is the politeness of princes. （守时是王侯之礼。）

Punctuality is the soul of business. （守时为立业之要素。）

Time works wonders. （时间可以创造奇迹或时间的效力不可思议。）

Time works great changes. （时间可以产生巨大的变化。）

从这些美国常见的表达时间的词语和句子中，我们能够看到欧美人对时间的重视。

霍尔把德国人、美国人、瑞士及其他北欧国家的人划分为单向计时制的人。单向计时制的人有以下几个特点：第一，关注未来，使用时间精确到每分每秒。一项研究指出，连人们走路的步速也反映了文化的时间观。英国人和美国人走路要比中国人和印度尼西亚人快得多。美国的商人和职员，把自己的工作时间以 15 分钟为一个时间段写在效率手册上的做法很普遍。快餐店、速溶咖啡、微波炉等，提供种种便捷条件有助于人们快速做完事情。第二，重视日程安排、阶段时间和准时，倾向于短期计划和一个时间只做一件事情。为了利用好时间，人们精心地安排一天、一周、一个月的工作日程，制定时间表，确立优先考虑的问题，要求做任何事都严格遵守日程，该干什么的时候就干什么，安排的时间结束，无论是否完成须马上停止手中的工作，不能影响下一项安排。第三，守时。他们不喜欢迟到，以免打破计划影响随后的安排。多次迟到的人被看作是难以信赖的人，是对对方的不尊重、对事情的不重视。商务活动中,美国人严格遵守双方约定的最后期限,并且把它写进合同中,运用法律手段来要求双方遵守所订期限。即使社交活动也不例外。约会必须先打招呼,提前预约,并严格遵守约会时间。美国人在举行家宴时会发出这样的邀请:家宴时间:下午3点到下午5点(Open house:3:00—5:00 pm Sunday)。单向计时制文化的人也不喜欢被打扰,想把注意力完全集中在手头的工作上。

小案例 5-13　德国人的时间观

德国人做事有严格时间表,他们有一年、一月、一周的计划和安排,甚至精确到某一天。在德国旅行时,我有一次亲身经历:我到德国汉堡的一个保险公司办理保险业务,因为没有提前预约,客服拒绝接待我。

2. 多向计时制

多向计时制往往把时间看成一个时点而不是一条线或道路。亚洲大部分国家、南欧、地中海沿岸国家、非洲国家、南美国家及法国大多属于这种时间观。

多向计时制的人有以下几个特点:第一,在多向计时制文化中,时间被看成是发散的,一般可在同一时间内做不同的几件事情,多头并进是可以接受的。在这种时间观下,人们允许"一心多用"。在中国一些商场里,我们经常可以看到:营业员一边为顾客算钱,一边向另一位顾客介绍商品,同时还和身边的熟人拉家常。第二,多向计时制强调人们的参与和任务的完成,而不强调一切都按照时间表进行。对工作安排不那么固定,时间限制得不那么死,时间安排更讲人情味。有些情况下对临时安排是可接受的。第三,多向计时制讲究时间使用的灵活性,倾向于做长期计划。在一些多向计时制的文化中,不注意遵守时间,不允许时间的限制妨碍事情的完成。表 5-1 是单向计时制与多向计时制的区别。

表 5-1　单向计时制与多向计时制的区别

单向计时制	多向计时制
一心一意,一定时间内只做某事	一心多用,同一时间内做多样事情
专注于工作	非常容易分心
守时,严格遵守时间安排	不太遵守时间日程安排,比较灵活
对时间表、工作负责	对人负责,注重人际关系
彻底地执行计划	经常轻易地改变计划
注意不要干扰到他人,注重个人隐私	认为家人、朋友比隐私重要
强调速度	根据情况决定速度的快慢
习惯于短暂的友好关系	倾向于一生一世的友好关系

在美国如果迟到 5 分钟就必须道歉,迟到 30 分钟就是严重失礼;而在中国迟到 5 分钟只是小事一件,人们甚至习惯于地位高的重要人物晚到,许多人在日常生活中不是按日程安排一次只做一件事情。在中国,我们常常会见到有人未经预约就串门走亲访友。也

经常会听到这样的对话:"您方便的时候我想去拜访您一下。""随便什么时候都行。有朋自远方来,不亦乐乎!"而这种热情好客对于注重安排日程的英美人士来说,可能被误解为只是出于礼貌的应酬话。因为没有确切时间的预约是不便于别人的活动安排的。这是中美两国各自持有不同时间观的具体体现。

因此,奉行不同时间模式的人们在相互交往中会因上述差异而发生文化冲突。如果不充分了解因时间观念的不同而产生的不同行为,理所当然地以本文化的准则和社会规范去进行跨文化沟通,就必然导致跨文化沟通的失败。

小案例 5-14　迟到的法国人

法国人奥利弗和美国人特纳约好在下午 3 点会面,特纳准时到达,而奥利弗整整迟到了 15 分钟,这令特纳非常恼火。他们的会面计划 5 点结束,但是问题还没有讨论完,奥利弗认为可以延长时间,特纳则坚持按时结束会议,这令奥利弗大为不解。

从这个案例可以看出,美法文化具有不同的时间观。美国人重视"准时"与"效率",严格按照时间表做事。法国人却不会严格遵守拟定的日程,会议常要晚于既定时间开始,所用时间也长于计划时间。

3. 轮回时间观

在轮回时间观的文化中,时间被看作是迂回的和可重复的。时间始终沿着自身运动的永恒周期性圆弧式或螺旋式运动,如昼夜交替、季节的往复、年龄的更迭、农时农作更替,都是圆周式的。时间掌管着生命,人类无法控制时间,生命周期控制着人们,人们必须与自然和谐地生活在一起。亚洲、非洲以及北美土著大多持轮回时间观。

印度人认为生命是轮回的。希腊人认为生命是从命运之流中溅起的浪花,当死亡来临时生命便又重新落入生命之流。中国人认为社会现象也是循环的,我们常说"三十年河东,三十年河西""皇帝轮流做,今天到我家""分久必合,合久必分"之类的话。无门和尚的《颂》很能说明问题:

> 春有百花秋有月,夏有凉风冬有雪,
> 若无闲事挂心头,便是人间好时节。

很显然,无论春夏秋冬,时间的交替变化是无关紧要的,悟道的人永远都活在"好的"心中,用好的心看世界,任何时候都是"好时节"。

轮回时间观有几个特点:第一,时间管理一切,时间是周而复始、循环、上升、重复的。第二,此类文化的人特别注重过去,因为人们认为自己可能从过去找出很多联系。在日常工作和生活中,中国人每提到一个人的重要信息就不可避免地提及一个人的籍贯、档案、家谱、户口等与过去历史有关的内容。通常人们还喜欢记日记,看历史方面的电影,甚至读书也喜欢读名人传记等历史方面的题材。第三,从长远的角度看待问题,并非总是为眼前的利益建立关系,而是从大局出发,着眼将来。例如,公司现在不盈利,但以后会盈利;局部不盈利,但全局会盈利。第四,认为事物之间有着复杂的联系,牵一发而动全身。有时可能需要通过复杂的关系网,间接达到自己的目的。

小案例 5-15   三种时间观的人的行为差异

在开会时,三种时间观的人会有不同表现:多向计时制的人回手机短信,这会招致单向计时制的人不满,他们会提出抗议;在生产安排上,三种时间观的人会有不同的做法:单向计时制的人会强调将一个阶段的事情做完后,再开始下一个阶段的任务;多向计时制的人认为可以多头并进;轮回时间观的人认为可以根据往年的记录再做决定。

小案例 5-16   写报告

经理(美籍):你需要多长时间写这个报告?

员工(希腊籍):我不知道需要多长时间。

经理:你应该最有能力判断需要多长时间。

员工:10 天吧。

经理:给你 15 天的时间。你同意了?

15 天后。

经理:报告呢?

员工:明天应该就行了。

经理:什么? 我们不是说好 15 天完成的吗?

员工:我辛辛苦苦马不停蹄地工作了 15 天,你竟然还批评我!(愤然辞职,边走边说他不能在如此"愚蠢"的老板手下干活。)

此案例中的沟通障碍是双方对时间的看法不同。在美籍经理眼中,时间是有明确起始的,该终止的时候就终止,这与美国人将时间量化、物化的根深蒂固的思想很有关系。所以当美籍经理大失所望之时,希腊籍员工却无法理解并提出了辞职。

四、倾听风格差异对跨文化商务沟通的影响

英国语言学者理查德·路易斯(Louis)在他的《文化碰撞》一书中提出了倾听文化和对话文化两个概念来区分文化在倾听风格层面上的差异。倾听风格的不同对沟通过程有直接影响。

(一)倾听文化

此种文化的人喜欢认真倾听并能清楚别人的观点,然后对这些观点作出反应并形成自己的观点。具有最典型"倾听文化"特征的国家是日本,然后是中国、新加坡、芬兰、韩国、土耳其、越南、柬埔寨、老挝。土耳其有和中国类似的俗语:"沉默是金,开口是银",老子言:"希言自然。"稻垣(Inagaki)对 3 600 名日本人进行调查后发现 82% 的日本人认同"祸从口出"。

这些国家的人有如下沟通特点:在听别人讲话时,专注、不插嘴,回复时也不会用太强烈的语言;他们常常会通过问题来让讲话者澄清意图和期望;此外,倾听文化中的人会根

据语境去回答对方的问题,并在表达自己思想的时候常常只说一半,而让倾听者去填补其余,以表示对对方的赞赏或挖苦。下面我们看一段倾听文化中丈夫和妻子的对话:

> 妻子:你一生只爱我一个人吗?
>
> 丈夫:当然(不只爱你一个人)。
>
> 妻子:如果有一天没有我你会怎么样?
>
> 丈夫:我会哭(流下我幸福的眼泪)。
>
> 妻子:是不是因为有了我你才觉得生活有了色彩?
>
> 丈夫:对,因为有了你(我才明白什么叫"迫害")。
>
> 妻子:是不是觉得我是世界上最好的女人?
>
> 丈夫:当然是(最不好的女人了)。
>
> 妻子:我是你的初恋吗?
>
> 丈夫:是!(才怪呢)。

在这种沟通风格中,人们偏向的沟通方式是自言自语—停顿—反思—自言自语。

至今还没有系统的研究揭示出不同文化的人为什么会在运用沉默上有差异,但一些研究指出,沉默和高语境文化密切相关。

(二)对话文化

此种文化的人常常会用发表意见或者提问题的方式打断对方的"自言自语",以此显示自己对话题的兴趣。对话文化中的人特别注重人和人际关系,一般来说,工作也好,任务也好,时间作息表也好,一切让位于人。他们喜欢聊天,说个不停,在对话的过程中获取各种各样的信息(这是他们传播信息的主要渠道),建立各种各样的人际关系,然后用这样得来的信息和建立起来的人际关系去解决各种各样的问题。从人的角度思考问题、解决问题是对话文化中明显的特色之一。最典型的对话文化来自拉美国家,其次是意大利、西班牙、葡萄牙和法国。

由于具有不同的沟通特点,倾听文化和对话文化的人在沟通过程中难免会产生误解。

小案例5-17　美日商人的误解

来自美国的商人比尔·布朗和来自日本的商人政夫在东京会面,双方要洽谈一笔生意。在整个商谈过程中,政夫长时间保持沉默,比尔认为会议期间长时间的沉默令人尴尬和不安,因此,他一直不断地找问题、提问题,滔滔不绝。比尔在会议上喋喋不休的表现令政夫感到疑惑和难堪,他甚至认为比尔是个没脑子的白痴。

从这个案例可以看出,美国文化是对话文化。只要听清楚了对方的提问,就必须予以回答,即使回答得文不对题也行,否则就是严重的失礼。在本案例中,来自美国的比尔一直不断地找问题、提问题,滔滔不绝,其目的不仅是要表示自己对会议的兴趣,更主要的是想打破会议的沉默、尴尬场面;而日本人政夫对比尔在会议上的言语行为却深感疑惑,因为在日本商务文化中,会议期间对任何一个问题的提出或回答都要经过深思熟虑,不经思考的问答被视为不合适的言语行为,保持沉默当属会议的一部分,因此,比尔在会议上喋喋不休的表现令政夫感到失望,他甚至认为比尔是个没脑子的白痴。

五、色彩差异对跨文化商务沟通的影响

我们生活中的物品都是有色彩的,色彩具有十分丰富的象征意义,而色彩在同一文化中是有差异的,不同文化之间,在色彩使用和理解上的差异就更明显了。例如,灭火器的颜色,有的国家是红色,而有的国家则是蓝色。

小案例 5-18 颜色在不同文化的象征意义

黄色:在西方文化中代表快乐、热情、好奇;在亚洲文化中代表帝国和神圣;在拉丁美洲文化中,黄色与死亡联系在一起。

紫色:在西方文化中代表奢华、浪漫、神秘;在亚洲文化中代表财富和高贵,在拉丁美洲文化中代表悲伤。

红色:红色是中国人最喜爱的颜色之一。华夏民族自古就把红色与吉祥、喜庆等积极意义联系在一起,而这些象征意义被保留至今。红色一直都是中国春节、婚礼、乔迁、升官等重大节日或喜事的主题色彩;汉语里有关红色的词语,如"红人""开门红""红喜事"等都带有褒义色彩;在中国股市里,红色表示股票上升。但在中东国家,红色则代表警戒和危险,有些有邪恶的含义。

以下是一些文化对颜色的喜好和禁忌,在跨文化沟通时要注意这一点。

美国:在美国,很多心理学家的调查表明:其一,纯色系色彩比较受欢迎;其二,明亮、鲜艳的颜色比灰暗的颜色受欢迎,如黄色、红色、朱红色等。

英国:英国人把蔷薇作为国花。他们喜欢淡雅色彩,但对绿色十分反感。英国人忌讳大象图案和用人像作为商品装潢。

法国:法国人对红、黄、蓝均喜欢,视鲜艳色彩为时髦、华丽、高贵。法国人把百合花作为国花,视菊为不吉利的征兆、不忠诚的象征,视仙鹤为蠢汉和妖妇的象征。法国人忌讳核桃,认为核桃是不祥之物。

意大利:意大利人喜欢绿色和灰色,国旗由绿、白、红三个垂直相等的长方形构成。意大利人忌紫色,也忌仕女像、十字花图案。意大利人对自然界的动物有着浓厚的兴趣,喜爱动物图案,尤其对狗和猫异常偏爱。

爱尔兰:爱尔兰人喜爱绿色,忌用红白蓝色组合(英国国旗的颜色),爱尔兰国旗由绿、白、橙三个相等的垂直长方形构成。旗杆左边为绿色,右边为橙色,白色居中。绿色代表爱尔兰信仰天主教的人口,橙色代表新教派,白色象征希望,希望"绿"和"橙"之间永久休战,天主教徒和新教派兄弟般团结。爱尔兰邮政总局是一座具有历史意义的建筑物,每年3月17日爱尔兰国庆时,都要在这座高大的花岗石大楼里举行庆祝活动,在屋顶上升起绿、白、橙三色国旗。

比利时:对比利时人来说,菊花意味着死亡,此为丧礼及万圣节(11月1日、2日)专

用。除非餐桌上有烟灰缸,否则不能抽烟。比利时南方人,女孩爱粉红色,男孩爱蓝色,忌用墨绿色(纳粹军人服装颜色);而比利时北方人,女孩爱蓝色,男孩爱粉红色。

奥地利:在奥地利,绿色最令人喜爱,许多服饰也会使用绿色。例如,灰色的法兰绒西装特意用绿色镶边,狩猎装也多半使用绿色。

瑞典:在瑞典,不宜把代表国家的蓝色和黄色作为商用。

日本:在日本,黑色被用于丧事,红色被用于举行成人节和庆祝 60 大寿的仪式。日本人喜爱红、白、蓝、橙、黄等色,禁忌黑白相间色、绿色、深灰色。习惯上,红色被当作吉庆幸运的颜色,如红小豆饭、红白年糕、系在礼品上的红白硬纸绳、节日里高大建筑物垂下的竖幅语式红色灯笼,以及庆祝 77 大寿时穿在和服外面的红色无袖短褂等,都带有节庆的意思。在日本,给初生的婴儿穿衣服要用黄色,给病人做的被子要用黄棉花,是自古以来就有的风俗,这是因为黄色被认为是阳光的颜色,可以起到保温的作用。在日本,蓝色意味着年轻、青春或小孩子,表示即将走向社会,开始生活的意象。白色是表示洁白和纯真的颜色。在日本,神官和僧侣穿白色的衣服,给人以洁净感。自古以来,在表示身份地位的色彩中,白色曾作为天子服装的颜色。日本工业规格(JIS)所规定的安全色的意义:红色表示灭火,橙黄色表示危险,黄色表示注意,绿色表示救护、通行,蓝色表示小心,白色表示道路在修整中。

蒙古:蒙古人喜欢借颜色来寄托自己的愿望和感情,他们将不同的颜色赋予了不同的意义。红色象征亲热、幸福和胜利。许多蒙古人喜欢穿红色的蒙古袍,姑娘们爱用红色缎带系头发。黑色被视为不幸和灾祸,故蒙古人不穿黑衣服。

土耳其:土耳其人一般喜好鲜明色彩,代表国家的绯红色和白色比较流行,同时,他们也爱好带有宗教意味的绿色。

哥伦比亚:哥伦比亚人喜好红色、蓝色、黄色。在商品上好用圆形、三角形及六角形包装。

巴拉圭:巴拉圭普遍喜欢明朗色彩。象征国内三大政党的颜色是红色(全国共和联盟)、深蓝色(自由党)、绿色(二月党),使用这三种颜色时,要特别谨慎。

墨西哥:墨西哥人认为紫色是不吉利的棺材色,应避免使用。由此而演变出一大忌讳——向墨西哥人送礼物,不能送紫色类物品或以紫色包装的礼品。穿紫色系的衣服访问别人或招摇过市,同样不受欢迎。在墨西哥,黄色花表示死亡,红色表示符咒。

巴西:在巴西,棕色为凶丧之色,紫色表示悲伤,黄色表示绝望。巴西人认为人死好比黄叶落下,所以忌讳棕黄色。人们迷信紫色会给人们带来悲哀,黄色会使人陷入绝望。紫色和黄色被认为是患病的预兆。另外,他们还认为深咖啡色会招来不幸。在巴西,曾有过这样失败的例子:日本向巴西出口钟表,因在钟表盒上配有紫色的饰带,因而不受欢迎。

挪威:挪威人十分喜爱鲜明的颜色,特别是红、蓝、绿色。

秘鲁:秘鲁人喜欢鲜明的色彩,红、紫、黄色备受青睐。其中紫色为 10 月举行宗教仪式使用的颜色,平时避免使用。

委内瑞拉:委内瑞拉人对色彩很讲究,如白色、红色、茶色、绿色、黑色分别代表该国的五大政党,一般不用在商品包装上,国旗为黄、红、蓝三色。

古巴:古巴人受美国影响很大,对色彩的喜爱与美国相似。一般居民喜欢鲜明的色彩。

阿根廷:在阿根廷,商业流行的包装颜色是黄、绿、红三种。黑、紫、紫褐相间的颜色避免使用。

希腊:希腊人喜爱蓝色和白色相配,以及其他鲜明色彩。希腊人忌讳黑色。

俄罗斯:俄罗斯人偏爱红色,常把红色与自己喜欢的人和事物联系在一起。在俄罗斯,白色表示纯洁、温柔,绿色代表和平、希望,粉红色是青春的象征,蓝色表示忠贞和信任,黄色象征幸福和谐,紫色代表威严与高贵,黑色是肃穆和不祥的象征。

叙利亚:叙利亚人爱好青蓝色,其次是绿色和红色。黄色象征死亡,平时忌用。

新加坡:新加坡人一般对红、绿、蓝色很喜欢,视紫色、黑色为不吉利,黑、白、黄为禁忌色。

缅甸:缅甸人喜爱鲜明的色彩,如传教徒所穿的番红黄色装束。

巴基斯坦:巴基斯坦一般流行鲜明的色彩,其中翡翠绿为当地人最喜欢的颜色。在巴基斯坦,黄色会引起宗教界的嫌恶,因为婆罗门教僧们所穿的长袍(礼服)是黄色。居民视黑色为消极,绿色、银色、金色及鲜艳的彩色备受当地人的欢迎。

阿富汗:在阿富汗,积极的颜色是红色和绿色。

印度:印度人在生活和服装色彩方面喜欢红、黄、蓝、绿、橙色及其他鲜艳的颜色。黑、白色和灰色,被视为消极的、不受欢迎的颜色。

沙特阿拉伯:沙特阿拉伯人崇尚白色(纯洁)、绿色(生命),而忌用黄色(死亡)。国王身着土黄色长袍,象征神圣和尊贵,一般人不能"黄袍加身"。沙特阿拉伯国旗的颜色和图案突出地表明这个国家的宗教信仰。1946年采用的这面国旗是一面长方形的绿色旗,绿色对伊斯兰国家来说是吉祥的颜色。

阿拉伯联合酋长国、科威特、巴林、伊朗、卡塔尔、也门和阿曼:棕色,黑色(特别是由白布衬托的黑色),绿色、深蓝与红相间色及白色是带有积极意义的。鲜明醒目的颜色胜过柔和浅淡的颜色。粉红色、紫色和黄色是消极的色彩。

埃及:埃及人喜欢绿色、白色、红色、橙色,而忌讳黑色、紫色与蓝色,而且颇相信梦中的事。埃及人喜欢金字塔形莲花图案,禁穿有星星图案的衣服,除了衣服,有星星图案的包装纸也不受欢迎。

小案例5-19 在泰国穿红裙子

有一年,我在泰国旅游。泰国阳光灿烂、空气清新,为了和这样的气候相匹配,我觉得应该穿一些亮色的衣服,为此,我特意买了一条红色的连衣裙。当我穿着这件裙子来到一个卖纪念品的小商店时,老板娘用一种异样的眼神盯着我,而我则一头雾水。临走时,老板娘好心地对我说:"现在是我们泰国的国丧期间,你可千万不要穿红裙子呀!"一语惊醒梦中人,我回去赶紧换了一件浅色的衣服。

六、气味差异对跨文化商务沟通的影响

气味在跨文化交际中扮演着重要角色。每个人都有自己喜欢的气味,怡人的气息不

仅能够改变情绪,让人心情愉悦,还会在人与人交往中产生积极的影响。

由于各国各民族的地理环境、传统习惯等因素,不同文化有各自独特的气味。下面我们列举一些具有特色的气味文化。

泡菜气味文化:韩国有句流行语,即"没有金齐的饭不是给韩国人准备的"。"金齐"其实就是泡菜。在韩国,做泡菜有着悠久的历史,韩国人把泡菜的好味道称为"妈妈的味道"。泡菜在韩国人的日常生活中已经远远超越了一道佐餐菜肴,而是升华成了一种特有的传统和文化,成了韩国人生活中不可或缺的部分。

奶酪气味文化:美国人尤其喜食甜品和奶制品,它们代表的是奶酪气味文化。

奶酪葡萄酒的气味文化:远在基督纪元初期,法国的奶酪、鹅肝酱等就已经传到了希腊和罗马,再用葡萄酒佐餐,使人的食欲大增,促进了法国大餐的盛行。因此,法国人身上散发出奶酪葡萄酒的气味文化。

海草味的气味文化:英国人在饮食上不像法国人那么讲究。其原因是历史上英国清教徒崇尚生活简朴,鄙视奢侈享受,所以英国有句俗语:"The coppers of the paradise are Englishmen and the cooks of the hell are Englishmen, too."(天堂里的警察是英国人,地狱里的厨师也是英国人。)英国代表性的饮食是 fish and chips(炸鱼薯条),所以被称为海草味的气味文化。

在跨文化商务沟通中,要注意以下两点:第一,有些文化的人倾向于掩盖自己的体味,如美国人广泛、大量使用香水、漱口水、止汗露等体香剂。第二,有些文化的人则喜欢人体的气味。如阿拉伯人与人沟通时距离较近,谈话双方间的距离近到彼此可以闻到对方的体味,因为大多数阿拉伯人将人身体上的自然气味看作一个人的扩展,保持在这个距离之外与阿拉伯人谈话,他会觉得彼此的关系是疏远的。正因为如此,阿拉伯人通常是一边谈话,一边闻着对方身上的气味。所以阿拉伯人的嗅觉机能的作用相当于我们的视觉机能所起的作用,他们甚至可以用嗅觉感知对方感情上的细微变化。

七、社会心理因素对跨文化商务沟通的影响

(一)刻板印象

刻板印象(stereotypes)也称"定型化效应",指的是人们对某一类人或事物产生的比较固定、概括而笼统的看法。它是我们在认识他人时经常出现的一种相当普遍的现象。我们经常听人说"长沙妹子不可交,面如桃花心似刀",东北姑娘"宁可饿着,也要靓着"等都属于刻板印象。一提到法国人,我们脑海中泛起的第一印象就是"浪漫";说到德国人,我们首先想到的往往是严谨的人物形象。这些对外国人的印象,其实也是一种公式化、简单化的看法,实际上都是刻板印象。

刻板印象可能是基于事实的一种陈述,但是因为过度的简化与夸张,结果往往扭曲了事物的本来面目,而且大部分变成了负面性的印象。当人们开始建立刻板印象的时候,通常会有意识或无意识地忽视或模糊一个团体内个人与个人之间的差异或特征。

刻板印象具有以下几个特征:第一,以最明显的特征加以归类。人类的印象通常来自我们对事物的第一次感知,尤其是我们眼睛所见到的最明显的特征。这种以最明显特征

加以归类的现象在人们首次接触新文化时容易产生。第二,以一组特征涵盖全体。我们常在电影里看到美国人喜欢热狗,就以为所有美国人都喜欢热狗;许多外国人看到中国电影里有武打的镜头,就以为所有中国人都会功夫。第三,用同一种方法对待一群人。有一个关于刻板印象的笑话,可以很好地反映有关欧洲人的刻板印象:在天堂里,情人是意大利人,警察是英国人,工程师是德国人,厨师是法国人,管理天堂的则是瑞士人;而在地狱里,情人是瑞士人,厨师是英国人,工程师是法国人,警察是德国人,管理地狱的是意大利人。

人们对英国人的刻板印象是:第一,英国人具有与他人格格不入的孤傲特质;第二,英国人有守旧而又不愿接受新生事物的保守思想;第三,大部分英国人具有讲究文明用语和礼貌的好习惯;第四,英国人具有酷爱独居和自由的天性;第五,英国人具有感情不外露的冷淡和缄默的性格;第六,英国人具有自我嘲笑的幽默。

美国人对中国人的刻板印象是:第一,所有的中国人都会一点功夫;第二,中国的文化几千年没有变化;第三,中国人的数学学得很好是因为中国人有数学天赋;第四,中国妇女都很温顺,都听丈夫的话。

中国人对美国人的刻板印象是:第一,美国人不关心家庭;第二,美国人的性生活很散漫;第三,美国人很有钱;第四,美国的犯罪率很高;第五,美国的学生都不爱学习;第六,美国人都有枪;第七,美国人都喜欢吃麦当劳、肯德基和必胜客;第八,美国人对人际关系很淡漠;第九,美国人很外向;第十,美国人好喧闹;第十一,美国人喜欢夸张;第十二,美国人很唠叨;第十三,美国人只向钱看齐;第十四,美国人不太会照顾老人。

这些刻板印象是这些群体主体文化特征的反映,可以帮助我们认识这些群体。但如果只限于这些已有的印象,用预期的心理处事,往往会给跨文化商务沟通带来负面的冲击。

小案例5-20　书骗了我

王涛是一位在美国留学的中国学生。到美国一个星期后,他的物理老师邀请他上门做客。他看到书上说美国人很开放、很健谈,于是来到老师家中后就一直不停地讲话,甚至还说了一大堆非常"开放的话",但是,老师不仅没有任何反应,而且不愿意听他的叙述。临走的时候,他问老师:"我注意到您一直不太开心,不愿听我讲话,是不是我什么地方说得不妥?"老师说:"你讲得太多了。"王涛对这个回答感到十分诧异,他想:书骗了我。日后他注意到,原来老师是一个沉默寡言的人。

小案例5-21　黑人是懒惰的

一位黑人工人在一家白人公司里做事,因迟到而被解雇。事实上他每晚读夜校,每天早晨要送3个孩子上学,然后乘公共汽车从郊外到城里上班。白人主管因不了解这些情况,没有从弹性工作时间考虑安排他的工作,凭着"黑人懒惰"的印象作出了这项决定。

在这个案例中,主管认为黑人是懒惰的,这属于典型的刻板印象。

(二)偏见

人类通过认知发展到刻板印象,很自然地会发展成为偏见。偏见已不仅仅是停留在看法或信仰的阶段上，它已经进入态度的范畴，会直接引导人们的行为，影响沟通的过程与质量。

偏见是指根据一定表象或虚假的信息作出判断，从而出现判断失误或判断本身与判断对象的真实情况不相符合的现象。

偏见建立在所谓的"认知模式"上。认知模式指的是我们在赋予感知对象意义时，只是依照先前既定的知识或态度，建构一个自己满意的模式，这个模式不免充满偏颇和成见。认知模式主要包括负面解释、折扣、基本归因谬误、夸大与对立化五种。负面解释指所有来自非我族群的全都是错误的；折扣指的是摒除与我们建立的模式不符的信息；基本归因谬误指的是把别人的负面行为解释为是个性而不是情绪问题；夸大就是小事化大，把非我族群的缺点添油加醋；对立化则是吹毛求疵，刻意注重族群间微小的差异。

依据强度，偏见可以分为诅咒、规避、歧视、人身攻击。诅咒是"君子动口不动手"，指在语言上对偏见对象加以讽刺、指责；规避是在行动上避免与偏见对象接触；歧视是在行为上以不平等的方法对待偏见对象；人身攻击指的是对偏见对象使用肢体暴力。

（三）文化迁移

文化迁移指在跨文化商务沟通中，人们下意识地用本民族的文化标准和价值观念来指导自己的言行与思想，并以此为标准来评判他人的言行和思想。下面的例子就比较典型地体现了文化迁移现象。

小案例 5-22　美国生产经理在秘鲁受挫

> 一位美国人在通用汽车公司秘鲁子公司担任生产经理，他坚信美国式的民主管理方法能够提高秘鲁工人的生产积极性。他从公司总部请来专家对子公司各车间的负责人进行培训，教他们如何征求工人的意见，并对其中合理的部分加以采用。可是这种民主管理方法推行不久，秘鲁工人就纷纷要求辞职。

造成上述局面的原因是，在秘鲁以及整个拉美文化中，人们敬重权威，下属不仅服从上司，而且还把上司看作自己的主人，并希望上司对自己的生活负责。工人们认为，征求工人的意见是上司自己不知道该做什么，才反过来问他们。既然上司无能，公司就没有希望，不如提前离职，以便及时找到新的工作。但是生产经理对此却不甚了解，出于文化迁移，他以美国人崇尚个体主义、参与意识较强的观念去揣度秘鲁的员工，导致双方沟通的失败。

事实上，人们（有意或无意地）用自身的价值尺度去衡量他人的心理倾向是比较普遍的。一个人从孩提时起，就开始学习本文化群体的行为和思维方式，直到内在化和习惯化。从一种文化的角度看，假定另一种文化能选择"更好的方式"去行事似乎是不合理的。因此，对各民族的人来讲，常会把自己的文化置于被尊重的地位，用自己的标准去解释和判断其他文化的一切。极端之时还会表现出"己优他劣"的倾向，僵硬地接受文化上的同类，排斥文化上的异己。

发生文化迁移的主要原因在于对文化差异的不了解，在这种情况下，文化迁移是一种无意识的行为；文化迁移也可能是有意识的，这主要是由于种族中心主义的影响。

八、从电影中看中美文化的差异之一——中国台湾电影《刮痧》(2001)

(一)剧情简介

《刮痧》以中医刮痧疗法所产生的误会为主线，反映了华人在国外由于文化的冲突而陷入种种困境，后又因人们的诚恳与爱心使困境最终被冲破的感人故事。

5岁的华裔孩子丹尼斯闹肚子发烧，在家的爷爷因为看不懂药品上的英文说明，便用中国民间流传的刮痧疗法给丹尼斯治病，而这就成了丹尼斯一次意外事故后父亲许大同虐待孩子的证据。庭上，以解剖学为基础的西医理论无法解释通过口耳相传的经验中医学，许大同最后终于失去冷静和理智，法官当庭宣布剥夺许大同的监护权，不准他与儿子见面。父亲因此事决定回国，为了让老人临行再见孙子一面，许大同从儿童监护所偷出儿子丹尼斯到机场送别，因此受到警方通缉，父子分离、夫妻分居、朋友决裂、工作丢失，接连不断的灾难噩梦般降临，一个原来美好幸福的家庭转眼间变得支离破碎。

影片结尾，一家人在不懈的努力和朋友的帮助下，终于向法庭证明什么是中国的"刮痧"，一家人得以团圆。

(二)电影中所体现的中美文化差异

《刮痧》是一部发人深省的电影，其所反映的中美文化差异可以从以下两个方面去思考。

1. 思维方式的差异

丹尼斯被带到儿童监护所以后，许大同夫妇认为这只是一起简单的误会，向法官解释清楚就可以了，早上离开家的时候还告诉父亲为丹尼斯准备点好吃的，孩子下午就回来。在第一次庭审会上，许大同耐心解释："我想你们没有弄明白，刮痧是中国传统的中医疗法、家庭疗法，我小时候刮过无数次。几千年来，中医认为人有七经八脉，就像无数小溪流向江河，江河又奔向大海。人的身体就像非常复杂但看不见的生命网络，如同计算机网络一样。人的气发自丹田，又回到丹田，也是同样的道理。"他情绪激动，比喻生动。可是，法官却一脸茫然，问律师昆兰："你的当事人在说些什么？"并对许大同说："我们理解不了你的话，请用证据说话，最好请一位医学权威证明你的观点。"

"刮痧"作为传统中医自然疗法之一，在中国盛传了千年，它是以中医皮部理论为基础，用器具(牛角、玉石、火罐)等在皮肤相关部位刮拭，以达到疏通经络、活血化瘀之目的，功效显著。因而当5岁的丹尼斯肚子疼时，爷爷很自然地用祖宗流传的刮痧疗法为其治病，这是典型的一种中国民间的行为。在美国，人们在医学上采用的是西医，这和中医截然不同，西医讲究的是结果，以解剖学为基础，力求"精确"与科学验证，只要迅速达到去病的目的即可。举个例子，发烧了立马打针退烧、打抗生素等，这样可能导致烧退了但其他地方却出毛病了，而中医讲究舒经活络，从根本上、整体上解决全身的各个问题，调理机能。所以美国人根本无法理解刮痧的原理。这实际上反映了中美文化思维方式的巨大差异。

在第二次庭审会上，儿童监护所的律师把中国传统文化看成暴力文化，把中国传统文化的英雄孙悟空描述成顽劣的猴子、暴力的化身："看看这只中国猴子的价值观和道德,他受托管理九千年一熟的桃园,却把桃园占为己有。当有人劝阻他时,它却毁了全部桃园。一个神仙炼出了长生不老药丸,孙悟空不但吃完了全部药丸,还掀翻炼丹炉,毁掉了别人的车间。这是一只顽劣粗鲁的中国猴子,却被徐先生当成道德的楷模与榜样。"许大同认为这简直是胡说八道,气愤不已,冲上去要揍他,结果被警察拉走。相信任何一个有常识的中国人都不会同意儿童监护所律师的观点。

其实,这也反映中美文化思维方式的差异。西方人的思维方式是分析思维,他们在考虑问题的时候喜欢从一个整体中把事物分离出来,对事物的本质特性进行逻辑分析,所以会对孙悟空作出这种判断。中国人的思维方式是整体思维,认为孙悟空虽然有些小毛病,但本质上是个善良的、有正义感的英雄。

2. 道德规范的差异

孝顺父母是中国家庭道德的一个重要方面。影片中,许大同为了父亲能够拿到绿卡而向法官承认是自己给儿子刮痧的。后来,为了不让父亲担心,许大同一直对父亲隐瞒一切。为了尽孝道,许大同替父背负"罪名"并对父亲隐瞒事实的行为与美国尊重事实的法律意识相悖。美国人不能理解中国人的"孝"的概念。当昆兰送老先生回家时,询问许大同的妻子简宁,简宁给了他肯定的答复,她双眼噙着泪水,一字一顿地说:"因为他是中国人。"昆兰似懂非懂,望着上楼梯的父子俩,耳旁响起了轻柔的钢琴声,儿子搀扶着父亲一步步缓慢向楼上走去。这就是中国孝道。这一温馨的场景仿佛告诉了昆兰许大同代父请罪的原因。

而在美国则不同。美国的孩子到了法律规定的年龄便主动离开家,美国也有完善的赡养老人的制度,但父母与子女之间是独立的,这在中国人看来是冷漠和感情上的疏远。

九、从电影中看中美文化的差异之二——中国台湾电影《推手》(1991)

(一)剧情介绍

一所不大的房子里,一个穿中国衣服打太极拳的老者和一个整天打电脑的金发碧眼的美国女子很不协调地一起生活。77 岁的老朱是来自北京的一位功底深厚的太极拳师,美国女子玛莎是他儿子朱晓生的作家妻子,老人是一个月前才来到美国的,和儿子、儿媳、孙子生活在一起。

老人平时没什么事,看电视、练拳、练字,最多也就是到会馆教教并不怎么用心的学生打打太极拳,而同样不上班的儿媳玛莎和他难免互相干扰。老朱在教拳的时候见到了一位陈太太,一时兴起,老朱卖弄手段把一个大胖子推出十几米远,撞翻了陈太太指导包包子的摊子,两个老人相识了。玛莎受到干扰,怎么也写不出东西,一气之下关了家里的电视。老朱却不声不响地来了个离家出走,害得晓生和玛莎大闹了一场。晓生想把老朱送到老人公寓,却始终说不出口。听到老朱念叨陈太太,晓生想到一个好办法。在两家儿女的促成下,两个家庭一起出去郊游野餐。陈太太虽然对老朱也不无好感,但还是告诉老朱是儿女们为了摆脱老人才想出这个主意。老朱当夜给儿子留字,独自再次出走,要独立生活。老朱在一家餐馆打工洗盘子,手脚不够麻利被老板挖苦谩骂。老朱来了脾气,施展绝技,任人推拉,没有挪动半步,把十几个美国的警察也给打伤了。晓生和玛莎看到电视新闻的报道,赶到警局,老朱心灰意冷只是要求一间公寓独立生活。老朱正在一个新的地方教一群学生太极拳,陈太太来找他,她如今也另租了公寓单独出来住,两位老人感叹一番也无可奈何。

(二)电影中所体现的中美文化差异

1. 对"孝"的看法

美国儿媳想不明白为什么老人不去养老院,公公老朱难过的是"这个家容不下他",这体现出中美两国文化中对"孝"的理解差异。在中国,赡养老人是孩子应尽的责任。在影片中朱晓生对玛莎说:"我受到的教育是:一个人关心父母应该像父母关心你一样。父亲是我生命的一部分,为什么你不能接受?"传达出这样的信息:在中国,父母和孩子是一体的,父母抚养孩子,孩子长大后赡养父母,和父母一起生活,住在一起,这种"形式上"的连接表明了父子一体。

在美国,父母和孩子是独立成人,父母和孩子的连接更多是在感情上,父母和孩子分开住,孩子去探望父母时大家其乐融融地相处。所以在美国儿媳眼里,并不觉得养老是儿女的责任,相反,她认为养老应该是社会的责任,这让老朱无法接受。

在中国的"孝"文化中还有一层含义是"听话",听话是对家长权威的尊重。影片中有一个片段是朱老先生教孙子杰米跟着他念家乡的儿歌:"东西街南北走,出门看见人咬狗,拿起狗来打砖头,又怕砖头咬着手。"爷爷的教育是中国典型的家庭教育模式,重要的是"按大人说的做"而不是自己的想法。

在美国文化中,对孩子的教育以鼓励为主,父母孩子的地位是平等的,朱老先生对儿子晓生说:"你们在美国,对孩子挺客气,不把孩子当孩子,有学问。"晓生回答:"这里面学问大得很,这就叫民主,民主嘛,就是没大没小。"

2. 对"和谐"的看法

中国文化传统思维的主要特征是追求和谐,不仅体现在人和自然的关系中,而且体现在人和人的关系中。在影片中,朱老先生吃饭讲究荤素搭配,儿媳玛莎吃饭的时候多是以生冷的蔬菜和水果为主。在朱老看来,玛莎生病的原因是她不注重荤素搭配,身体内部的平衡遭到了破坏。

面对父亲和妻子的家庭矛盾,儿子晓生期待的是家庭矛盾可以"大事化小,小事化了";在中餐厅工作的中国同事面对老板和朱老先生的矛盾秉持"事不关己,高高挂起"的态度。这都是追求"和谐"人际关系的结果,结果这种态度愈加激化了矛盾。

西方人在思维方式上更加注重内在以及个体的差别和对立,倾向于分析型,他们在分析事物和处理事情的时候,会将部分从整体中分裂出来,所以玛莎以为只要朱老先生搬出去,一切问题都可以解决。

3. 对"空间和隐私"的看法

电影开场儿媳和公公在同一屋檐下生活,老人怡然自得,美国儿媳却焦虑不安,究其原因:中国文化中讲究"和而不同"的相处之道,美国人注重自己的空间和自由。在西方文化中,隐私是属于每个人独立的事情,西方的个体隐私观体现了个体的价值和利益,对个人隐私的维护体现了西方文化尊重个性的特点,儿媳玛莎忍受不了有人来分享她的生活空间,她向丈夫晓生提出想换更大的房子。但是晓生父亲却没有玛莎这样的反应,因为在中国传统生活中,一个家族的人都要生活在一起,家庭的和睦团结超过个人的需求和习惯。在分享同一空间的同时,老朱也不注重个人的隐私,如电影中对于洗完澡的孙子,他觉得没穿衣服的小孩很正常,但在儿媳的眼中,这是不礼貌的,即使是孩子的爷爷也不可以开身体的玩笑。这些看似不起眼的小矛盾背后都是观念的不同。

复习思考题

1. 不同文化思维方式的差异表现在哪些方面?思维差异对跨文化商务沟通有何影响?

2. 道德规范差异对跨文化商务沟通有何影响?

3. 风俗习惯和宗教信仰对跨文化商务沟通有何影响?

4. 单向计时制、多向计时制、轮回时间观有何不同特点?不同时间观对跨文化商务沟通有何影响?

5. 不同文化在倾听风格方面有何差异?

6. 不同文化在色彩方面有何差异?

7. 不同文化在气味方面有何差异?

8. 社会心理因素对跨文化商务沟通有何影响?

思考案例

意想不到的握手

在某阿拉伯国际机场,一位中国商人想对一位阿拉伯官员表示谢意,因为这位官员在行李检查中态度非常友好。由于他根本不懂阿拉伯语,他唯一能做的就是与这位官员握手致意。

这位商人两只手都拿着东西——左手拿着一只小旅行袋,右手提着一件行李。出于方便,这位商人很快把左手所拿旅行袋放入右手,腾出一只手伸向那位官员——他期待着与那位官员握手。

然而没想到的事情发生了,那位官员面带微笑的面孔变得苍白,微笑突然间消失得无影无踪。他非但没有与那位商人握手,反而在他伸出的手上"啪"地拍了一下,而后愤怒地走开了。

案例思考题:为什么阿拉伯官员没有与中国商人握手?

应 对 篇

第 六 章

跨文化商务谈判

导读案例

一次失败的谈判

一家美国公司和一家瑞典公司都想得到墨西哥政府一个基础设施项目的订单，在谈判的初始阶段它们应邀去墨西哥向负责该项目的部长做陈述。美国公司花费了大量的精力准备了一个近乎完美的报告，希望以此打动该部长，它传递的信息十分清楚，而且表明可以用比对手更为优惠的价格提供先进的设备。其谈判队伍由高级工程专家、律师、翻译组成，他们从美国总部飞到墨西哥，住进了当地最为奢华的酒店，行程预计一周的时间。美国人将报告安排在了酒店的会议室，必备的仪器均已从美国运抵墨西哥，所有的安排都详细记录下来并于两周前寄给了墨西哥官员。但是到了约定的时间，美国人准备进行陈述的时候却发现，他们是自己在唱独角戏。美国人到达酒店后一个小时，墨西哥有关部门的人员才陆续到达，他们并没有为迟到表示丝毫歉意，而是和美国人大聊特聊与商务无关的事情，美国领队一个劲儿紧张地盯着他的手表，最终他提议开始陈述，这时候墨西哥人看上去十分惊讶，但还是礼貌地表示同意。20分钟之后，负责该项目的部长才在几位高级官员的陪同下到达，他看起来相当气愤，要求美国人重新开始陈述。10分钟之后，他开始和助手聊天，因为这个助手刚刚给他带来了一条消息，这时候美国人停止了陈述。20分钟之后，部长示意美国人继续陈述。陈述完毕后，只有部长提出疑问：为什么美国人对于本公司历史较少提及？在午饭时间，部长并没有询问产品的技术细节，而是询问了美国代表团每个人的背景和资历，当得知他们的情况后，部长没吃完午饭就走了。

在接下来的几天里，美国人一个劲儿地联系墨西哥人，希望谈判能继续下去，并说明他们将在一周内飞回美国，但是墨西哥人的回应始终如一：要对提议研究再研究。到了周末的时候，美国人两手空空地离开了墨西哥，懊恼沮丧的氛围弥漫在他们的团队里。结果显而易见，项目最后落到了瑞典人手里。

我们来分析这个案例。美国人为谈判做了大量的准备工作，胸有成竹，最终败北的原因何在？

首先，美国人是按照他们行事的习惯和计划按部就班地进行谈判，他们根本没有关心墨西哥人如何看待他们。在这次谈判中,他们过于关注自身的文化,而忽视了其他国家的文化特点,他们自认为应该通过行为、成就来得到判断与评价一个人,而在拉丁美洲和其他许多国家,人们评价一个人还包含年龄、地位、家庭关系等因素。所以,当美国人向墨西哥团队做陈述报告时,与美国人的想法不同,墨西哥人的关注点不在于技术能力方面,他们更为关注的是美国团队人员的级别问题,他们认为美方代表和墨西哥方面级别相差很多:在墨西哥方面,是由负责项目的部长亲自接待,而美国团队中缺少总裁级别的董事会成员,双方根本无法进行平等的谈判,因此认为自己没有得到尊重。

其次,美方还犯了一个错误,就是团队中的成员包含律师。美国是出了名的法治社会,往往会在谈判中带上律师,这是为了确保以后签署的合同不会威胁到企业本身的利益。当然这也暗示,一旦出现问题,首先解决的方式就是司法途径。而对于墨西哥和其他许多国家而言,稳定持久的友好关系是十分重要的,商业关系往往源于友好的私人感情,他们不可能在这种场合下带着律师参与,否则让人感觉谈判双方随时会对簿公堂。

最后,这个案例还反映出美国文化和拉丁美洲文化对于时间的不同态度。墨西哥人对于时间似乎漫不经心,他们并不在乎将今天的事情推到明天去做。他们如果计划 1 点开会,则会在几个小时之后才开始讨论会议的主题内容。而在美国的商业环境中,准时是至关重要的。在美国,如果计划 1 点开会,那绝对会 1 点开始。如果让他们花两个小时来等待讨论会议主题的话,绝对是对他们合作意愿和积极性的致命打击。

从上述案例可以看出,随着经济全球化的不断深入和国际贸易的不断发展,来自不同文化背景的人们之间的商务活动日益频繁,因而跨文化商务谈判中的文化障碍问题已引起广泛关注。在单一文化背景下,商务谈判过程是可以预见的,也是可以准确把握的,然而跨文化商务谈判则具有不确定性,更充满了挑战性,因为跨文化谈判是不同思维方式、不同沟通方式、不同行为方式之间进行的谈判行为,如果谈判双方缺乏对彼此文化背景的了解以及忽视文化差异对谈判的影响与作用,将会导致跨文化谈判的失败。

一、商务谈判的概念和特征

（一）商务谈判的概念

谈判是指两方或多方交换商品和服务,并就交换的比率取得一致意见的过程,是一种通过与他人讨论和讨价还价实现自己目标的艺术。商务谈判是指不同的经济实体各方为了自身的经济利益和满足对方的需要,通过沟通、协商、妥协、合作、策略等各种方式,把可能的商机确定下来的活动过程。随着市场经济的发展,商品概念的外延也在扩大,它不仅包括一切有形的劳动产品,还包括资金、技术、信息、服务等。因此,商务谈判是指一切商品形态的交易洽谈,如商品供求谈判、技术引进与转让谈判、投资谈判等。说起商务谈判,大家很容易联想到电影里常有的情景:谈判双方几十个人围坐在长方形的谈判桌前,烟雾缭绕,还有表情严肃、目光冷峻的首席代表,嘴里叼个大烟斗,激烈的言辞交锋,紧张而精彩的辩驳对抗。可见,商务谈判是一项既紧张激烈,又复杂多变的活动。

（二）商务谈判的特征

1．以经济利益为谈判目的

不同的谈判者参加谈判的目的是不同的：外交谈判涉及的是国家利益，政治谈判关心的是政党、团体的根本利益，军事谈判主要是关系敌对双方的安全利益。虽然这些谈判都不可避免地涉及经济利益，但常常是围绕着某一种基本利益进行的，其重点不一定是经济利益。而商务谈判的目的则十分明确，谈判者以获取经济利益为基本目的，在满足经济利益的前提下才涉及其他非经济利益。虽然，在商务谈判过程中，谈判者可以调动和运用各种因素而各种非经济利益的因素也会影响谈判的结果，但其最终目标仍是经济利益。因此与其他谈判相比，商务谈判更加重视谈判的经济效益。在商务谈判中，谈判者都比较注意谈判所涉及的成本、效率和效益。所以，人们通常以获取经济效益的好坏来评价一项商务谈判的成功与否。不讲求经济效益的商务谈判就失去了其价值和意义。

2．以价格为谈判的核心

商务谈判涉及的因素很多，谈判者的需求和利益表现在众多方面，但价值则几乎是所有商务谈判的核心内容。这是因为在商务谈判中价值的表现形式——价格最直接地反映了谈判双方的利益。谈判双方在其他利益上的得与失，在很多情况下或多或少都可以折算为一定的价格，并通过价格升降而得到体现。需要指出的是，在商务谈判中，我们一方面要以价格为中心，坚持自己的利益；另一方面又不能仅仅局限于价格，应该拓宽思路，设法从其他利益因素上争取应得的利益。因为，与其在价格上和对手争执不休，还不如在其他利益因素上使对方在不知不觉中让步。这是从事商务谈判的人需要注意的。

3．以合同来体现谈判的最终结果

商务谈判的结果是由双方协商一致的协议或合同来体现的。合同条款实质上反映了各方的权利和义务，合同条款的严密性与准确性是保障谈判获得各种利益的重要前提。有些谈判者在商务谈判中花了很大力气，好不容易为自己获得了较有利的结果，对方为了得到合同，也迫不得已做了许多让步，这时谈判者似乎已经获得了这场谈判的胜利。但如果在拟订合同条款时，掉以轻心，不注意合同条款的完整、严密、准确、合理、合法，让谈判对手在条款措辞或表述技巧上引诱你掉进陷阱，这不仅会让到手的利益丧失殆尽，而且还要为此付出惨重的代价，这种例子在商务谈判中屡见不鲜。因此，在商务谈判中，谈判者不仅要重视口头上的承诺，更要重视合同条款的准确和严密。

二、跨文化商务谈判的特征

跨文化商务谈判是发生在跨越国界的、分属于不同国家的公司之间、私人商业组织之间和买卖双方之间的关于投资、商品出口、机械设备进出口以及技术进出口的磋商过程。

（一）跨文化商务谈判与国内商务谈判的共性特征

跨文化商务谈判作为国内商务谈判的延伸和发展，与国内商务谈判存在着十分密切的联系，并具有一些共性特征。

1．为特定目的与特定对手的磋商

国内商务谈判和跨文化商务谈判同样都是商务活动主体为实现其特定的目的而与特定对手之间进行的磋商。作为谈判,都是一种双方或多方之间进行信息交流、"取"与"予"兼而有之的过程。谈判过程中所适用的大多数技巧并没有质的差异。

2．谈判的基本模式是一致的

与国内商务谈判相比,跨文化商务谈判中必须要考虑到各种各样的复杂环境因素,谈判过程中信息沟通方式、需要讨论的问题等都会有很大的不同。但与国内商务谈判一样,跨文化商务谈判也同样遵循从寻找谈判对象开始,到建立对应关系、提出交易条件、讨价还价、达成协议,直至履行协议结束这一基本模式。

3．国内、国际市场经营活动的协调

在经济活动的主体参与国际市场经营活动时,国内商务谈判和跨文化商务谈判是两个不可分割的组成部分。尽管国内商务谈判和跨文化谈判可能由不同的人员负责进行,但由于企业必须保持其国内商务活动和国际商务活动的衔接,国内商务谈判与跨文化谈判之间就存在着密不可分的联系。在从事跨文化商务谈判时,必须要考虑到相关的结果或可能出现的状况,反之亦然。

（二）跨文化商务谈判与国内商务谈判的区别

在认识到跨文化谈判与国内商务谈判的共性特征的同时,对于想取得跨文化商务谈判成功的商务人士而言,进一步认识这两种谈判之间的本质区别,并针对其区别而采取相应的措施是更为重要的。跨文化商务谈判是跨越国界的谈判,其与国内谈判活动的根本区别源于谈判者、谈判活动以及谈判协议履行的不同环境背景下的文化差异。

国内谈判者通常拥有共同的文化背景,谈判双方生活于共同的政治、法律、经济、文化和社会环境之中。在国内谈判中,谈判者主要应考虑的是双方公司及谈判者个人之间的某些差异。而在跨文化商务谈判中,谈判双方来自不同的国家,拥有不同的文化背景,谈判者各方的价值观、思维方式、行为方式、交往模式、语言以及风俗习惯等各不相同。不同文化背景的人,对同一件事、同一句话、同一个动作都有着不同甚至相反的理解,从而导致信息不能准确地转达给对方,甚至信息被曲解,从而产生文化冲突和文化障碍,这对跨文化商务谈判的成功与否都将产生直接的影响。高瑞（Ghauri）曾提出谈判的社会心理模式,把谈判界定为五要素:谈判目标,交流和行为,传统与文化,谈判环境,谈判结果。其中,谈判目标是前提,交流和行为是载体、手段,结果是必然,而传统与文化是影响谈判的主观因素,它们贯穿于谈判的各个环节,是对跨文化谈判影响最大的一个因素。正如原中美合资天津奥的斯电梯公司的一位美方代表所言:"中国伙伴在谈判桌上表现出与我们不同的文化价值观念,中国人对合同或协议的看法,对合作伙伴选择的标准,对知识和软件的看法等等,都与我们不同,谈判有时会因此陷入困境。"对此,美国一位资深企业家甚至断言:"如果能有效地克服文化障碍,美国对华投资、贸易量可以比现在增加两倍。"

就这个意义上说,跨文化商务谈判不仅是经济领域的交流与合作,也是不同文化之间的交流与沟通,而且文化因素的作用至关重要。因此,研究跨文化商务谈判中的文化差异就显得十分重要。

三、文化因素对跨文化商务谈判的影响

许多学者从不同角度研究了对跨文化商务谈判产生影响的文化变量。

史蒂芬·威斯(Stephen Wisconsin)在他的《复杂的国际商务谈判分析》一书中把影响跨文化商务谈判的因素分为 12 个变量：谈判的基本观念；谈判人员的选用标准；侧重点；礼节；语言交流和非语言交流；争论的性质；个人的角色；信任的基本条件；风险；时间概念；决策制度；协议形式。

唐纳德·威·汉顿(Donald We Hanton)在他的《跨文化商务谈判》一书中指出跨文化商务谈判受背景因素和氛围变量两组变量的影响：第一，背景因素。背景因素是指谈判双方的目标(通常被认为或是共同的，或是相互冲突的，或是互补的)、谈判中的第三方(如顾问、代理人、各方的政府机构等)、市场定位(买方和卖方的定位)、谈判人员的技巧和经验等。第二，氛围变量。氛围变量是指可感知的合作或冲突(谈判双方有协议目标和协议内容)、权力和服从(谈判一方权力较大)、可感知距离(谈判双方不能相互理解)、双方的期望(真正交易或利益的长期期望值和现时交易的短期期望值)等。

塞拉卡斯(Salacuse)总结了在跨文化商务谈判中最容易引起分歧的十大焦点：谈判目标、谈判态度、谈判的个人风格、沟通风格、对时间的敏感度、谈判中的情绪、合同的特点、合同的格式、谈判团队的组织、对谈判风险的接受程度。

基于上述观点，结合笔者多年的研究成果，我们认为，文化因素对商务谈判的影响主要表现在以下方面。

(一) 商务谈判代表的标准与人数的选择

商务谈判代表的选择标准是谈判的首要问题。哈佛大学的经济学家格力汉(Graham)曾经比较了美国、中国台湾、巴西和日本选择谈判者的不同标准。

美国代表标准：准备与计划的技巧，压力下进行思考的能力，判断力与睿智，口头表达能力，专业知识，认知与开发能力，正直。

中国台湾代表标准：毅力与果断，较易赢得尊敬与信心，准备与计划的技巧，专业知识，风趣，判断力与睿智。

巴西代表标准：准备与计划的技巧，压力下思考的能力，判断力与睿智，口头表达能力，专业知识，认知与开发能力，竞争力。

日本代表标准：对工作的献身精神，认知与开发能力，赢得尊敬与信心，正直，倾听能力，社交能力，口头表达能力，一定的地位和职务。

比较之后我们可以发现，美国和巴西对恰当谈判人选的条件较为接近，都强调准备与计划的技巧、专业知识、判断力与睿智。日本虽然和美国、巴西一样重视口头表达能力，但是同时注重倾听能力。同时，日本是权力距离较大的国家，在这里地位象征非常重要，所以选择的谈判人员一般除了具备一定的社交能力外，还要拥有一定的地位和职务。

在谈判人数方面，不同文化也存在着明显差异。例如，个人主义文化的美国在谈判人数的确定上充分体现了精干的原则，谈判班子较小，由少数的几个人组成。而日本的谈判

班子一般较大，人数较多，以表示重视、便于职能分工，一般会有管理人员、技术人员、法律方面人士的参与。

（二）商务谈判目标的差异

在谈判目标的认识上，不同文化的谈判者倾向于设定不同的谈判目标。个人主义文化的谈判者，谈判目标通常非常具体、明确，以解决问题为主，谈判的终极目的是签订合同实现经济利益；而对于集体主义文化的谈判者来说，谈判目标往往更多地考虑关系层面，特别重视长期友好的商业关系的建立。对他们来说，谈判的过程就是建立人际关系的过程，谈判目的更多的是建立和发展一种长期的合作关系，签订的合同代表着长期互利合作的开始。如果谈判中双方没能建立起相互信任的关系，交易常会以失败而告终。

密歇根大学的心理学家伯克尔（Jeff Burks）曾观察了美国人和墨西哥人对于谈判目标的认识差异，他发现：强调个人主义的美国人在谈判目标的选择上，倾向于局限在对所要解决问题的关注上，因此，与对方的关系不会影响到他们谈判的目的，而对于集体主义特色明显的墨西哥人来说，他们谈判的目标就或多或少地有维持关系的成分，他们的谈判目标受与对方关系的亲疏程度的影响。墨西哥人在同自己关系较近的人谈判时，目标之一就是避免现有的关系受到伤害，而在与自己关系较远的人谈判时，谈判的目的才是放眼于解决问题。

在一项对 12 个国家 400 多人的调查中，74% 的西班牙人认为其谈判目标就是达成合同，而只有 33% 的印度人持有相同的观点。

有一项实证研究也证明了这一差异。北京大学经济学院教师赵霞和浙江师范大学教师张生祥在德国组织了 110 组中德跨文化商务模拟谈判，模拟商务谈判的 220 个参加者大都来自在德国读经济管理类的本科生、硕士生和博士生，他们中少部分人已经在德国从事经济贸易工作。其中有 110 名中国人和 110 名德国人。他们的平均年龄为 23.68 岁。90% 的人至少有 1 年的打工经验。谈判采用了谈判先行阶段、谈判发生阶段和谈判结果阶段的划分方法，把解决问题倾向的策略作为该项研究的核心策略，并对数据进行了量化分析。结果发现：德国人采取解决双方问题倾向的策略得分要远远高于中国人，而中国人在保持良好的谈判气氛和愿意保持长期商务合作关系这两项的得分要远远高于德国人。

（三）谈判方式的差异

谈判目标的差异导致不同文化的谈判者在如何与对方进行交流和对话的方式上存在着明显的差异。研究发现，西方国家的谈判者，因为是以解决问题为主要目标的，通常使用冷静的、非个人化的、具体的、直截了当的谈判方式；而东方国家的谈判者，通常采用的是循序渐进的、广泛的、以关系为基础的谈判方式。

哈佛大学的社会学家格林（Green）曾研究了美国和阿拉伯国家之间的国际谈判，发现美国人的外交谈判，通常都是具体的、实在的甚至是非个人化的风格，而阿拉伯国家的谈判者，更多的是个人化的、感情化的甚至情绪化的谈判风格。

小案例 6-1　美国大使和叙利亚大使的论战

1976 年,以色列的轰炸机对驻扎在叙利亚境内的巴克斯坦游击队进行轰炸,由此引起美国驻联合国大使和叙利亚驻联合国大使之间的一场论战。

美国大使说:"叙利亚大使对我做的发言,提出了一个错误的抗议。我愿意给大家指出这个发言的具体情形,这个发言主要涉及叙利亚大使的一个错误的、恶毒的攻击。他说以色列的飞机是从美国的航空母舰上起飞的,我必须指出,提出这种指责的人必须为这一指责提供具体的证据。到目前为止,我们还没有看到任何证据,我们也不会看到这一证据,因为这一指责是毫无道理的,因为这一职责是荒谬的、恶毒的,而且是臭名昭著的。这就是我所做的声明。我为什么要做这个声明,是因为凡是认为美国参与这一行动的指责都是非常危险的,因为在这一具体的行动中,美国没有参与。"

如果仔细阅读美国大使的这一声明,我们可以看出他反复使用了"这个""这一""因为""所以"等词语,反映出他的谈话方式是具体的、逻辑性强的、非个人化的特色。

我们再来看看叙利亚大使是如何反驳的,叙利亚大使说:"我不会对美国大使的发言作出回应,如果他认为我以前的发言是错误的、荒谬的,我可以全面地肯定美国帮助了以色列侵略阿联酋共和国和约旦,因此美国必须对阿联酋共和国和约旦所造成的伤害负责任。如果有任何事件是臭名昭著的话,那就是美国的政策,因为在过去 20 年间,它对阿拉伯世界和阿拉伯国家的政策都是可耻的。"

这段回应中使用了"全面的""所有的""整个政策""过去 20 年"等广义的、宽泛的词语,来表达自己的立场,与美国大使的发言形成了鲜明的对比。

我们再来看下一段的论战。

美国大使:"叙利亚大使的个人声明显然与国际上公认的外交准则大相径庭,我不会对这样的言论做具体回答,我只想声明我所说的关于攻击的飞机是从美国的航空母舰上起飞的指责是完全错误的、恶毒的,我希望任何人包括叙利亚大使,能就这个具体的事件给安理会提供证据。"

叙利亚大使说:"我将不理睬美国大使对我所做的恶毒的人身攻击,我只想说这是与美国的大国身份不相符的。美国可以动用一颗炸弹去摧毁整个叙利亚,但是一个伟大的文化和文明是更有力量、更为强大的,我为我们的文化和文明感到骄傲。"

我们再次比较双方的这轮论战,更进一步看出美国人的谈判风格是非个人化的、理性的,尽量强调具体细节;而叙利亚人的谈判风格是个人化的、情绪化的。

(四)沟通风格的差异

谈判过程是一个谈判双方深度沟通的过程,文化差异明显地表现在沟通风格上。低语境文化的人倾向于通过简洁明了的语言让对方了解自己内心的真实想法与决定;高语境文化的人则倾向于采用表情、语气、客套话和模棱两可的语言来表达自己内心的想法与决定。以色列和埃及在戴维营谈判时,以色列人采用的是直接沟通风格,埃及人采用的是间接沟通风格。结果,埃及人认为以色列人过于强硬,甚至有冒犯之意;以色列人则认为埃及人缺乏诚意,很虚伪。

哈佛大学教授格力汉(Gree Han)对美国和日本的商务谈判录像进行了详细比较,发现美国谈判者是低语境的沟通风格,而日本谈判者是高语境的沟通风格。美国谈判者一般倾向于直截了当地提出谈判要求;日本谈判者则使用了更多含蓄委婉的语言,更加依赖客套话、表情、语气和模棱两可的方式来表达自己的想法与决定,表示拒绝时也会通过为难的表情和停顿的语气传递自己的真实意图。因此,在美日商务谈判中会产生许多误会和矛盾。据统计,在日美之间每25次商务谈判中,最终只有一次能够达成协议,其成功率仅为1∶25。日本谈判者最不满意美国谈判者经常打断他们的谈话,经常直截了当地拒绝他们的提议。在推销产品的时候,美国的推销商往往不等日本买主作出任何反应,就提出新的方案和想法。美国的谈判者最不满意日本人的地方就是不知道日本人的点头是同意还是不同意,因为,他们发现日本人即使在不同意他们的报价时,也不断地点头。其实,日本的点头只是一种礼貌性的反应,并不表明他们同意这一报价,他们只是用点头来鼓励美国谈判者报出新的价格来。美国的谈判者也很不满意日本谈判者的沉默。日美间的商务谈判往往会陷入一个怪圈:美方谈得越多,日方越是保持沉默——他们需要时间来化解美国人所谈的一切,而日本人越是沉默,美国人就谈得越多。美国人不知道日本人的沉默到底表示什么意思,是不同意呢? 还是在思考? 又或是希望美国人继续提出新的方案?

小案例6-2 对"yes"的误解

有家美国公司和一家日本公司进行重要的商务谈判。在谈判过程中,美国人很高兴地看到,每当他提出一个意见时,对方就点头说"yes",他以为这次谈判进行得特别顺利。直到他要求签合同时才震惊地发现,原来日本人说的"yes"是表示礼貌的"I hear you"的"yes",不是"I agree with you"的"yes",这使他非常郁闷。

小案例6-3 美国商人的烦恼

一位美国商人第一次到日本谈生意。他对于谈判的开场很困惑,日方一个劲儿地陈述公司的历史、创业历史和产品的故事,没完没了。会议结束后,美国商人对本公司驻日本代表说:"他们说这些有什么意思? 难道他们认为我此行之前一点准备也没有? 我对他们的公司和产品一无所知? 我想购买他们的产品,可是他们为什么装得好像我根本没有听说过他们的产品? 今天上午他们传达给我的信息其实我早就知道了。"那位代表解释说日本谈判者只是想强调这些信息而已,但是美国商人认为应当尽快进入直接的谈判。

(五)谈判特点的差异

有的文化倾向于正式的谈判:参与者穿着正装,称呼对方的姓加上职衔,气氛严肃正规,商谈内容不涉及个人问题或家庭情况。日本和韩国商务人士的谈判特点明显倾向于正式性。而有的文化倾向于非正式的谈判：见面即用名字称呼对方，不带头衔，可以穿便装，气氛比较轻松，可以开一下适度的玩笑，会谈前可能会花一些时间建立双方的信任关系。中国商务人士的谈判特点倾向于非正式性。

（六）谈判策略的差异

东西方文化在思维方式上表现出各自的特点。两者在思维方面的差异体现在三个方面：一是东方文化偏好形象思维，英美文化偏好抽象思维；二是东方文化偏好综合思维，英美文化偏好分析思维；三是东方文化注意统一，英美文化注重对立。基于客观存在的思维差异，不同文化背景的谈判者呈现出决策方式上的差异，形成顺序决策方法和通盘决策方法。当面临一项复杂的谈判任务时，采用顺序决策方法的西方文化特别是英美人常将大任务分解为一系列小任务，将价格、交货、担保和服务合同等问题分次解决，每次解决一个问题，从头到尾都有让步和承诺。最后的协议就是一连串小协议的总和。然而采用通盘决策方法的东方文化则注重对所有问题的整体讨论，不存在明显的次序之分。通常要到谈判的最后，才会在所有问题上作出让步的承诺，从而达成一连串协议。例如，中国人在谈判中习惯首先就有关合同双方所共同遵守的总体性原则和共同利益展开讨论，认为总的原则是解决其他问题的出发点。只有当总的原则确定下来，才有可能就合同的具体细节问题进行谈判。这种"先谈原则，后谈细节"的谈判策略是中国的谈判方式最明显的特征之一。中国政府在中美建交、香港回归、澳门回归等一系列重大涉外谈判中，始终坚持"台湾是中华人民共和国不可分割的一部分"这一前提原则，在这一原则的总揽下，再谈细节问题。西方人往往难以适应这种决策方式，他们认为对方谈判人员思路混乱，造成谈判效率的低下。

（七）谈判决策权与决策者的差异

在做决策方面，东西方存在着很多不同的地方。集体主义文化中，决策通常是集体协商的结果，一般来说避免个人作出决定。谈判小组在谈判之前、谈判当中，以及谈判之后通常都要一再交换意见以协调整个小组的行动。当对方的提议超出代表的权限范围时，他们还要请示上级，需要报请上级领导同意或集体讨论。在个人主义文化的国家，个人完全可以代表公司作出决策，公司派出的谈判代表通常有足够的权力，他们可以在授权的范围内直接对谈判的议题作出决策。而且，谈判人员将对他（她）作出的决策所造成的损失负责。如果该决策成功了，所有的荣誉及随之而来的利益也属于决策者。

🎩 小案例6-4　中美商务谈判的一个片段

马丁：我们不可能接受这种价格。

张先生：368美元是我们能给出的最低价格，并且这对你们是有好处的。

马丁：恐怕我不能同意你的说法，你们给出的价格要高于其他公司。

张先生：但是鉴于我们产品的高质量，我们的报价是非常合理的。我不知道我们还能否降低价格，这件事我要先和我们的总经理讨论一下。

马丁：给你带来麻烦，我很抱歉，但是我不得不说，我们如此费尽周折进行商谈，最后这个问题却要你们总经理来拍板（感觉很失望）。

马丁之所以失望，是因为他是全权代表，在谈判中有权做决定，而张先生却在他报价后，告知他自己没有决定权。但是张先生的做法在中国人眼中是无可厚非的，他请示领导后再回复是最佳做法之一。双方的文化差异在于权力距离。中国属于高权力距离文化，即使上级授权，依然需要请示汇报，而美国属于低权力距离文化，上下级之间的关系更为平等。

小案例 6-5　谈判告吹

几年前，在北京曾有过一项重要的会谈，中德双方商谈在中国建立职教研究所的事宜。会谈前期进行得非常顺利，但就是否在天津建所的问题上双方出现了异议。德方表示，如果天津职教隶属教委，他们表示同意；如果天津职教隶属劳动部，他们则无法同意。天津代表表示他们要研究一下，征求一下上级的意见。但德方却要求中方立即给出明确的答复。由于中方不可能马上提出明确的意见，德方表示无法考虑合作并认为谈判到此结束，同时要求天津代表团立刻离开谈判驻地。此事一度对中德贸易产生了负面的影响。

（八）合同内容的差异

在对合同内容、合同作用的理解方面，西方文化尤其是美国文化强调客观性，注重平等，他们的合同界定严密，内容全面，文本较长，以保障公司不受各种争端和意外事故的伤害。与此相比，东方文化尤其是那些注重关系的文化，书面合同较短，主要用来确定合同双方各自的责任及处理相互关系的原则，即便是在针对复杂的业务关系而制定的详细合同中，其目的也与美国人的理解不同。

（九）对谈判风险的接受程度

每种文化对谈判风险承受的程度是不同的，这直接决定了谈判的进程、谈判的内容和约定。根据塞拉卡斯（Salacuse）的调查，日本是最不愿意承受风险的国家；最愿意承受风险的国家是法国、英国和印度。

对于不愿意承受风险的谈判者来说，了解尽可能多的有关谈判的信息、花时间做判断、与对方建立信任和良好的关系是至关重要的，所以谈判进程不会太快。

（十）处理纠纷的差异

在处理经济纠纷方面，东方文化习惯于回避从法律上考虑问题，着重从伦理道德上和双方关系考虑问题，一旦发生纠纷，首先想到的是如何赢得周围舆论的支持，这在东亚人看来有着极其特殊的内涵和意义。于是，很多应该利用法律来解决的问题，东亚人宁愿通过发挥道德规范化的作用加以解决。如日本人不喜欢谈判中有律师参与,他们认为带律师参加谈判,说明一开始就考虑日后纠纷的处理,是缺乏诚意的表现。当合同双方发生争执时,日本人通常不选择诉诸法律这一途径,而是愿意坐下来重新协商。而西方人则与此不同,他们对于纠纷的处置,习惯采用法律的手段,而不是依靠良心和道德的作用。例如,美国人在进行商务谈判特别是在国外进行商务谈判时,一定会带上自己的律师。他们常说的一句话是:"我要征求律师的意见。"西方很多个人和公司都聘有法律顾问和律师。一些在东亚人看来可以通过人际关系解决的纠纷和冲突,西方人往往安排律师出面去处理。

(十一)非语言沟通的差异

语言是人们进行跨文化商务谈判的主要交际手段,但是人们在使用语言时,往往会伴随一系列的非言语行为,不同的文化对它们有不同的理解与使用。

1. 谈判场所和座位安排

1)谈判的场所选择

场所本身具有正面效应和负面效应,谈判的场所可以选择在我方的办公室、对方的办公室或者一个中立的地点。据调查,大部分商务人士喜欢选择在中立的地点进行谈判。例如,日本人喜欢在餐厅或者酒吧等较无拘束的地点进行谈判,芬兰人则喜欢在集体洗桑拿浴时谈判,中国人喜欢在酒店、饭店进行谈判,人们认为这样做是为了缓和竞争的紧张气氛,保持融洽的关系。

2)谈判场所的布置

谈判场所布置,特别是桌椅的摆放也有讲究。若侧重谈判的竞争性,谈判双方可以坐在谈判桌的两个对立边;若谈判以签订合同为目标,则安排谈判双方坐在谈判桌的紧邻两边;若谈判侧重对事不对人的问题解决,则双方坐在谈判桌的同一边。在美国文化中,商务谈判是一种很正式的交际形式,一般应该在会议室进行,谈判双方的座位安排以面对面为主,以便保持目光接触;阿拉伯文化的人则喜欢席地而坐,谈判双方人员混坐在一起;日本人喜欢挨着坐在一边,让目光注视墙壁或地面,说话时眼睛不直视对方;法国人经常把对手的座位调低以降低其声调。

3)座位安排

座位与座位的空间距离应该如何确定也因文化而异。北欧人和德国人认为人与人之间的空间距离为在 1.2 米左右,但墨西哥人、南美人和阿拉伯人认为 0.5 米左右是最合适的距离。

小案例 6-6　巴黎和平谈判的座位安排

1968 年,美国越战结束前的巴黎和谈开始,谈判的四方分别是美国、南部越南(以下简称"南越")、民族解放阵线和北部越南(以下简称"北越")。为了安排一个让四方都感到满意的谈判位置,工作人员整整花了 8 个月的时间,因为有太多需要考虑的因素:文化、政治态度、实力对比、谈判目标。美国和南越希望谈判桌上只出现两方,它们压根不承认民族解放阵线是谈判对手,而北越和民族解放阵线希望每一方都拥有平等权利,四方应该平等地坐在谈判桌边。组织者提出了数种谈判桌的摆放及各方位置安排的方案,最后采用的是一种折中方案:圆桌方案以满足北越和民族解放阵线要求的四方平等;两张秘书桌的存在相当于分界线,桌上没有任何标识,发言的方式为 AA、BB 轮流,满足了美国和南越提出的双边要求。正如美国人所说:"考虑到为达成这个座位安排的一致,在过去 8 个月中失去的生命,我们必定会得出这样的结论:在人类相遇时,空间布局和领土意识远不是小事。"

2. 谈判气氛

任何谈判都是在一定的气氛中进行的,谈判气氛的发展变化直接影响着整个谈判的结果,谈判气氛在双方开始会谈的一瞬间就形成了。

理查德·路易斯曾观察了在谈判开始的半小时内不同国家的人的沟通内容,他发现德国人、美国人和芬兰人大概只花两分钟时间在彼此介绍上,然后就入座讨论正题,但在英国、日本、法国、意大利和西班牙,这样做会被认为粗鲁无礼,这些国家的人大概会花 10 分钟到半个小时的时间寒暄问候。英国人尤其不愿意开口说出转入正题讨论的话。在日本,大家一般会花 15 分钟到 20 分钟的时间相互介绍,互道冷暖,直到一位年长者突然发话宣布会议开始,然后大家才低头准备开始。西班牙人和意大利人一般会花 30 分钟左右的时间互道冷暖,谈家事、谈体育、谈音乐,一边谈一边等待姗姗来迟的参会者,等人到齐后才开始谈判。

3. 肢体语言

一些肢体语言在不同文化中表达的意思完全不同。例如,中国人跺脚以示愤怒,美国人将此解释为不耐烦;中国人演讲完毕,通常为自己鼓掌,美国人却认为这是不谦虚的表现;给予或接收礼物时,中国人使用双手以示敬意,而美国人对此却不以为然;美国人喜欢用抬眼眉、点头、微笑或同说话者保持良好的目光接触来表达对谈话者的关注,如果你和一个美国人谈话却不直接看着他的眼睛,他可能会质疑你的动机或猜测你不喜欢他,而中国人为了表示礼貌、尊敬或服从,总是避免直视对方,因此英语国家的人比中国人目光交流的时间长而且频繁;另外,通过观察我们会发现,中国人的欠身或者略微弯腰的动作用得较多,日本人表现得更突出;而西方人的欠身动作则少得多。

美国学者约翰·格雷厄姆(John Graham)曾对日美商业谈判中的文化差异问题做过详细的研究,他根据美国商人所反映的日本商人善于在谈判中耍花招这一问题,做了深入的分析。结果发现,在许多日美商人的谈判中:当一位美商直视谈判桌对面的日商时,日商立刻低下了头,等那位美商低头记录时,他才抬起头,当对方再次直视他时,他又低下了头。这个现象使美商形成了日本人善于耍花招这一印象。格雷厄姆的进一步研究发现,这其实是美商的误会,原因是美商对低头和直视这些动作符号的理解与日商截然不同。在日本,当晚辈被长辈训斥时,晚辈必须低头,表示谦恭和尊敬,同样是受长辈训斥的美国儿童,却必须要直视长辈以示聆听。

4. 空间距离

阿拉伯人、墨西哥人和南美人与他人交谈时喜欢站得非常近,他们之间的间距不到 0.5 米,对于中国人来说,0.5 米到 1 米是通常的距离,而美国人之间比较舒适的距离要宽得多,将近 1 米,北欧人和德国人认为人与人之间合适的空间距离在 1.2 米左右。如果你和一个墨西哥人保持 1.2 米的距离谈话,他会觉得需要大叫才能让对方听到,就像中国人在和站在房间另一头的人谈话一样。

5. 沉默

中国人在沉默时表示自己正在考虑问题,有时还表示自己处于"是说还是不说"的犹豫状态。而西方人则认为沉默就是表示不同意,他们会失去耐心从而打破沉默,催促对方快速作出反应,以使谈判继续进行。殊不知这种做法被认为是粗鲁的表现,导致谈判难以达到预期的效果。

(十二)情绪表露的差异

在商务谈判中,每种文化都有情绪表露的规则。在塞拉卡斯的调查中,拉丁美洲人和西班牙人是最愿意表露情绪的,而德国人和英国人是欧洲人中最不愿意表露情绪的。在亚洲人中,日本人最不愿意表露情绪。

四、不同文化商务人士的谈判风格

(一)谈判风格的特点

英国哲学家弗朗西斯·培根(Francis Bacon)曾在《谈判论》一书中指出:"与人谋事,则须知其习性,以引导之;明其目的,以劝诱之;知其弱点,以威吓之;察其优势,以钳制之。"这段话是对谈判经验的深刻总结,尤其是"与人谋事,须知其习性,以引导之"更是成为至理名言。每一个谈判人员来到谈判桌前,都带着自己深深的文化烙印。谈判风格是一个经常被人们使用的词,它是指谈判人员建立在其文化积淀基础上,在谈判过程中通过言行表现的与对方谈判人员明显不同的关于谈判思想、策略和行为方式等方面的特点。因此,了解每一种文化商务人士的沟通风格,是成功进行跨文化商务谈判的关键。

谈判风格具有以下特点。

1. 对外的独特性

谈判风格的独特性是指特定群体及其个人在谈判中体现出来的独特气质和风格。从社会学观点看,任何集团的人和集合都是一种群体,各群体有自己的主文化和亚文化,会体现出群体与群体之间的差异。在同一个群体内,个体与个体之间也存在着差异。谈判风格的独特性决定了它的表现形式的多样化,所以,不同国家、民族,或同一个国家、同一个民族会表现出不同的谈判特点和风格。

2. 对内的共同性

同一个民族的谈判人员或有着相同文化背景的谈判人员,在商务谈判中会体现出大体相同的谈判风格。

3. 成因的一致性

无论哪种谈判风格,其形成原因都大体相同,主要受文化背景、人的性格以及文化素养等的影响。任何一个民族都深深植根于自己文化的深厚土壤中。任何个体,无论他是否意识到,是否承认,他都会受到本民族风俗习惯、价值观念和思维方式的潜移默化的影响,形成他的世界观,并由此指导自己的行为处事方式,表现出该民族在特定的文化背景下形成的共同风格。根据社会心理学研究,在先天因素的基础上,人的性格与后天环境影响有着密切的关系,是社会化的结果。一个国家和一个民族的价值观、文化传统以及思维方式造就出体现自己风格的优秀谈判人员。然而,并不是这个国家和民族所有的人都能体现这种优秀的东西。其原因是后天因素的影响。后天因素是指个体所受的教育程度,表现为知识、修养、能力的提高等。谈判人员的风格不仅与其性格、民族有一致性,更与其文化素养高度关联。为此,要形成和培养良好的谈判风格,谈判者还需要努力学习,从提高自身的文化素养入手。

(二)不同文化商人的谈判风格

1. 美国商人的谈判风格

1) 自信,直言不讳

因为美国是世界上经济、技术最发达的国家之一,政治实力、军事实力、经济实力都居世界各国前列,这使得美国人对自己的国家深感自豪,在谈判中他们的商务人员都表现出非常强的自信心,自我感觉良好。这种自信主要体现在以下三个方面。

第一,对产品品质的宣传。他们认为,如果你的产品质量过硬并且性能优越,就要让对方充分认识和了解。因此,他们往往对本国产品的品质优越性、技术先进性毫不掩饰地加以称赞。

第二,自信开局。他们总是自信地开局,迅速将谈判引入实质性阶段,发表观点也非常率直。

第三,他们喜欢批评别人,指责对方。当谈判不能按照他们的意愿进展下去时,他们常常直率地批评或抱怨对方。这是因为,他们往往认为自己做的一切都是合理的,缺少对对方的宽容与理解。总之,美国人的自信让他们赢得了许多生意,但是也让委婉谦虚的东方人觉得他们咄咄逼人、傲慢自大、缺乏教养。

2) 讲究实际,注重最终利益

美国人把实际物质利益上的成功作为获胜的标志。他们善于步步为营,在利益方面毫不让步,十分精于讨价还价,并擅长以智慧和谋略取胜。在谈判过程中,他们会讲得有理有据,从国内市场到国际市场的走势甚至最终用户的心态等各个方面劝说对方接受其价格要求。

3) 坚持公平合理

美国人认为进行商业交易和合作,双方都要有利可图,他们在谈判桌上对含糊其词、似是而非的态度极为反感。所以,对他们的要求表示拒绝时,一定要明确、直接,不必为顾及其面子而转弯抹角,否则他们会认为你已接受他们的条件。

4) 坦率

当对方提出的建议不能接受时,美国商人便会毫不隐讳地直言相告。他们常常对中国人在谈判中的迂回曲折、拐弯抹角兜圈子感到莫名其妙,不理解中国人为什么会通过微妙的暗示来提出实质性的要求。东方人所推崇的谦虚、涵养可能会被美国人认为是虚伪、客套、做作。

5）喜欢"一揽子"交易

美国人对"一揽子"交易兴趣十足。在谈判某一项目时,美国人除探讨所谈项目的品质规格、价格、包装、数量、交货期及付款方式等条款外,还喜欢讨论该项目从设计到开发、生产工艺、销售、售后服务以及为双方能更好地合作各自所能做的事情等,从而达成一揽子交易。

6）重视合同,崇尚法律

美国人对法律和契约的崇拜是与生俱来的,法律意识早已根深蒂固地存在于他们的心里。所以,他们非常看重商务谈判中所签订的合同以及条款,强调合作双方必须坚定履约合同。如果不能履行合同,就要严格按照合同的违约条款支付赔偿金和违约金,没有再协商的余地。所以,他们也十分注重违约条款的洽商与执行。他们认为,商业合同就是商业合同,朋友归朋友,两者绝不可以混淆。

7）注重时间和效率

第一,珍惜时间,注重效率。美国是一个经济高度发达的国家,生活节奏比较快。所以,美国商人在谈判中喜欢开门见山,不会为此做很多铺垫。

第二,做事井然有序,有计划性,不喜欢事先没安排妥当的不速之客来访。

2．英国商人的谈判风格

英国人将商业活动和自己个人生活严格分开,有一套关于商业活动交往的行为礼仪的明确准则。

1）大国意识

英国是最早的工业化国家,早在 17 世纪,它的贸易就遍及世界各地。在历史上,英国曾经自称"日不落"大英帝国,这些都使英国国民具有强烈的大国意识和民族自豪感,心理上有排外情绪,看不起别国人。在日常生活中,他们无论说起什么事,总会颂扬英国在各个方面的伟大。这在谈判过程中也会有所反映。

2）建立关系较难

从性格上来看,英国人的民族性格是传统、内向、谨慎的,他们生性内向而含蓄,沉默寡言,不喜欢夸夸其谈,对新事物总是裹足不前,这一点使得英国人不轻易与对方建立个人关系,很难做到一见如故。

3）讲究等级、知识和个人修养

英国人很崇尚绅士风度,讲究等级、知识和个人修养,对知识性人才和个人修养良好的谈判者特别友好。

4）富有"外交色彩"

英国商人在商务谈判中富有"外交色彩"。他们谈判稳健,善于简明扼要地阐述自己的立场、陈述个人观点,对建设性意见反应积极,之后更多的是沉默,表现出平静、自信而谨慎。但是"外交色彩"也导致谈判节奏缓慢,影响效率。

5）缺乏灵活性

英国商人对于物质利益的追求不如日本人表现得那样强烈,也不如美国人那样直接,他们宁愿做风险小、利润也小的买卖,而不喜欢冒大风险、赚大利润的买卖。所以英国人在谈判中缺乏灵活性,不允许讨价还价,在谈判的关键阶段表现得很固执,只要认为某个细节尚未谈妥,就绝不会在协议上签字。

3. 德国商人的谈判风格

1）谈判准备工作充分周到

德国人与英国人的谈判方式迥异。德国人的谈判特点是准备工作做得完美无缺,注重细枝末节,力争使任何事都完美无缺。在谈判前,他们投入很多精力,准备工作细致周密,极具条理性,你很少能在谈判时发现他们准备工作上的疏漏。德国人在谈判之前的准备工作不仅包括要研究计划购买的产品,而且包括研究对手的公司,如公司所处的大环境、公司的信誉、资金状况、管理状况、生产能力等,以便掌握大量翔实的第一手资料,在谈判中得心应手、左右逢源。

2）自信而固执

德国人喜欢明确表示他希望做成的交易,准确地确定交易的形式,详细规定谈判中的议题,然后再准备一份涉及所有议题的报价表。在谈判过程中,德国人的陈述和报价都非常清楚、明确、坚决和果断。他们不太热衷于采取让步的方式。这种谈判方式与德国人的性格有着惊人的相同之处,他们考虑问题周到、系统,准备充分,但缺乏灵活性和妥协。如果经验丰富的德国谈判人员运用这种方式的话,它的威力是很强大的,这在报价阶段尤其明显。一旦由德国人提出了报价,这个报价就显得不可更改,讨价还价的余地会大大缩小。因此,从程序上看,与德国人打交道时最好在德国人报价之前就进行摸底,并提出自己的条件。这样可以阐明自己的立场,但这需要快速出击。因为,德国人已经做了充分的思想准备,他们会非常自然、迅速地把谈判引入磋商阶段。

3）讲究效率

德国商人遇到问题,总会遵循"马上解决"的原则,速战速决,极其讲究效率。

4）注重礼节,非常守时

德国商人十分注重礼节、穿戴、称呼等,非常守时,在商业谈判和交往中特别忌讳迟到。

4. 法国商人的谈判风格

1）重视本国文化和语言

一提到法国,人们首先想到的就是"浪漫"二字;提到巴黎,人们往往将它和"花都"联系到了一起。在历史上,法兰西民族在社会科学、文学、科学技术方面都有着卓越的成就,所以法国人的民族自豪感强,一般都比较注重自己的民族文化和本国语。因此,在进行商务谈判时,他们往往习惯于要求对方以法语来谈判语言,所以要与法国人长期做生意,最好学些法语,或在谈判时选择一名优秀的法语翻译。相应地,书面的材料等也都应该用法语书写,特别是关于产品的关键性资料也应该被翻译成法语。

2）性格开朗,十分健谈

法国商人大多十分健谈,富有感情,话题广泛,而且口若悬河,出口成章。因此,和法国人谈生意时,不要只顾着谈生意上的事。除了最后做决定的阶段需要一本正经地、专注地谈生意外,在其他时间里,可以多聊聊一些社会新闻或文化等话题,以创造充满情调的气氛,才能和他们做成好交易。

3）偏爱横向谈判

法国人是"边跑边想的人种"。这点与德国人大相径庭。在谈判方式的选择上,法国商人偏爱横向谈判,谈判的重点在于整个交易是否可行,不太重视细节部分。法国人可能在谈妥了 50% 的时候,就会在合同上签字,但昨天才签妥的合同,也许明天又要求修改,这一点常令谈判对手非常头疼。

4)时间观念不强

法国人天性浪漫、重视休闲、时间观念不强,不喜欢为谈判制定严格的日程安排,他们在商业往来或社会交际中会经常迟到或单方面改变时间,而且总会找一大堆冠冕堂皇的理由。在法国还有一种非正式的习俗,即在正式场合,身份越高者来得越迟。所以,要与他们做生意,必须学会忍耐。但要注意的是,法国人对于别人的迟到往往不予原谅,对于迟到者,他们都会很冷淡地接待。因此,如果你有求于他们,那就千万别迟到。

5)谈判任务大多由一人承担

每个法国人所担任的工作范围很广,能精通好几个专业,一个人可以应付很多工作。所以,法国人大都着重依赖自己的力量来完成任务,而很少考虑集体的力量。因此,在商务谈判时,大多由一人承担谈判任务,并且负责决策,所以谈判能够迅速完成。

6)手法多样

法国商人谈判时思路灵活、手法多样,为促成交易,他们常常会借助行政、外交等手段。

7)重视商品质量,穿着考究

法国商人对商品的质量要求十分严格,条件比较苛刻,同时他们也十分重视商品的美感,要求包装精美。法国人一直认为法国是精美商品的世界潮流领导者,巴黎的时装和香水就是典型代表。因此,他们在穿戴上都极为讲究。在他们看来,衣着可以代表一个人的修养与身份。所以,在谈判时,稳重、考究的着装会带来好的效果。一般而言,男性应该穿深色西服,女士应该选择一些美观大方或者相对保守一些的服装和饰品。

5. 北欧商人的谈判风格

1)平静

在谈判中,北欧商人比美国人和德国人显得平静得多。在谈判开始的寒暄阶段,常常表现为沉默寡言、冷静沉稳。他们从不激动,讲话慢条斯理。所以,在谈判初期阶段,他们容易被对方压服。

2)坦率

北欧商人在开场陈述时和摸底阶段都十分坦率和直率,愿意让对方知晓他们的立场和想法,苏兰人和挪威人都有这种特点;瑞典人也这样行事,但他们受美国人的影响很深,并具有瑞典人特有的官僚主义特色。

3)擅长提出建设性意见

北欧商人擅长提出建设性意见,作出积极的决策。但他们不像美国人和德国人那样,在出价阶段谈得很出色,也不像美国人那样善于讨价还价,而是比较固执己见。

6. 阿拉伯商人的谈判风格

1)重视谈判的初期阶段

阿拉伯人比较重视谈判的初期阶段,在这个阶段,形成谈判的气氛或打破沉默的过程要持续较长的时间,双方经过相互摸底之后,才进入正题,开始对所交易的问题进行讨论。

在谈判结束、顺利成交之后,你要有礼貌地对阿拉伯人的慷慨好客表示感谢,约定下次拜访的时间。

2）习惯讨价还价

阿拉伯人有个习惯就是做生意喜欢讨价还价,认为没有讨价还价就不是一场"严肃的谈判"。无论地摊、小店、大店均可以讨价还价。标牌价仅是卖主的"报价"。不还价即买走东西的人,还不如讨价还价后什么也没买的人受卖主的尊重。不过,对阿拉伯人的讨价还价要注意两类不同做法的人:漫天要价的人与追求利润的人。前者喜欢冒叫一声,你可以就地还价,大刀阔斧;后者虽有余地,但其目的主要在追求适当利润,应当适度还价,或者仅在还价立场上做文章。

3）追求小团体利益

阿拉伯民族受欧美文化影响很深,但仍保持了穆斯林的鲜明特征、沙漠人和非洲人的特性:他们以宗教划派、以部族为群,追求小团体或个人利益。

7. 非洲商人的谈判风格

非洲是面积仅次于亚洲的世界第二大洲,东临印度洋,西濒大西洋,北隔地中海与欧洲相望,地理位置十分重要。非洲大陆有 50 多个国家,近 6 亿人口,绝大多数国家属于发展中国家。

按地理习惯,非洲可分为北非、东非、西非、中非和南非 5 个部分,不同地区、不同国家的人民在民族、历史、文化等方面的差异极大,因而他们在生活、风俗、思想等方面也各具特色。其谈判风格有以下几种。

1）重视禁忌

非洲各国内部存在许多部族,各部族之间的对立意识很强,其族员大都倾向于为自己的部族效力,对于国家的感情则显得淡漠。非洲人有许多禁忌需要注意。例如,他们崇尚丰盈,鄙视细腰,因此在非洲妇女面前,不能提"针"这个字。又如,非洲人认为左手是不洁的,因此尽管非洲商人也习惯见面握手,但千万注意别伸出左手来握,否则会被视为对对方的大不敬。

2）权力意识强

非洲人的权力意识很强,每个拥有权力的人,哪怕是极小的权力,都会利用它索取财物。在非洲,利用采购权吃回扣的事也屡见不鲜。因此,去非洲做生意,谈判者应当注意用"吃小亏占大便宜"的方法,以小恩小惠来取得各环节有关人士的信任和友谊,才可能使交易进展顺利。

3）文化素质较低

由于历史的原因,非洲人大部分文化素质较低,有些从事商务谈判的人员对业务并不熟悉,因此与其洽谈时,应把所有问题乃至各个问题的所有细节都以书面形式确认,以免日后产生误解或发生纠纷。另外,在非洲还要避免与那些"皮包商"做生意,他们往往只为骗取必要的许可证再转卖出去,或为了拿到你提供的样品,主动找你谈生意并一口答应你的条件和建议,得手后便逃之夭夭。非洲国家的法制不健全,因此很难依靠法律来追究他们的责任。

8．俄罗斯商人的谈判风格

1）节奏缓慢

俄罗斯商人进行谈判时的主要特点是节奏缓慢，效率远不如美国人高。

2）善于讨价还价

俄罗斯商人非常看重价格，无论对方报价多低，他们都不会接受对方的首轮报价，而且俄罗斯商人迫使对方让步的能力极强。他们通常使用的方法有三种：第一是"欲擒故纵"，宣称对方的竞争对手给出了更低的价格；第二是"虚张声势"，通过敲桌子甚至拂袖而去来表示不满或抗议；第三是"降价求名"，承诺如果降价了以后会增加订单。其实，这些都只是他们迫使对方让步的小伎俩罢了，谈判者最好不要相信，不为所动，不然会为自己的行为后悔的。

3）注重社会地位

由于早期一直受到官僚主义的影响，俄罗斯商人比较注重谈判对手的社会地位，并针对不同地位的人采取不同的对策。

4）对技术细节感兴趣

俄罗斯商人非常重视产品设计的技术细节和索赔条款，索要的东西也包罗万象，所以与俄罗斯人进行谈判时要有充分的准备，必要时可以配备技术专家，同时要十分注意合同用语，不能随便承诺不能做到的条件。除此之外，对合同中的索赔条款也要十分慎重。

5）固守传统，缺乏灵活性

苏联是高度计划经济体制的国家，这种过去的体制导致俄罗斯人在商务谈判中一切按计划行事，一旦有了计划就难以再作出改变。

9．日本商人的谈判风格

1）情报意识强

日本人的情报意识非常强，他们在谈判之前广泛地收集情报，并以情报为依据作出决策。

2）团体倾向强

日本人的特点是慎重、规矩、礼貌、团体倾向强烈，有强烈的团体生存和发展的愿望。有这样一个说法：一个日本人是一条虫，三个日本人是一条龙，指的就是日本人的团体精神非常强烈。在谈判活动中，日本人非常讲究谈判小组成员之间的密切配合与协调。

3）时间观念强

日本商人的时间观念极强，生活节奏快，这是日本社会激烈的竞争造成的。

4）强调人际关系

在日本社会中，特别强调秩序和人际关系。日本商人喜欢在正式谈判之前先与谈判对手进行接触，以了解对手、增进感情、促进成交，而这种接触往往通过朋友或适当的人进行介绍。

5）喜欢兜圈子

日本商人在谈判中通常不会坦率、明确地表态，讲话喜欢兜圈子，不愿言简意赅地表达思想，这常常使对方摸不着头脑；他们有时报价中的水分极大，常使谈判对手产生含糊不清、模棱两可的印象甚至产生误会，因此谈判对手常会感到急躁不安。

6）忍耐力强

日本商人是典型的"硬壳"思维结构。在谈判中表现为耐心十足,忍耐力很强,在谈判过程中擅长采用"蘑菇战术"和"车轮战术"。他们在拖延中想方设法了解对方的真实意图,你若急于求成,他就乘机抬价或压价,把对方弄得筋疲力尽。日本人在签订合同之前一般极其谨慎,习惯于对合同做详细审查并且在内部做好协调工作,这就需要一个较长的过程,但一旦作出决定,日本商人都能重视合同的履行,履约率很高。

因此,与日本人谈判要有足够的耐心,事先要有人介绍,在合同签订之前必须仔细审查合同,含义不清的地方必须明确,以免日后造成纠纷。

7）注重人际关系

在以往人们的印象中,日本商人精于算计、惯于施计,但大多数日本商人却认为信任是合作成功的重要媒介,他们注重建立和谐的人际关系。日本人把与谁做生意同怎样做生意看得同样重要。他们往往将相当一部分时间、精力花在人际关系中,愿意与熟悉的人做生意并建立长期友好的合作关系。他们不习惯直接的、纯粹的商务活动,如果有人不愿意开展人际交往活动而直接进入实际性的商务谈判活动,那他就会欲速则不达。因此,要与日本人进行良好的合作,建立相互之间的信任是十分重要的。双方一旦建立了可以相互信赖的关系,几乎可以轻松签订合同。

8）讲究礼仪

因为受到礼仪之邦中国的影响,日本人非常注重礼节。日本人所做的一切,都要受严格的礼仪约束。如果外国人不适应日本人的礼仪,或表示出不理解、轻视,那么他就不大可能在推销和采购业务中引起日本人的重视,更不可能获得他们的信任与好感。

与日本人谈判,交换名片是一项绝不可少的仪式。所以,谈判之前,把名片准备充足是十分必要的。因为在一次谈判中,你要向对方的每一个人递送名片,绝不能遗漏任何人。日本人十分看重面子,所以你最好把名片拿在手中,反复仔细确认对方名字、公司名称、电话、地址,既显示了你对对方的尊重,又记住了主要内容,表现得从容不迫。

9）重视身份地位

日本人十分重视人的身份地位。在日本社会中,人人都对身份地位有明确的概念,而且在公司中,即使在同一管理层次中,职位也是不同的。这些极其微妙的地位、身份的差异常令西方人摸不着头脑,但是,每个日本人却非常清楚自己所处的地位以及该行使的职权,知道如何谈话办事才是正确与恰当的言行举止,在商业谈判场合更是如此。

10）要面子

要面子是日本人最普遍的心理。这在商务谈判中表现最突出的一点就是日本人从不直截了当地拒绝对方。

10. 韩国商人的谈判风格

韩国商人的谈判风格在很多方面与邻近的中国和日本相似,但是在很多方面又有差异。

1）重视谈判前的准备

韩国商人十分重视商务谈判的准备工作。在谈判前,通常要对对方情况进行详细的了解。他们一般是通过海内外的有关咨询机构了解对方情况,如经营项目、规模、资金、经营作风以及有关商品行情等。如果对对方缺乏一定程度的了解,他们是不会与对方一同坐在谈判桌前的。而一旦同对方坐到谈判桌前,那么可以充分肯定韩国商人已经对这场谈判进行了周密的准备,胸有成竹了。

2)注意选择谈判地点和营造谈判气氛

韩国商人十分注意选择谈判地点,一般选择有名气的酒店、饭店会晤。会晤地点如果是韩国方面选择的,他们一定会准时到达。如果是对方选择的,韩国商人则不会提前到达,往往会推迟一点到达。在进入谈判地点时,一般是地位最高的人或主人走在最前面,因为他也是谈判的拍板者。韩国商人十分重视会谈初始阶段的气氛。一见面就会全力创造友好的谈判气氛,见面时总是热情打招呼,向对方介绍自己的姓名、职务等。落座后,当被问及喜欢喝哪种饮料时,他们一般选择对方喜欢的饮料,以示对对方的尊重和了解。然后,再寒暄几句与谈判无关的话题,如天气、旅游等,以此创造一个和谐的气氛。然后,才正式开始谈判。

3)喜欢条理化

韩国商人逻辑性强,做事喜欢条理化,谈判也不例外。所以,在谈判开始后,他们往往会与对方商谈谈判主要议题。谈判的主要议题虽然每次都不同,但一般须包括下列五个方面的内容,即阐明各自意图、叫价、讨价还价、协商、签订合同。尤其是较大型的谈判,他们往往是直奔主题,开门见山。他们常用的谈判方法有两种,即横向谈判与纵向谈判。前者是进入实质性谈判后,先列出重要特别条款,然后逐条逐项进行磋商;后者即对共同提出的条款逐条协商,取得一致后,再转向下一条的讨论。有时他们也会两种方法兼而用之。

4)善于讨价还价

在谈判过程中,韩国商人远比日本人爽快,但非常善于讨价还价。有些韩国商人直到最后一刻,仍会提出“价格再降一点”的要求。他们也有让步的时候,但目的是在不利形势下,以退为进来战胜对手。这充分反映了韩国商人在谈判中的顽强精神。

5)注重关系

大多数韩国公司认为,最终写出来的合同没有双方之间的关系重要。对他们而言,法律协议和意愿的表达是相似的,所以在情况发生变化的时候,他们会试图重新就合同内容进行谈判。

11. 新加坡商人的谈判风格

新加坡的经济很发达,被誉为“亚洲四小龙”之一。新加坡总人口中,华人占70%以上,其次是马来人、印度人、巴基斯坦人等。新加坡华裔有着浓重的乡土观念,同甘共苦的合作精神非常强烈,他们的勤劳能干举世公认。他们注重信义、友谊,讲面子,在商业交往中十分看重对方的身份、地位及彼此的关系。对老一辈华侨来说,“面子”在商业洽谈中具有决定性意义,因此,与其谈判要尽可能以体面的方式进行。在交易过程中,遇到重要决定,新加坡华人往往不喜欢签订书面字据,但是一旦签约,他们绝不违约,并对对方的背信行为十分痛恨。

12. 泰国商人的谈判风格

泰国是亚太地区的新兴发展中国家,20世纪70年代以来,泰国经济发展十分迅速,目前的发展重点是农业、机械制造业、交通运输业、水利、电力、建筑业、服务业和对外贸易。泰国的国内市场以曼谷及其周围地区为中心,比较集中,市场条件较好,而且泰国政府为外商提供了优惠的投资环境。对中国商务人员而言,中泰关系良好,贸易前景光明。控制泰国一些产业的虽多为华裔,但泰国华裔已消除了与其他民族之间的隔阂,完全融入泰国的民族大家庭中,没有形成华裔自成一体的现象。泰国商人崇尚艰苦奋斗和勤奋节俭,不愿过分依附别人,他们的生意也大都由家族控制,不信赖外人。在泰国,同业之间会互相帮助,但却不会形成一个稳定的组织来共担风险。与泰国商人进行商务谈判时,要尽可能多地向他们介绍个人及公司的创业历程和业务开展情况,以获得他们的好感。与泰国商人结成推心置腹的朋友关系要费相当的时间和努力,而一旦建立友情,他们就会信任你,遇到困难也会给你以帮助。他们喜欢的是诚实、善良和富有人情味的人。

五、跨文化商务谈判中的沟通策略

综上所述,在跨文化商务谈判中,文化因素会给谈判活动带来种种障碍。因此,要取得谈判的成功,我们只有尊重对方的文化并了解自己文化与对方文化的差异,发现导致彼此误解或对立的原因,才能找到建设性的沟通渠道,有效地实现跨文化沟通,有针对性地调整谈判策略和节奏,把握谈判的方向和进度,实现谈判的成功。

(一)做好谈判前的准备工作

谈判者要在复杂的局势中左右谈判的进程,必须做好充分的准备工作,只有做好充分准备,才能在谈判中随机应变,灵活处理,避免谈判中矛盾的升级和冲突的激化。由于跨文化商务谈判涉及面广,要准备的工作也多,一般包括谈判者和谈判对手的分析、谈判班子的组成、精心拟定谈判目标策略,必要时还要组织模拟谈判。

谈判准备中,谈判者要在对自身情况做全面分析的同时,设法全面了解谈判对手的情况。自身分析主要是进行项目的可行性分析,对对手情况的分析包括对手实力(资信情况)、对手所在国(地区)政策法规、商务习俗、风土人情以及对手的人员状况进行分析。

谈判前所有的准备工作都必须考虑到可能出现的文化差异。例如,在场地的布置上,文化差异可能对合作产生微妙影响;在等级、地位比较强的国家和地区,座位、房间的安排必须考虑周全,否则可能引起对方的不安或者不满。对于谈判本身,虽然谈判的对方不是敌人,但肯定会有利益上的冲突,要谨慎地对待文化上的差异,避免产生不必要的麻烦,因此,谈判前的准备工作十分重要,必须高度重视。

🔧 小案例6-7 罗拉的谈判准备

罗拉是美国某妇女服饰公司的销售部经理,她受命在下周接待西班牙客户本·贝克,并负责进行业务谈判。罗拉为谈判做了精心的准备,她的准备工作主要有以下几项。

第一,了解西班牙人的习惯,安排好下榻的宾馆,提供专门的陪伴人员和专车。她尽量按西班牙的生活方式来安排起居,使客户生活得比在家中还要舒适。

第二,从接待规格、尊敬礼貌、谈判排场、娱乐消遣等方面让客户明白其所受的待遇是一流的。

第三,收集市场上同类产品的品质、价格与本公司产品对比,准备用事实说明本公司的产品品质与性价比是最佳的,并适当安排客户了解市场情况。

第四,提供本公司部分成功交易的数据,让客户了解为什么其他买主也做了相同的选择。

第五,出示权威和专家的鉴定,并由公司技术设计部提供品质保证书。保证如果日后有任何问题,绝对负责到底。

第六,根据有关资料,罗拉了解到本·贝克是个雄心勃勃的"正派人"。他精力充沛,性格外向,喜欢打棒球。他的事业蒸蒸日上,正处在兴旺时期。他个人的需要是成功与名声。

第七,与有关媒体联系,择机发布本·贝克到来的新闻,并视本·贝克先生本人的意愿组织采访。

第八,邀请本·贝克出席本地棒球比赛。

由于准备工作比较充分,在之后的谈判中,一切进行得很顺利。

(二)增强跨文化意识,正确对待文化差异

跨文化的谈判者必须增强跨文化谈判意识,具备足够的敏感性,认识到不同文化背景的谈判者在需求、动机、信念上的不同,学会接受、尊重对方的文化习惯和风俗。西方社会有一句俗语,"在罗马,就要做罗马人"(In Rome,Be Romans),其意思也就是中国的"入乡随俗"。在跨文化商务谈判中,"把自己的脚放在别人的鞋子里"是不够的。谈判者不仅要善于从对方的角度看问题,而且要善于理解对方看问题的思维方式和逻辑。任何一个跨文化谈判活动中的谈判人员都必须要认识到,文化是没有优劣的。此外,还必须尽量避免模式化地看待另一种文化的思维定式。美国跨文化学者大卫·卡尔提出了跨文化道德行为的四条原则:第一,对不同文化的人采取他们希望得到的尊敬态度;第二,尽可能准确地描述你所感受到的世界;第三,鼓励其他文化的人用他们独特的方式表达自己;第四,努力寻找同其他人的共同点。

(三)正确运用谈判语言技巧

1. 语言技巧在跨文化商务谈判中的地位和作用

跨文化商务谈判的过程是谈判双方运用各种语言进行洽谈的过程。在这个过程中,商务谈判对抗的基本特征,如行动导致反行动、双方策略的互含性等都通过谈判语言集中反映出来。因此,语言技巧的使用往往决定着双方的关系状态以至谈判的成败,其地位和作用主要表现在以下几个方面。

1) 语言技巧是商务谈判成功的必要条件

美国企业管理学家哈里·西蒙曾说,成功的人都是一位出色的语言表达者。同理,成功的商务谈判都是谈判双方出色运用语言技巧的结果。在商务谈判中,同样一个问题,恰

当地运用语言技巧可以使双方听来饶有兴趣,而且乐于合作;否则可能让对方觉得是陈词滥调,产生反感情绪,甚至导致谈判破裂。面对冷漠的或不合作的强硬对手,通过超群的语言艺术处理,能使其转变态度,这无疑为商务谈判的成功迈出了关键一步。因此,成功的跨文化商务谈判有赖于成功的语言技巧。

2)语言技巧是处理谈判双方人际关系的关键环节

跨文化商务谈判对抗的行动导致反行动这一特征,决定了谈判双方的语言对彼此的心理影响及其对这种影响所作出的反应。在跨文化商务谈判中,双方人际关系的变化主要通过语言交流来体现,双方各自的语言都表现了自己的愿望、要求。当这些愿望和要求趋向一致时,就可以维持并发展双方良好的人际关系,进而达到皆大欢喜的结果;反之,可能使这种人际关系解体,严重时会导致双方关系的破裂,从而使谈判失败。因此,语言技巧决定了谈判双方关系的建立、巩固、发展、改善和调整,从而决定了双方对待谈判的基本态度。

3)语言技巧是阐述己方观点的有效工具,也是实施谈判技巧的重要形式

在跨文化商务谈判过程中,谈判双方要把己方的判断、推理、论证的思维成果准确无误地表达出来,就必须出色地运用语言技巧这个工具。同样,要想使自己实施的谈判策略获得成功,也要出色地运用语言技巧。

2.正确运用谈判语言技巧的原则

1)客观性原则

谈判语言的客观性是指在跨文化商务谈判中,运用语言技巧表达思想、传递信息时,必须以客观事实为依据,并且运用恰当的语言,向对方提供令人信服的依据。这是一条最基本的原则,是其他一切原则的基础。离开了客观性原则,即使有三寸不烂之舌,或者说不论语言技巧有多高,都只能让谈判成为无源之水、无本之木。

从供方来讲,坚持客观性原则主要表现在:介绍本企业情况要真实;介绍商品性能、质量要恰如其分,可以出示样品或进行演示,还可以客观介绍一下用户对该商品的评价;报价要恰当可行,既要努力谋取己方利益,又要不损害对方利益;确定支付方式要充分考虑到双方都能接受、双方都较满意的结果。从需方来说,谈判语言的客观性主要表现在:介绍自己的购买力时不要水分太大;评价对方商品的质量、性能时要中肯,不可信口雌黄,任意褒贬;还价时要充满诚意,如果提出压价,其理由要有充分根据。

如果谈判双方均能遵循客观性原则,就能给对方真实可信和以诚相待的印象,可以缩小双方立场的差距,使谈判的可能性增加,并为今后长期合作奠定良好的基础。

2)针对性原则

跨文化商务谈判语言的针对性是指根据谈判的不同对手、不同目的、不同阶段的不同要求使用不同的语言。简言之,就是谈判语言要有的放矢、对症下药。要提高谈判语言的针对性,必须做到以下三点:第一,根据不同的谈判对象,采取不同的谈判语言。不同的谈判对象,其身份、性格、态度、年龄、性别等均不同。在谈判时,必须认识到这些差异。从谈判语言技巧的角度看,谈判者对这些差异透视得越细,洽谈效果就越好。第二,根据不同的谈判话题,选择运用不同的语言。第三,根据不同的谈判目的,采用不同的谈判语言。

3. 跨文化商务谈判中的语用策略

1）礼貌策略

礼貌在维护和谐的人际关系中起到积极的作用。中国学者何兆熊认为：策略是礼貌的根本，礼貌地使用语言是得体地使用语言的一个因素。得体的语言受社会因素制约，语言的礼貌程度也同样受到社会因素的制约。礼貌原则强调说话要看对象，要注意言行的时间和场合，同时，还应注意言语的表达和效果，要恰到好处。不严谨的言语会冒犯他人，但过于礼貌则让人感到虚伪。在跨文化商务谈判过程中，把握好礼貌得体这一语用策略，就能获得事半功倍的谈判效果。例如：请报旧金山最低到岸价；感谢贵方的密切合作；如贵方将交货日期提前至 6 月中旬，且做一次性装运，我方当十分感谢；得知贵方对此报盘不感兴趣，深表遗憾；等等。

愉快、感谢和遗憾都属于礼貌语言，能创造友好的气氛，使谈判成功。谈判活动中使用的礼貌用语涉及问候语、致谢语、致歉语、邀约语、馈赠语，以及如何进行谈判的交涉用语、讨价还价用语、妥协让步用语等。

2）委婉策略

委婉语是对令人不快或不够尊敬的事实、概念等不明确说出，代之以能使人感到愉快的含糊修辞表达手法。它是为了在言语交际中达到理想的交际效果和个人目的而采用的一种会话策略。在跨文化商务谈判中的许多环境下可运用此策略，如遇到机密、不友好言行或活动场合等不宜直接陈述时，可以采用暗含委婉的策略间接地表达。这可以保留双方面子，避免正面冲突，制造友好气氛。另外，跨文化商务谈判有些话语虽然正确，但却令对方难以接受，直白的话语不能取得较好的效果，此时就需要采用委婉语。委婉的语用策略强调"言有尽而意无穷，余意尽在不言中"，让人领会弦外之意。例如：你说的大部分事情我都同意（言外之意是还有一些事情我不同意）。

总之，委婉语是一种营造和谐氛围、建立良好人际关系、确保语言交际顺利进行的常见言语手段，能达到理想的交际效果。

3）幽默策略

格赖斯总结了合作原则的四个准则：量的准则、质的准则、关系准则、方式准则。在现实交际中，人们并不总是遵守这些原则，恰恰相反，人们总是有意无意地违反这些原则，并往往导致说话者的主观意图与客观效果之间的不一致。这种不一致往往是导致会话幽默的一个重要因素。下面这个故事中，餐厅服务员故意违反了质的原则，用幽默策略避免了难堪局面的出现。

小案例 6-8　剃须还是剪发

一位顾客坐在一家时髦整洁的餐馆桌旁，将餐巾围在颈部，这个举动惹恼了餐厅经理，他叫了一位服务员并告诉他："要策略地使他明白那样做不行。"聪明细心的服务员对顾客说："对不起，先生，请问你是要剃须还是剪发？"

在跨文化商务谈判的语用行为中，幽默语的作用体现在：首先，诙谐幽默的语言能使

严肃紧张的气氛变得容易让人接受,使谈判气氛顿时活跃起来。即使在唇枪舌剑的论辩和激烈竞争的讨价还价中,幽默的言语也能极为有力地批驳谬误、明辨是非、说服对方。其次,幽默的语用策略能体现谈判者具有较高文化修养和较强的驾驭语言的能力。总之,幽默的语用功能在于创造良好的谈判气氛,传递感情,使谈判人员在心理上得到享受,提高谈判的效率,使错综复杂的谈判活动在愉快的气氛中顺利进行。

4)模糊策略

语言的模糊性质很早就引起语言学家的注意。语言模糊性即词语所指范围边界的不确定性。模糊性是人类语言的客观属性,前述我们讲过,商务英语谈判语言的特点主要是准确简洁,但语言的精确性并不排斥其模糊性。在商务英语谈判中,为了增强语言的感染力,可以使用模糊语用策略把输出的信息模糊化,避免过于确定,让谈判者进退自如,避免谈判陷入僵局。

一般来说,语言的模糊性是通过使用模糊词语和句法结构来体现的,即使用模糊信息传递语言内涵,如日常生活中的时间词、颜色词、年龄词、象声词等;可分等级的词,如可分等级的形容词或副词等。

例如:

① We'll contact our manufacturers and do what we can to advance the time of delivery.(我们会联系厂家,将交货时间尽量提前。)

② We have always insisted on the principle of "equality and mutual", but we have adopted much more flexible approaches in our practices nowadays.(我们一直坚持"平等互利"的原则,但在现今实践中,我们采取了灵活得多的方式。)

③ I don't think my clients would accept your price. We are not playing in the same ballpark at this price.(我不觉得我的客户会接受你的价格。如果是这个价格,那我们谈不到一块去。)

上述三个句子中提到的"do what we can to advance the time of delivery"、"much more flexible approaches"、"not playing in the same ballpark"都是常用的模糊词语,向对方传达的是一种不具体的模糊信息。

再如:

④ We are sorry to learn that the shipment of your order of June 12, when having reached you, did not correspond with your order. We have had our records gone over thoroughly and are not able to find where the mistake crept in. However, the matter must be straightened out to your satisfaction at once. We just ask for a few days to deal with this matter. Return at our expense the goods, which you have received. Just as soon as they reach the house we will have a new and correct shipment made up and sent to you in no time.(得知您那笔六月十二日的订单收到货后发现实物与订单不符,我们很抱歉。我们仔细检查了订单记录,但没有显示任何异常。无论如何,这个问题我们将尽快解决,使您满意。我们只希望能多几天的时间来处理此事。请您退回货已收到的货物,邮费由我方承担。我们一收到货,将立刻为您重新安排正确的配送。)

例④中,"at once""for a few days""as soon as""in no time"都是意思表达比较模糊

的词语,"马上""几天""即刻发货"都没有具体说明日期,一是解决问题需要几天还缺少具体的信息,二是不说得太具体可以给自己留有余地。

⑤ We have examined all items one by one, and found nearly each of them was leaking more or less.(我们逐一检查了商品,发现几乎每一件都多少有渗漏的情况。)

例⑤是买方关于卖方包装低劣的投诉。出于礼貌及不威胁到对方的面子,买方用了"nearly each of them(几乎每件)""more or less(或多或少)"的模糊表达抱怨,使对方不至于过分为难、尴尬,并为对方积极主动地解决问题提供可能。

上述例句都运用了模糊用语策略,它的含义很广,没有明确的界限。

在跨文化商务谈判中,首要的是要保持和谐的气氛,避免制造紧张局势,有时甚至要挽救对方的面子。当正面冲突发生时,使用模糊语言是最有效的方法。

5)赞美策略

赞美策略在跨文化商务谈判中也能起到使双方关系融洽的作用。从语用策略上考虑,只要对方说出的话语有利于双方关系的拉近,有利于双方对谈判意图的理解,都应予以赞美。真诚的赞美既可缩短谈判双方的心理距离,又可以融洽气氛,有利于达成协议。赞美的方式多种多样,可以是直接的,也可以是间接的。运用赞美语用策略时应恰如其分,要注意如下几点:选择的赞美目标应是对方熟知的,并以为是最值得赞美的人或事;讲究赞美方式,尊重谈判对方人员的个性、个人意识;重视被赞美者的言行、情绪及心理反应;赞美的话要具体、明确。

(四)注意非语言沟通的差异

在跨文化商务谈判中,非语言沟通也是一个需要重视的方面。谈判者在实践中要注意自己的肢体语言,要善于观察,注意揣摩对方的手势、语调、沉默、停顿和面部表情的含义,认真学习和及时总结,不断积累和丰富阅历,从而避免导致歧义和误解。

(五)善于倾听,做到少说多听

跨文化商务谈判实际上是一种对话,在这个对话中,双方说明自己的情况,陈述自己的观点,倾听对方的提案、发盘,并做反提案、还盘、互相让步,最后达成协议。成功的谈判者在谈判时会把50%以上的时间用来听,他们边听、边想、边分析,并不断向对方提出问题,以确保自己完全正确地理解对方。

(1)要尽量鼓励对方多说。向对方说"yes"(是的)"please go on"(请继续),并提问题请对方回答,使对方多谈他们的情况。

(2)巧提问题。可以用开放式的问题来了解进口商的需求,鼓励进口商自由畅谈。"Can you tell me more about your company.""What do you think of our proposal."("能多提供一些关于你公司的信息吗?""你觉得我们的提议怎么样?")

在谈判独家经营代理权的合同事宜时,如果我们想摸清对方在什么条件下才将独家经营代理权交给我们,我们可以提议:"What if we agree to a four-year contract? Would you give us exclusive rights as your agent in our city?"("如果我们同意签四年的合同呢?你们能授权我们在我们的城市做独家代理吗?")对方也许会回答:"We would be ready to give you exclusive rights provided you agree to a ten-year contract.”（如果你们同意签十年的合同，我们可以授权。）这样，我们就可以判断对方关心的是否是长期合作。这些信息对往后的谈判很有帮助，会大大增加谈判成功的机会。

（3）对外商的回答，把重点和关键问题记下来以备后用。进口商常常会问："what do you think of our proposal?"（你觉得我们的提议怎么样?）对此不要让步，而应反问："What is meant by better?"或"Better than what?"（"更好指的是什么意思"或"更好，是相较于什么而言"）使进口商说明他们究竟在哪些方面不满意。进口商也许会回答："Your competitors are offering better terms."（你的竞争者给出的条件更好。）

（4）使用条件问句。用更具试探性的条件问句进一步了解对方的具体情况，以修改我们的发盘。典型的条件问句有"what...if"，和"if...then"这两个句型。例如："what would you do if we agree to a two-year contract."及"if we..."（如果我们同意签订两年的合同，你们会怎么做?）

（六）制定灵活的谈判策略，掌握与不同国家和地区的商人谈判的技巧

前面我们谈到，不同文化造就不同的行为、性格，形成不同的谈判风格，不同的谈判风格主要表现在谈判过程中的行为、举止和实施、控制谈判进程的方法和手段上。要想在商务谈判中不辱使命，稳操胜券，就必须根据世界各国商人的谈判风格，采取灵活多变的谈判方式。例如，在与欧美国家的商人谈判时，如果有不同意见，最好坦白地提出来而不要拐弯抹角。表示无法赞同对方的意见时，可以说：I don't think that's a good idea.（我不认为那是个好主意。）或者 Frankly, we can't agree with your proposal.（坦白地讲，我无法同意您的提案。）；如果是拒绝，可以说：We're not prepared to accept your proposal this time.（我们这一次不准备接受你们的报价）；有时，还要说明拒绝的理由，如：We would like to point out that your price is somewhat on the high side. As you know, black tea of similar quality from China is available in the world market at a price 15% lower than yours.（我们要指出，你方的价格有点偏高。正如你所了解的，市场上中国生产的相同品质的红茶要比你方的价格低 15%。）如果对手来自受男权文化影响的阿拉伯世界，那在谈判之前及谈判间隙为营造气氛的闲谈中，都不可以涉及妇女问题，更不可以派女性作为商务代表，而且开门见山并不是收效很好的谈判开局策略。而要得到新加坡谈判对手的合作，则需要加深与对方谈判成员的私人交往，努力强化人际关系，可适时、适量赠送礼物作为联系的纽带，而且谈判之余和谈判结束都要经常和对方保持联系。美国人的性格豪爽，他们与别人结识不久，就会像多年的好友那样亲热，他们个性果断、自信，喜欢与"高手"——与自己同样精明的谈判者交往，从而获得利益。遇到同样自信和多谋的对手时，他会油然生出敬意，这更易于洽谈的顺利进行。所以在与美国人打交道时，应充分利用美国人豪爽这一特点，诚挚热情地与他们交往，这样很容易创造和谐的气氛，加速谈判进程，创造成功的机会。否则，会增加误会或导致失败。当然，还可以利用他们自信、滔滔不绝的个性了解其真实情况，在其滔滔不绝的陈词中找到有价值的信息，弄清目标内容，探听虚实，谋划对策。另外，可利用美国人喜欢与"高手"交往的特点，即喜欢"棋逢对手"，采取针锋相对、以牙还牙的策略，这样不仅不会遭到对方的反感，反而会博得对方的赏识。

（七）谈判后要针对文化差异搞好后续交流

谈判后管理涉及合同管理及后续交流行为。首先，就合同管理而言，在那些注重人与人之间关系的国家如中国，其争端的解决往往不完全依赖法律体制，而常常依赖双方间的关系。在这些文化中，书面合同很短，主要用来描述商业伙伴各自的责任。而西方国家如美国，它们一般将合同签订仪式视作既浪费时间又浪费金钱的举动，所以合同常常是通过寄发邮件来签订的。其次，就后续交流而言，美国文化强调把"人和事区分开来"，所以不太注意后续交流。而在东方国家如日本，保持与大多数外国客户的后续交流被视作国际商务谈判的重要部分。他们在合同签订很久以后，仍然会进行信件、图片和互访等交流。

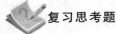 **复习思考题**

1. 跨文化商务谈判的特点是什么？
2. 文化因素对跨文化商务谈判的影响表现在哪些方面？
3. 美国、英国、法国、德国、日本、俄罗斯商务人士的谈判风格有何不同？
4. 跨文化商务谈判的沟通策略有哪些？

 思考案例

一次失败的商务谈判

康沃公司是加拿大一家生产印刷设备的公司。2004年秋，公司派总裁查理·波顿和市场部主任菲比·瑞内斯到上海北部的一座小城市与一家中国印刷设备公司商谈合作事宜。这家中国公司的总裁李经理亲自到上海虹桥机场接机，然后驱车90公里来到公司所在的小城，安排两位客人住在一个豪华的星级宾馆里。几小时后，主人设盛宴招待他们，当地一些重要政府官员亲自出席宴会，对加拿大客人表示热烈欢迎。这种红地毯式的待遇令波顿和瑞内斯十分兴奋，并对销售前景充满期待。

第二天上午，中方为他们安排了一次观光游览活动。波顿迫切地想开始谈判进程，但午饭后中方却安排他们休息。下午，一个能说会道的中方雇员告诉他们说晚上将安排他们去看歌舞演出。

第三天，双方终于可以坐下来谈判了，但进展非常缓慢。中方代表首先详细介绍自己公司的情况，加方却认为这些信息与销售毫无关系。中方提供了翻译人员，虽然翻译的热情友好使加方感到很舒适，但翻译环节却延缓了沟通进程。中方代表还花大量时间谈论之前曾来过这个小城的加方贸易代表并问及他的近况。波顿从未见过这位贸易代表，所以无话可说。当轮到加方进行陈述时，他们惊讶地发现竟有10个中方代表隔桌相坐。波顿和瑞内斯准备了充足的数据来证明5年之内他们公司的产量将会翻一倍，中方代表不停地微笑并点头赞许。

第四天，中方代表又增加了4人，并让加方再次解释已经陈述过的数据，加方代表开始觉得沮丧。特别是当中方让他们解释有关技术方面的细节时，由于波顿和瑞内斯均未参与如此高技术含量的活动,而且这是此设备的核心问题,所以,他们只能尽其所能地进行解释,之后才疲惫地回到了宾馆。

第五天,中方代表中的一员指出波顿和瑞内斯所陈述的内容与加拿大生产总监和工程师所说的不一致。午餐时,波顿和瑞内斯迅速向加拿大总部发送传真索取技术方面的细节和数据。但是,下午的情景令波顿和瑞内斯有点不安:谈判过程中,一位中年女性匆忙进入谈判室与中方谈判领导耳语,随后该领导立即起身离开,没有任何人对此作出解释。

第六天,加方收到了总部发来的传真,双方就上一个问题再次进行磋商,但进展依旧十分缓慢。中方很欣赏加方的高质量产品,但是担心一旦产品损坏,他们不会维修。因此,他们希望加方能提供维修培训方面的服务,但加方却认为他们的设备不会有质量问题,即使出现问题,中方完全有能力维护此设备。而且,如果派专人在中方工作数周或数月将会增加成本开支,他们将无法承受。

最终,谈判进入实质性阶段——价格。这是最艰难的阶段。中方要求加方给予20%的折扣,加方认为这种要求太过分,他们坚持原来的报价,并认为此价格非常合理公道,但在滚筒部件上可以给予3%的折扣。

尽管之前加方代表听说在中国进行商务谈判会颇费时间,但他们认为一周的时间是足够宽裕的。但是再有两天他们就要回国了,事情还没有确定下来,他们开始询问:究竟是什么原因使双方达不成协议?他们需要再就什么问题做进一步讨论?而且,最后的谈判过程中他们竭力促使中方讨论未解决的关键问题,但中方似乎并不愿意这么做。最后,波顿和瑞内斯失望地回国了,但他们还希望双方通过传真或邮件进一步讨论销售事宜。

两周后,加方惊愕地得到消息:中方已经从日本生产商手中买下了此设备。据说,日方的设备质量上乘,价格合理。

案例思考题:中加谈判失败的原因何在?

第七章

跨文化广告沟通

导读案例

不同的跨文化广告带来的不同效应

欧莱雅中国书法广告

2016年第69届戛纳国际电影节期间,美妆品牌巴黎欧莱雅推出了一则以"爱(LOVE)"为主题的广告,它将中国传统书法与西方现代潮流相融合,展现出独特的中国风。平面中的字母均有特殊含义:L代表loyal(忠诚),O表示obligation(责任),V寓意valued(尊重),E表示excused(宽恕)。该创意在于用中国书法的字体去书写英文字母,表现了巴黎欧莱雅对中国文化的热爱和对中国审美的赞同。同时,中西结合的手法也为传统的书法元素注入了新鲜活力,播出后获得了广泛好评。

D&G的"筷子"宣传片

2018年11月,意大利著名品牌杜嘉班纳为给上海时尚秀活动造势,在中国社交媒体微博上推出一则将中国传统文化与意大利经典饮食相结合的广告宣传片。片中的旁白所用的"中式发音"将具有中国传统意义的筷子描述成"像小棍子一样的餐具",傲慢的语气以及亚洲模特用奇怪的姿势用筷子吃Pizza、意大利甜点等片段,让网友认为该品牌误解了中国文化,涉嫌辱华,在国内社交媒体上的负面评价如潮,导致杜嘉班纳不得不把这些视频从微博中删除,同时杜嘉班纳的时尚秀活动被迫取消,中国各大电商平台也将与D&G品牌相关的产品全部下架。

上面两个跨文化广告的效果对比说明,当一个广告活动被放到国外时,由于文化上存在差异,不同的价值观、思维方式、语言、审美观就出现了。例如,同样是运用中国文化的元素,不同文化有不同的看法和阐释的手段,这些差异无疑会使跨文化广告活动取得不同的效果。正如维姆萨特指出的那样:"在不了解对方文化观或是道德观的前提下就进入对方市场是十分危险的举动。"因而研究文化因素对跨文化广告沟通的影响,并采取相应的对策,对商务组织来讲是至关重要的。

一、广告的本质、特征及与文化的关系

(一)广告的本质

广告的本质是说服人们一个产品或服务对他们意味着什么。也就是说,通过购买该

产品或服务,他们将得到一些好处,包括在生活方式、地位、便捷和物质等方面的好处。广告承载着传递信息、帮助消费者决策的使命,因此,广告本质上是一种沟通,一种有所选择的说服艺术。

（二）广告的特征

广告具有四个基本特征:第一,它是一种付费的展示;第二,它是一种非个人化的展示;第三,它通过延伸到一般大众的沟通工具——大众媒介渠道(包括但不限于电视、电台、报纸、杂志和广告牌)宣传某种特别的观念、商品或服务;第四,它必须确认其出资人——个人或某个组织为广告付费。

基于广告的本质和特征,做广告的人必须知道:第一,他们的消费者是怎么样的,从而为其制定有效的沟通方式;第二,要了解影响沟通的限制因素,并创造性地准备好要发布的信息,通过恰当的渠道发布信息。所有这些步骤合起来可称为一个广告行动。

对商务组织来说,广告的作用在于为其产品的销售铺平道路、获得分销体系和树立品牌形象。广告在如火如荼的商战中,越来越显出它的分量。谁的广告做得好,能引起消费者注意,让消费者对所推销的商品或劳务感兴趣,进而实现购买行为,谁就能在市场竞争中占有一席之地。正如企业家白智勇先生所指出的那样:"现代社会已经没有不做广告的企业和企业家,也没有不依赖于广告进行商品销售的商业活动。越来越多的人认识到'酒香也怕巷子深',想推销商品而又不做广告,犹如在黑暗中向情人递送秋波。如同没有阳光、空气,人类就无法生存一样,现代社会的全部经济活动以及其他文明的、艺术的各种活动都离不开广告,广告已成为信息的主要来源,成为反映一家企业综合实力的精神名片。广告已被公认为是人类文明中的第八大艺术。"

（三）广告与文化的关系

1. 广告是文化的体现形式

广告具有文化属性。广告实际上是建构于特定文化背景之上的关于产品和服务的外化显现,其本质上就是一种文化、一种现代社会的大众流行文化。优秀的广告往往承载着民族文化的精髓。因此,市场营销绝不仅是一种单纯的商品买卖行为,而且是一种复杂而微妙的文化行为,与社会意识形态、风俗习惯、文化偏见以及价值取向等有着不可分割的联系。1986 年 5 月,芝加哥国际广告协会第 33 届广告大会提出"广告工作是当代文化整体中的一部分,是文化的传播者和创造者",这一命题表明了世界广告界对广告是一种文化的观念认可。在信息社会,广告已经成为一种特殊的社会文化现象,成为现代生活不可缺少的一部分。

2. 广告是文化的传递途径

广告的基本职能是引导购买、劝导消费,也就是说,广告一方面要作出物质利益的承诺,另一方面还特别注意观念的引导;它不仅要受一定的思想支配,还必然体现出一定的世界观和人生观。广告作为大众传播媒介的一部分,同新闻媒体一样,也在向社会、受众、广大消费者传递着一种文化观、道德观、价值观、世界观和人生观。也就是说,广告在传播商业信息的同时,实际上也在传播着具有确定文化意义的生活方式和生活观念,既影响着人们的消费行为,也影响着人们的思想观念,创造物品的流行甚至时尚语言的流行,如"我的地盘听我的""不走寻常路"已经深深地影响了"80后"这一代人的价值观和人生观,成为他们做事做人的指导思想。

二、文化因素对跨文化广告沟通的影响

跨文化广告是跨文化传播的一种表现,是在不同文化疆域间传播的广告。它是以商品文化为依托,通过人类共通的文化交往方式达成跨地域、跨文化的相互了解、相互交流,更好地实现人的需求的满足。

跨文化广告一般可以分为两类:一是国内领域的跨文化广告传播,即在一国范围内的跨种族、跨民族及不同亚文化之间进行的广告传播活动;二是国际领域的跨文化广告传播,是广告信息从一国向另一国的流动。我们主要研究后者。

跨文化广告面对的是不同国家或地区、不同民族、不同社会的消费者,其政治、经济、文化环境都与本土有着巨大的差异,而所有差异中对传播影响最直接也最深刻的是文化的差异。这些变量包括语言文字、思维方式、价值观念、风俗习惯、宗教与法律、审美心理等,它们可以说是跨文化广告中"潜在的陷阱",如果不懂或忽视这些在信息交流中发挥重要作用的传播变量,广告发布的可能性和广告沟通的效果就可能会受到极大的影响和冲击。2004年,国际性杂志《电子世界》曾就"什么是全球市场经营的最大障碍"这个问题在全球范围内向国际营销人员询问。调查结果显示,国际文化差异被列在榜首(表7-1)。许多有实力的公司在国际营销中失利,其主要原因不在于资本和技术,而是缺乏对当地文化的理解,忽视了文化差异对营销的影响。

表 7-1　什么是全球市场经营的最大障碍

在国际市场上做生意的障碍 (从高到低排列)	被调查的国际营销人员所在地区			
	美国	欧洲	日本	亚洲其他地区
文化差异	1	1	1	1
法律法规	2	1	1	6
价格竞争	3	3	1	1
信息	4	4	5	3
语言	4	5	6	4
交货	6	5	4	5
外汇	7	7	7	7
时差	8	8	8	8

文化因素对跨文化广告沟通的影响表现在诸多方面。

(一)语言文字对跨文化广告语的影响

语言是文化的载体,每一种语言符号都蕴含着约定俗成的意义。跨文化广告沟通中

最明显的障碍就是语言文字。不同的语言文字导致跨文化广告中的翻译问题非常突出。

在跨文化广告沟通中，如果译者对本地语言的俚语或习惯用语缺乏了解或使用不当，都会造成语言翻译错误，稍不留意，便会"差之毫厘，失之千里"。翻译家王佐良说："翻译中最大的困难就是两种文化的不同。"然而，很多公司却忽视了公司名称、产品名称以及广告语在当地的不同含义，引发了很多意想不到的问题。

由于翻译不当，其他国家的顾客产生文化误读，望而生畏，无法接受的例子不胜枚举。如 pepsi 饮料的广告语。其英文广告语为"Come alive with pepsi"（中文意思：请喝百事可乐，令君生气勃勃）。在德国，这一广告语的后半部分被翻译成"从坟墓里跳出来"；在泰国，该广告语则被译成"使您的祖先死而复生"。常用广告语"顾客是上帝"在英语国家被译为"the client is God"时，引发了消费者的不快。在汉语语境中，"上帝""老天"都可以用在口语中，但对外国人尤其是基督徒来说，"God"在他们心目中是一个非常神圣的词，不可以随便使用。对北美人士而言，"自然礼品"是一个非常诱人的商标名称，用来指烹饪精美的蘑菇，但其在德国却没有市场，因为在那里，"礼品"一词被译为"毒药"。高露洁公司在法国推销其"C"牌牙膏时，没有意识到在法语里它是一个色情字眼。美国布孚公司在德国宣传该公司的薄面纸时，才发现"puff"在德语里是"妓院"的意思。美国汽车公司的"斗牛士"牌汽车，寓意为雄壮与刺激，在美国市场颇有号召力，但在波多黎各，它的意思却是"杀人者"，况且波多黎各常发生车祸，美国汽车公司在那里推出"斗牛士"，简直是纵牛伤人。我国的出口产品金鸡牌饼干和山羊牌羊毛衫，英文译名为"cock"和"goat"，而这两个英文单词还有另一个含义，就是"色鬼"。

由于翻译不当，还会导致其他国家的顾客对品牌功能、性能产生误解，购买欲望降低。2012 年蒙牛打出"只为点滴幸福"的全新广告语，对应的英文广告语为"little happiness matters"，外国人则直接理解为"几乎没什么幸福是重要的"或"幸福并不重要""幸福没什么价值"。雪弗莱在墨西哥推销新"Nova"型汽车时，仍然使用其美国名字，而"Nova"在西班牙语中是"不要去"的意思，无法激起消费者的购买欲。当美国航空公司把广告语"在皮革中飞行"翻译成拉丁美洲国家语言时，其意思却是鼓励人们裸体飞行。派克公司的圆珠笔广告也曾使其品牌受损，"使用派克笔并避免尴尬的情况"被不恰当地翻译成西班牙语后，消费者听到的竟是"用了派克笔可以减少怀孕的可能性"。"杭州西湖藕粉"是我国著名的营养食品，前几年在国内很有名气，当其产品被投放到国际市场时，在销路上却屡屡受挫，究其原因，不适宜的语用意义迁移正是产品营销策略失败的原因之一，其英文对应词为"Hangzhou Lotus Roots Starch"。"lotus roots starch"是汉语"藕粉"的对应词。"粉"在汉语字典中被定义为"细末儿"，因此"粉末状"是"粉"在汉语图式示意认知模式中的一个属性。根据汉语的语言语用规则，"粉"字既可黏附在指代粉状物的名词上，如"面粉""奶粉""淀粉"，也可用来指代由豆粉制成的各种食品，如"粉丝""粉条"等。"starch"在《新英汉字典》中被翻译成"淀粉、淀粉类食物"。受我们特定的文化背景及观念的影响，"粉"和各种各样的粉状物如"淀粉""面粉"是联系在一起的，因为它们都有一共性即"粉末状"，所以要把"粉"翻译成"starch"。而在英语中，"starch"除指"粉"或"粉末状"的物质外，还是"a white substance that is found in quite large amount in bread, patatoes, etc"。（一种在面包、马铃薯等食物中大量存在的白色物质。）在英语的暗喻认知模式中，"starch"暗示着有长胖和增加重量的危险。不难看出,汉语"粉"的语用意义和英语"starch"的语用意义迥然不同。难怪英美顾客看到这样的品名会望而却步,不敢问津。白象牌电池在英语国家的销量与国内有天壤之别,因为"白象"被译为"white elephant",在英文里指大而无用的东西;同样,"白翎牌"钢笔被译为"white leather",在英语国家象征着"胆小鬼"。

广告用语修辞也与一国的生活体验相关。如我国商品广告用百合象征"百年好合",用一朵莲花象征"连年有余",取的是谐音,图的是吉祥,而用在别国则会让人百思不得其解。戴比尔斯有句广告词:"A Diamond is Forever."这是一句简单又朴实的广告语,直译是"钻石可以永远",译文平淡无味,如同嚼蜡,而译成"钻石恒永久,一颗永流传"则显得深情隽永、意境深远。

各国语言都有约定俗成的缩语,这经常困扰广告的翻译。《欧洲贸易杂志》曾将巴西宣传公共福利进步的主题广告中"Programade Integraca xociae"(社会一体化计划)一词缩写成"PIS",结果"This is PIS",就成了"尿裤子了"的意思,因缩写不规范令人贻笑大方。中国名牌护肤品大宝 SOD 在英译的过程中也存在这样的语用失误。根据朗文词典,"SOD"在英语中通常是作为一个禁忌词,指"不愉快的事物或人"。

与语言障碍有关的例子还有很多。因此,美国市场营销权威菲利普·科特勒(Philip Kotler)说:"对大多数企业而言,问题不是要不要沟通,而是说什么、对谁说和如何说。"为了避免语用失误,我们必须在广告活动中增强文化意识,培养语用能力,精通受众国的语言,适应其语言习惯及特色,这是确保跨文化广告用语正确的基础和保证。

(二)文化因素对广告内容的影响

1. 价值观差异对广告内容的影响

如前所述,每个人乃至每个民族,都是在一定价值观的支配下行事的。不同的价值取向,会使同一事物异化,并被拉开距离,使得事物有天壤之别。广告作为商品信息与文化信息的传播载体,必然会融进民族文化特定的价值观念中,尤其是当广告从传递有形的产品信息转向传递无形的文化附加值之后,广告中很多反映本民族文化事物和观念的诉求,都再现了其特定文化的价值观。美国学者芭芭拉·缪勒(Barbara Mueller)女士认为,一个国家的广告表现之所以不同于别国,除了法规和媒介的影响外,文化价值观才是左右广告表现的主因。缪勒女士分别挑选了日本和美国的代表性杂志,从中抽出涵盖九种商品类别的 378 则广告。这九种商品类别包括:高关心度商品:汽车、厨房用品、首饰精品;中关心度商品:手表、电视机、照相机;低关心度商品:护发用品、葡萄酒、食品。然后依据广告诉求总结出美日两国文化价值观存在的差异:美国人追求产品的娱乐性、时髦和快捷,而日本人却对昂贵的音响系统和花边窗帘感兴趣。

西方广告往往体现的是典型的以个人为重心的价值取向,表现在广告中就是突出以自我为中心的文化,重视个性的张扬和表现,强调个人的独特性。IBM 强调"与众不同的思想";斯勒碎纸机的广告词是"与众不同";耐克的广告词是"Just do it"(想做就做)、"I can"(我能);某房产公司的广告强调"选择自己的视野";云丝顿香烟的广告语是"云丝顿的香味非同一般,对我来说,云丝顿就是棒!";雪碧的广告语是"晶晶亮、透心凉!";美国一个电脑公司的广告语是"我活着是为了享受 PC 的音乐,我就是不喜欢待在 PC 的前面";

香奈儿的英文广告语是"In order to be irreplaceable,one must always be different"（要想无可替代,必须与众不同）；李宁牌在国内的广告语是"一切皆有可能",在美国则被改为"让改变发生"。还有很多的广告更是赤裸裸地标榜"个人化""独特性""与众不同"。

东方国家的广告体现的则是典型的以集体主义为重心的价值取向。马库斯和她的韩国学生对韩国的商业广告研究后发现,很多韩国广告的卖点都强调集体主义和历史文化。如某人参的广告就标榜自己是"千年一品",这样的广告美国人是做不出来的,因为一千年一成不变的东西肯定是有问题的、不健康的,但在东亚国家,这样的广告却很有效果,因为集体主义文化的人很容易因自己团体的光辉历史而感到自豪。在中国,不少广告都采用古装形象,因为我们中国人也是以历史为自豪的。在国外,以历史为题材的广告则很少见,如果有,也往往是被嘲笑的对象。他们还发现,韩国的广告常常有大家庭的形象,中国的广告大多都强调整体,突出家庭和亲情。例如,"孔府家酒,让人想家"的诉求深深打动中国人传统的"思乡和叶落归根"的乡愁情绪,从而大获成功。2008年奥运会前夕,安踏的广告语"中国人要争一口气""加油中国""我的脊梁中国造",流露出强烈的集体主义意识,成了国人寄托国家强大期望的载体。典型的案例是"威力牌洗衣机"广告:缓慢优美的镜头将观众带入一个宁静的小山村,一个老人家正在小溪边躬身洗衣,"妈妈,我又梦见了村边的小溪,梦见了奶奶,梦见了你。妈妈,我给你捎去一件好东西。"感染力极强的广告语带出一组欢快的镜头:一辆载着威力牌洗衣机的小面包车在孩子们的追逐下停到院子前,母亲微笑着看着洗衣机,乡亲们围在门口看热闹。最后的广告语"威力牌洗衣机,献给母亲的爱"将国人这种传统情怀表达得淋漓尽致。2017年,百事可乐以"把乐带回家"为主题,发布新年微电影,让影片《家有儿女》的全班人马在时隔12年后重聚,将"团圆饭"与回忆巧妙地结合在一起,在唤起观众对童年回忆的同时,也生动演绎了中国人过节要团团圆圆的传统文化。2018年舒肤佳围绕"洗手吃饭"这一最常说的话推出了新年广告,讲的是外出学艺的儿子离家7年,再次回到家中见到记忆中的父亲已经变老,从而感慨万千的故事。这种情节无疑是一枚催泪弹,反映了中国人强烈的家族意识和亲情伦理意识。

可见,在做跨文化广告时,支撑该社会的文化价值观是一个重要的影响因素。一旦广告中传递的价值观得不到认同甚至引起反感,那么广告必然会受到排斥。这样的例子不胜枚举。

耐克精心打造的广告语"Just do it"（想做就做）,以其对自我、个性、叛逆、张扬之风的推崇而风靡美国,影响了整整一代人的精神理念。但是这一广告所宣扬的价值观在中国香港和泰国等地却没有产生应有的共鸣；相反,该广告被认为有诱导青少年不负责任、干坏事之嫌而屡遭投诉,无奈耐克只得将广告语改为"应做就去做",以平息事端。

1989年,日本日产公司的豪华型"Infinify"汽车曾以一则"没有汽车的汽车广告"成功地打开了美国市场。广告片中反复出现原野、森林、熔岩、鸟群、大海、溪流等自然景观,旁白则不断地诉说:"在日本,所谓的豪华是指一种多彩的自然感觉。而在日本,所谓的美,是指一种密切的个人关系。这里,一种豪华新观念已经出现——Infinify。"在广告画面中,从未出现所宣传的产品"Infinify"汽车。但是,就是这一则广告,在中国台湾进行传播时却惨遭失败的命运。因为东方人向来崇尚实用,不能亲眼见到"具体实物"会在沟通中形成一定的障碍。

美国通用面粉公司为在日本推销调配好的蛋糕粉料,在广告中做了这样的宣传:做蛋糕就像做米饭一样容易。没想到,广告播出后几乎没有起到任何效果,后来才知道这句话伤害了日本家庭主妇的感情,因为日本妇女认为做米饭要有很高手艺才行。

曾经有一家美国眼镜公司雄心勃勃地要在泰国推销眼镜,为此,该公司选择以西方的宠物小猫小狗为模特,戴上眼镜,大肆宣传。然而,泰国人却无动于衷,因为猫狗在泰国人心目中的地位是很低贱的,谁愿意戴猫狗的眼镜呢?

我国中老年服装广告往往强调端庄稳重,这在西方社会则行不通。西方人不像我国那样强调年龄和资历,从心理上排斥老成稳重的观念,崇尚青春、活力、愉快,老人绝不服老。

法国雪铁龙汽车公司在西班牙投放的一则广告中,出现了我国领导人的头像,并配文字"雪铁龙,2006 和 2007 年度销售领袖。恺撒风范尽现!"该广告引起了西班牙中国留学生的强烈不满,随后雪铁龙公司只得将我国领导人的头像换成了拿破仑的头像。这也说明了相比于法国人,中国人更加注重等级观念,更加尊崇身份与地位。

2019 年,英国男星汤姆·希德勒斯顿(Tom Hiddleston,中国粉丝称其为"抖森")为美国品牌善存拍摄了一个专门发布在中国的广告。希德勒斯顿是《复仇者联盟》中洛基的饰演者,因其风度翩翩的外表、扎实的演技而受到中国观众的喜爱,其中以女粉丝居多。广告内容是希德勒斯顿身穿围裙,为女友送上爱心早餐,并对着镜头说道:"老样子,撒胡椒对吧?(英文)哦,还有你的善存(中文)。"在广告最后,镜头前出现一双白嫩的女性美手,为即将去上班的男友整理衣领。这一短视频广告在微博上发出之后,点击量迅速攀升,希德勒斯顿以一己之魅力,击中广大女粉丝的少女心,使这则广告在国内引起一阵好评。然而,它却遭到外媒的狠批,认为该广告看起来"太可怕了"。其实这则广告是美版善存专门针对中国市场设计的,广告符合中国文化中的女性化价值观,强调家庭生活中的和谐与温馨。而在外媒眼中,希德勒斯顿作为"漫威"英雄扮演者之一,更符合西方社会所强调的男性化价值观,注重男性个人成就,故而认为广告内容过于"怪异"。

因此,跨文化广告的内容设计必须要注意规避由于价值观、消费观不同而带来的文化冒犯,只有对一个国家或地区传统文化价值观进行深入理解,如"这个社会是集体主义还是个体主义?""它的权力距离大小?""人们对风险的规避程度如何?"等等,才能有效实现跨文化广告沟通的成功。

2. 语境差异对广告内容的影响

低语境文化中的广告语语言直白、外显明了,没有暗藏的典故和隐喻,详细地描述产品功能和特点,清楚明确地向消费者提供产品信息,力求避免模糊不清的表达以及让消费者产生不确定的产品信息。如"Intelligence everywhere"是摩托罗拉手机的广告语,它所传达的信息是手机的性能质量好,能够随时随地传递信息;苹果 6 的手机广告"bigger than bigger"使用比较级"than",清楚明确地告诉广大的消费者此款手机的性能,质量各方面都优于之前的产品;美国福特汽车的广告语是"Quietly Elegant, surprisingly Affordable",(高雅,新颖,实惠)使用简单的四个词向消费者直接描述、呈现出福特高端且高性价比的优势;有一则奔驰广告:乌龟和兔子赛跑,兔子一路向前逼近终点,慢吞吞的乌龟则慢悠悠地走进奔驰汽车的工厂。画面一转,镜头下飞奔的兔子转瞬被开着跑车的乌龟超越。广告语"It's no fairy tale(这绝不是童话)"看似使用了伊索寓言的背景知识,但是即使是不知道这个童话的人也不会产生疑惑。

在高语境文化中,广告语言具有内隐、含蓄的特点,语言委婉含蓄,发讯者总是竭尽全力赋予产品以文化内涵,强调产品的文化背景,旨在引起消费者共鸣,激励消费者将自身的文化背景与广告语相结合,深刻地理解广告语中的隐含信息。当然,其所承载的信息能否被消费者理解和接收取决于广告商与消费者是否拥有相同的历史背景及相似的思维模式。如手机品牌夏新 A6 的广告语是:"梦幻魅力,舍我其谁?""舍我其谁"出自《孟子·公孙丑下》:"当今之世,舍我其谁也?"其底蕴是一种"以天下为己任"的社会责任感和使命感。这种责任感和使命感也契合了手机的品牌理念,通过典故向广大的消费者传递手机质量和功能都是值得信赖与保障的。再如中国联通的广告语:"情系中国结,联通四海心",中国结富含的深厚文化底蕴契合了中国联通的经营理念。中国联通将致力于为广大用户服务,与千万用户心连心。美国通用汽车公司旗下一款豪华汽车品牌凯迪拉克来到高语境国家——中国后,它的广告语是"敢为天下先"。这句话出自《老子》,象征了一种英勇无畏的气魄,其精神本质是不惧怕挑战、勇往直前。这句广告语恰到好处地展现了凯迪拉克勇者无畏、自信昂扬的王者风范,这样的文化内涵很容易被从小浸泡在高语境环境中的人捕捉到其深层次意义。

由于语境的差异,低语境文化中反应很好的广告在来自高语境文化的人看来却常常是冷淡的、傲慢的,缺乏想象力的、令人厌烦的。同样,专门为高语境文化制作的广告,由于广告情境过于丰富,让低语境文化情景的人感觉无法"抓住要点",从而会感到困惑。例如,富含中国元素的国际创意大赛的获奖广告作品《洁霸——荷花篇》,简单呈现了一朵用洁霸洗衣粉材质置换而成的荷花。荷花和洗衣粉的关系,中国消费者可能很快就明白了,荷花寓意出淤泥而不染,但这会让很多西方消费者摸不着头脑。中国市场的士力架系列广告,将人饥饿时的各种反应,如柔弱、暴躁等赋予经典影视角色或明星身上,通过反转,充分说明"When you're hungry,you are no longer you."(当你饥饿的时候你就不是你自己了。)但只要吃了士力架,娇弱的林黛玉可以瞬间变成活力的守门员,身体虚弱打着吊水的韩剧女主角可以瞬间变成健康的登山员,暴躁的张飞也会瞬间恢复冷静。突出产品"横扫饥饿,做回自己"的卖点。用这样的方式来宣传促销产品,富含深意且非常幽默。而在美国本土市场,其广告画面是一头奔跑的机械猎豹,忽然间就变成了一个人,吃了一口士力架,然后继续奔跑,再配上广告词 Don't Stop!(绝不停止);又或者是不断出现的广告词"花生,巧克力酱,士力架,饿了,你就吃一口",简单直白地说出士力架的成分和功能。这种广告宣传对于高语境文化的人来说,未免太过于直白。

因此,在跨文化广告沟通时应当注意:相同的广告在不同的语境中,设计内容也应是不同的。

3. 时间观念的差异对广告内容的影响

时间观念的差异也会使广告所提供的信息内容有所不同。如时间观念不太强的文化趋向于提供分散的信息且没有清晰的结论,其广告内容更像戏剧对白;而时间观念很强的文化则趋向于直接指出可靠信息来源,并提供合理论据和可视化信息,如美国的广告比中国和韩国的广告更富于信息含量。

4．思维方式差异对广告内容的影响

如前所述,中国人的思维方式是形象思维、感性思维,而西方人由于擅长运用概念进行判断、推理,导致其思维的抽象性和逻辑性。中西方这种思维方式的巨大差异,体现在广告内容上就是理性创意和感性创意两大特性。中国有则很著名的黑芝麻糊广告,通过描绘主人公儿时记忆中买芝麻糊的难忘情景创作而成。灰黄的画面带出怀旧情怀,熟悉的叫卖声、窄窄的小巷,还有传统的服装,使整个广告饱含浓浓的中国传统情怀,看罢广告让人顿生怀旧之感。虽然没有直接描绘芝麻糊如何好吃,但是已成功将人的食欲夹杂在怀旧情结中,让看客久久难忘。这则广告可谓是中国情感广告的典范。而西方广告相对而言喜欢用形式逻辑设置推理环节,将产品的卖点隐藏在情节中,让观众发现答案。典型的广告是奔驰公司在戛纳广告节上的平面金奖作品"刹车痕"。该广告十分简单:一辆奔驰跑车停在路旁,马路中间靠近奔驰车位的地方出现了多道深深的刹车痕。这则广告没有广告语,初次看罢很多读者表示不解。经过一番思考才明白,这则广告是想通过刹车的频繁来说明奔驰跑车人见人爱。

广告语的制作也体现出两种文化不同的思维方式,中国人喜欢用感性的词汇包装产品,加强其感染力。比如国内一些企业的广告词"鹤舞白沙,我心飞翔""山高人为峰""尽显尊贵,唯我中华""乘红河雄风,破世纪风浪""沙河奔腾情洒九洲""心随好猫意纵天高"等,这些广告语或是表达意境深远的人文追求,或是表达壮志豪情的满腔热忱,描绘的都是比较写意的情景、意境,而非现实情境,属于典型的中国特色感性思维的体现。而西方广告倾向于利用实在的事物、数据来证明广告中的观点。比如,广告大师大卫·奥格威为劳斯莱斯汽车创作的经典广告语:"在时速六十英里的时候,车上最大的噪音来源于这个电子钟";IBM 电脑的广告语:"全面兼容的个人电脑已不是童话中的水晶鞋";麦氏咖啡的广告语:"哥伦比亚咖啡,制成世界最香浓的咖啡。"在进行跨文化广告的内容设计时,要特别注意这一点。

中西文化的另一区别是感情表达方式的不同:含蓄和直接。中国文化习惯于含蓄而委婉的表达方式,善于营造写意氛围。美国人明恩溥在《中国人的气质》一书中将中国人这种思维习惯称为"拐弯抹角的功夫"。"中国人在谈到任何一件事情时似乎都更愿意绕圈子而不愿谈及真正的理由,除去猜测他们所言之真实以外似乎别无他法。"这一特点表现在广告中是先做好渲染铺垫,逐步引向主题,最后在高潮中含蓄地升华出中心。雕牌洗衣粉广告通过描绘母亲下岗后四处找工作渲染出一种生活艰辛的场景,母亲回家看到孩子的字条"妈妈,我能帮您干活了"感动得流下了眼泪,直到此时才打出产品的名称"雕牌洗衣粉"。广告中把感情因素注入产品中,让人们记住了充满人情味的"雕牌"。泰国广告也有同样特点,并以其创意的表现手法和走心的情感诉求在广告界异军突起。泰国曾有一则公益广告"小男孩为何拼命吃饭锻炼?",其内容是这样的:一个小男孩拼命做仰卧起坐、拼命做引体向上,每天都要称体重。他拼命吃饭,因为一个小纸条上写着:体重至少45 公斤;他到点就乖乖睡觉,因为小纸条上写着:至少 6 小时睡眠,但是他的父母却不在家。有一天,他突然接到一个电话,原来是爸爸打来的,他问爸爸:"妈妈能等到我 45 公斤的时候吗?"爸爸眼里噙着泪,望向妈妈的病房。原来妈妈生病了,需要输血,但是医院血库不足以提供足够的血液。小男孩只是想尽快长大,让自己达到献血标准,然后献血给妈

妈,让妈妈的病快点好起来。原来这是一个公益献血广告,鼓励大家"献一次血,就能拯救很多人"。这则广告充分体现了东方人含蓄的表达形式,广告结尾点明主题,发人深思。而西方人的思维方式是直线式的,他们表达感情的方式通常也非常直率。正如雀巢咖啡的广告语"The taste is great."(味道好极了。)和耐克公司的广告"just do it."(想做就做。)一样,西方人直抒己见、一语中的的特点一览无遗。美国贝尔电话公司的广告充分体现这一特点。该公司有一则这样的广告:一天晚上,一对老夫妇正在用餐,电话铃响了,老妇人去另一个房间接电话。回来后,老先生问:"谁的电话?"老妇人回答:"女儿打来的,她说她爱我们。"两人顿时相视无言,激动不已。这时出现旁白:"用电话传递你的爱吧!"可见,西方人这种直接表达感情的方式与中国人含蓄间接的文化特质有着明显不同。

5. 视觉符号的差异对广告内容的影响

从广告的视觉符号上来看,不同文化的差异很大。同样是旅游广告中对美的阐释,不同文化所使用的广告符号就有所不同。泰国有一则旅游广告"缤纷泰国",它所设置的情景是:一个随风摇曳的寺庙大钟和叶子做成的重锤,一位旅行者惬意地躺在上面,享受着生活。它传达了一种与佛教文化相连的、神秘而浪漫的东方情调,让受众看后产生一种对佛教圣地的神往之情。这幅广告通过视觉所传达的情感都是东方式的含蓄和暧昧。而一则加拿大旅游广告则运用当地的雪地为背景向人们展示了运动带来的曲线美,它的视觉表达是直抒胸臆的,看后使人立刻能够产生一种运动的激情。卡地亚品牌形象短片 *L'Odyssee de Cartier* 以猎豹为主角,将荷马史诗《奥德赛》中奥德修斯的故事改编为一只猎豹的历险,在短短 3 分多钟里,猎豹历经俄罗斯、中国和印度,最终回归巴黎。短片开头,猎豹从华丽的宫廷之中跳跃至转动的命运指环(卡地亚女士三色戒),穿梭于冰天雪地的俄国,宫殿、白雪、马车是俄罗斯所具有的典型性视觉符号。之后,猎豹与破土而出的金色巨龙相遇,在巨龙旁奔驰并与其相峙对望。而后巨龙隐匿于长城,猎豹继续前行。典型性的视觉符号囊括了中国的国家图腾——龙和长城,进而,猎豹来到了代表印度的神秘花园,在印度的绚烂色彩中心驰神迷。鳄鱼、蛇、孔雀、蜻蜓……以及背负着宫殿的大象,都是颇具印度文化色彩的视觉符号。最后,猎豹回到如诗如歌的巴黎,其间代表法国的视觉符号有卢浮宫、埃菲尔铁塔等。该广告结合国家和地域特点,将融入地方化的视觉符号呈现给受众,从而让消费者体会、理解其所传递出的信息。

此外,不同文化对颜色有自己的喜好和禁忌。在跨文化广告沟通时,如果忽视这一点,就会导致沟通失败。如一家美国公司曾在马来西亚用不同层次的绿色作为广告的主色调,结果却遭到了惨败,因为,在马来西亚,人们把绿色看作死亡和灾难的标志。

因此,在设计广告内容时,要注意不同文化视觉符号的差异。

6. 社会心理因素对广告内容的影响

跨文化广告设计必须注意到不同文化的社会心理因素,否则会导致沟通失败甚至文化冲突。下面是五个失败的案例。

小案例 7-1　三个丰田汽车广告

在 2003 年《汽车之友》杂志第 12 期总第 168 期上,丰田汽车共刊登了三个汽车广告,分别推广其三款新车"陆地巡洋舰""霸道"和"特锐"。其中两个遭质疑的广告分别位于第8～9页和第56～57页。在"霸道"车的广告页上,两只石狮蹲踞路侧,其中一只挺身伸出右爪向"霸道"车做行礼状,该广告的文案为"霸道,你不得不尊敬"。另一则"特锐"的广告则是日本丰田车拖着一辆坏了的国产东风车。这两则平面广告一经刊出,立刻在中国引起轩然大波,媒体纷纷讨伐,矛头直指"广告触及了中日关系旧疤未愈的敏感话题,有伤民族自尊"。因为在我国传统文化中,狮子从某种程度上象征着中国,中国曾被称为"东方雄狮",再加上中日关系等敏感话题,很容易勾起人们对卢沟桥—石狮—日本侵华之间的关系的联想,这样一来,用石狮对"霸道"车的敬礼和俯首来表现车的卓越性能自然会引起消费者心理上的抵触和排斥,显然这是一则失败的广告。

小案例7-2　一则失败的立邦漆广告

2004年9月的《国际广告》刊登了一则名叫"龙篇"的立邦漆广告作品,画面上有一个中国古典式的亭子,亭子的两根立柱各盘着一条龙,左立柱色彩黯淡,但龙紧紧攀附在柱子上;右立柱色彩光鲜,龙却跌落到地上。媒体纷纷谴责这则广告戏侮了中国人的民族情感,认为代表中国形象的"龙"从漆有立邦漆的中国特色的红柱子上滑落令中国人在感情上无法接受。显然,广告公司在制作这则广告的时候,忽略了广告与文化之间的联系,从而引发了民族情感上的矛盾,最终给广告主带来恶劣的影响。

小案例7-3　耐克的篮球鞋广告

一名美国篮球运动员进入一个五层高的建筑,逐层挑战中国对手,直至取得最后的胜利……这是曾在国内各电视台播放的名为《圣斗士》的耐克篮球鞋广告片。由于这个广告片涉及身穿长袍的中国老者和飞天的妇女以及龙等众多中国文化元素均被广告片男主角NBA球星勒布朗·詹姆斯打败的画面,引起了中国消费者的强烈不满,2004年12月3日被国家广电总局叫停。

小案例7-4　麦当劳的优惠券广告

麦当劳(中国)餐饮食品有限公司推出一则30秒的5元商品打折广告:一顾客竟然不顾一切地双腿跪地抱着老板的裤管乞求老板能够给予优惠的价格,画外音"幸好麦当劳了解我错失良机的心痛,给我365天的优惠……"广告一经发布,受到了中国消费者的批评与强烈指责,中国传统文化认为,"男儿膝下有黄金",甚至宁可舍命也不屈膝,岂能为一打折券轻易下跪?

小案例7-5　意大利葡萄酒广告

意大利卢纳尔迪利酿酒厂推出的"元首葡萄酒"标识上印着希特勒和其他纳粹人物及其口号。德国已向该酒厂推出印有希特勒头像的"元首酒"提出了抗议。德国驻意大利使馆也向意方就此事提出了抗议。

这五则广告都是广告传播中跨文化冲突的典型案例,都遭到广告受众国家民众的怨愤和唾弃,最终以广告的停播画上句号。为什么在创作者看来都是创意优秀的广告,在受众国民众看来却成为侮辱自身崇拜的烂广告呢? 这是因为创作者并没有注意到东道国的文化传统、价值观念和人文心理等制约广告传播效果的因素。

中国传统文化的精髓——儒、道、禅、墨、法、名、纵横、阴阳诸家学说的传统价值观,在中华民族身上留下深深的烙印。它表现为对社会、生存意义及精神追求等方面的总看法。如维护国家大一统的政治秩序,把国家、民族的利益看得高于一切,强烈的家国意识,对君王和权力的崇拜等。在中国古代,常常将君王称为天子,而只有君王才可以着龙袍,天子是龙,那么龙对于中国人的含义当然不可等闲而视,它是高高在上的象征,是不可侵犯的权威,是中国人可望而不可即的神灵。尽管它是虚构的生物,但是在中国人心中,它的意义非凡,是中国的图腾。但是在立邦漆的广告中,设计者却忽视了中国人对于龙的崇拜,仅仅因为柱子光滑,龙就坚持不住滑下来了,最重要的是还显得很狼狈,这实在让中国人不能接受,认为它是在侮辱中国的龙,同时也是在侮辱中国人。

从这个层面上而言,耐克圣斗士的广告和丰田霸道的广告都犯了这个错误:穿耐克鞋的运动员打败了中国的神圣象征龙;卢沟桥的狮子向丰田霸道车敬礼。在中国,腾龙和雄狮有着不分上下的地位,但是中国人心中的神圣却被一个普通的人打败了,雄狮却向车子敬礼,这简直是对中国人极大的侮辱,是断不能容忍的。中国人普遍认为“跪天跪地跪父母”,这是中国人“宁愿站着生,不愿跪着死”的气节。而在麦当劳优惠券广告中,为了打折券下跪是断不能被中国人接受的。所以这些广告的结局也是可想而知的。

可见,跨文化广告应入乡随俗,照顾本地受众心理,不能违反社会道德、民族精神及人伦常理。

7. 风俗习惯差异对广告内容的影响

尊重风俗习惯意味着广告信息不能触犯当地的禁忌,否则将会引起不必要的麻烦,甚至受到抵制。

对性有着特别禁忌的东方国家如泰国和印度,广告一旦涉及“性”,可能冒犯其风俗。李施德林公司试图将它一则著名的美国电视广告照搬到泰国,该广告中,一个男孩和一个女孩手拉着手,一个人建议另一个人用李施德林的产品治疗其呼吸困难。这一广告没有获得成功,因为公开地描绘男孩与女孩的关系是泰国人无法接受的。当广告把人物换成两个女孩后,产品的销售量就明显地增加了。一家航空公司在沙特阿拉伯当地的报纸上刊登了一则广告,一位漂亮的空中小姐笑容可掬地为乘客送上香槟酒。这样的广告在沙特阿拉伯引起了强烈不满,因为沙特阿拉伯是禁酒的,不戴面纱的妇女是严禁与男士在一起的,因此这家航空公司丧失了在沙特阿拉伯营运的权利。

高露洁牙膏在马来西亚开拓市场时,广告诉求一再强调其增白的功能,而该地区却以牙齿黑黄作为高贵的象征,人们通常通过咀嚼槟榔来使牙齿变黑,显然这则广告是在帮倒忙。看来,很多时候人们经常立足于自己的文化去看待他人的文化习惯,所作出的判断可能恰好触犯了文化禁忌。

美国人对个人卫生很讲究,但欧洲天主教国家认为身体乃天主所赐,过分卫生是多余的。因此当格林牙膏以“本牙膏为三餐饭后刷牙的人所必备”做广告语时,在欧洲根本行不通,因为欧洲人认为三餐饭后刷牙简直是怪癖。

百威公司广告中的青蛙形象已深入人心,它的很多广告都是以青蛙为"主人公",并用青蛙代表公司品牌。但在波多黎各,人们却把青蛙看作不干净的生物,自然也不会接受百威的产品。

阿拉伯语和希伯来语文字都是从右向左读,这种阅读习惯会影响到人的逻辑思维。例如一个由三个牌子组成的洗发水广告,第一个牌子表现的是没有光泽、干燥、不柔顺的头发,第二个牌子是一位女性正在用某品牌洗发水洗头,第三个牌子是一个乌黑亮丽的秀发。这三个牌子的顺序当然是从左向右读了。如果将其中的文字换成阿拉伯语而顺序不变,对一位熟悉阿拉伯语的人而言,这则广告看起来就是一头乌黑亮丽的秀发用该洗发水后弄得又脏又干又乱。

全球大型连锁快餐品牌"汉堡王"因在新西兰推广新品"越南甜辣鸡腿堡"的广告中涉嫌种族歧视而遭到强烈的批评。在广告的画面中,几名顾客手握巨型筷子,十分吃力地把汉堡凑到嘴边撕咬;更可笑的是,他们并非单手持筷,而是一手一支,动作笨拙、吃相难看。汉堡王广告的用意在于:白人在吃这个亚洲风味的汉堡时,因味道太正宗而误以为这是纯正的亚洲食物,于是坚持使用筷子来进餐,然而亚洲的网友却认为"汉堡王"的这则广告不仅设计夸张,滑稽可笑,具有讽刺意味,而且不尊重筷子文化,从而引发了一系列的误解。

其实,如果你深入了解,每一种文化都有一些鲜为人知的风俗习惯:普通法国男士使用的化妆品数量是他妻子使用量的 2 倍;德国人和法国人食用的有包装、有厂牌的通心粉比意大利人的食用量还大;意大利儿童喜欢将两块面包中间夹一条巧克力的食品作为快餐;坦桑尼亚的妇女不准小孩吃鸡蛋,担心他们会秃发;等等。

风俗习惯是很难改变的,无论哪个国家、民族都存在这样那样的忌讳,对于千百年来形成的民族风俗,我们应给予必要的尊重,正如 ABB 总裁阿西·巴尼维克所言:"我们如何能取消千百年来的风俗习惯呢?我们没有并不应企图去这么做。但是我们的确需要增进了解。"不同的社会习俗对广告的影响很大。对于跨文化广告沟通来说,只有了解与尊重当地特殊的风俗习惯,有的放矢地传递信息,才能使广告奏效。

8. 宗教信仰差异对广告内容的影响

宗教作为一种精神现象,从消费的角度看,既有精神消费的内容,又有物质消费的成分,能满足人们的双重需求;从沟通角度讲,它又是能引起人们广泛关注的注意力元素。因此,把宗教作为广告沟通的题材元素,除了能立即引起受众注意外,更有不可低估的吸引力和感召力。同时,宗教作为敏感的话题,也容易引起争议。中外广告史上以宗教作为题材的很多,由于宗教元素运用不当而引发的争议、冲突甚至诉讼在国际广告界也是屡见不鲜的。

美国骆驼牌香烟响遍全球的广告名言"我宁愿为骆驼行一里路",潜台词为:烟民为买骆驼烟,宁愿走到鞋底磨穿。电视画面是一个烟民高跷二郎腿坐在神庙前,以皮鞋底磨穿之洞最为抢眼。该广告在泰国一经播出,就引起泰国举国愤慨,原来泰国盛行佛教,佛庙乃至尊圣地,脚底及污秽之处在神庙前亮脚丫,实属大逆不道。

日本索尼公司在泰国推销收录机产品时,其广告便用佛祖释迦牟尼的形象,泰国人民认为这是对佛祖的大不敬,索尼产品遭到全民抵制,泰国当局也向日本政府提出了强烈的抗议,最后在举国愤怒声中,索尼公司立即停播这则广告,并向泰国人民公开道歉。

1989 年春,超级巨星麦当娜为百事可乐拍了一部广告片,并将其作为新歌《像个祈祷者》的音乐电视。这个耗资 500 万美元的广告片在美国及世界 40 个国家同时上映,场面感人。然而在百事毫不知情的情况下,麦当娜又为同一首歌拍了摇滚版,并在音乐电视台同一时段的黄金档播出。在这部渎圣的音乐电视中,麦当娜在燃烧的十字架前跳来跳去,向人们展现手掌上的圣痕,还和一个黑人圣徒在教堂的长椅上亲热。这部片子立刻激起公愤,百事公司不得不撤下这则广告。

日本丰田公司曾经投放在南非的一则广告也遭到过强烈的批评,原因是广告创意人员忽视了该地区有很大部分的穆斯林,用在高速行驶的车上站立的猪来体现其生产卡车的高平稳性能,侮辱了他们的宗教信仰。

(三)文化因素影响商务组织对广告媒体的选择

在不同文化中,人们对沟通和信息的反应方式的不同会影响到媒体的可用性。如韩国人比较看重某个朋友、家庭成员或权威人士的证明,因此,在韩国,某个消费者的证明会比电视和报纸广告更有效。与之类似,中国消费者也相当趋向于口头传播的沟通方式。南欧人和西欧人喜欢看电视,而在地理位置比较接近的北欧和中欧,收音机才是最重要的媒体。报纸在斯堪的纳维亚地区和德国很受欢迎(70% 的人看报),而在葡萄牙只有 15% 的人看报纸。这些都使商务组织在从事全球化广告活动之前不得不考虑各种不同形式的媒体在不同国家和地区的可用性。

(四)文化因素对广告信息理解方面的影响

文化差异会使潜在消费者在广告信息沟通和理解方面出现障碍。广告信息须与目标受众的期望和抱负产生共鸣,否则可能会导致跨文化广告沟通失败。如万宝路男人粗犷的牛仔形象在中国香港是不成功的,因为那里的城市人群并不认同这种郊区旷野的马背生活。菲利浦•莫里斯公司改变了它的广告制作,使广告重新表现为一个衣着华贵并拥有轿车的年轻人,从而取得了成功。宝洁公司的"切尔"清洁剂在日本做广告时,最初采用的电视广告和在美国播放的表现生活片段的广告相似,而这类广告在日本没有引起共鸣,后来宝洁公司很快用由一名著名相扑运动员作为产品代言人的新广告取而代之,结果获得了成功。一家化妆品公司努力在日本推销其口红,它的广告内容描绘的是尼禄(古罗马暴君)作为一位漂亮女人复活了,由于日本妇女根本不知道尼禄是谁,这个广告令她们困惑。利普顿(Lipton)公司在匈牙利的热茶广告中表现了汤姆•斯莱克手拿一个冒着热气的大杯子,站在山顶上;由于没有人知道汤姆•斯莱克是谁,因此,这个广告效果不佳。

(五)文化因素对各国广告法规的影响

广告被喻为"戴着镣铐跳舞",除了宗教之外,广告的"镣铐"还有法律。无论是发达国家还是发展中国家,政府在法律层面上对广告控制的日益加强已成为广告业的一个普遍趋势。由于文化中的宗教信仰、价值观、生活方式等要素的影响,国与国之间对广告内容、形式和传播等方面在法律上的差异也是非常大的,它们直接限制、影响着跨文化广告沟通的进行。例如,百事可乐挑战可口可乐所做的口味试验广告(即在广告中呈现消费者比较百事可乐与可口可乐口感的测试数据)在阿根廷遭禁播,而在其他很多国家如新加坡、马来西亚、葡萄牙、墨西哥均未受到限制。我国 1995 年颁布的广告法规明文禁止比较广告和在广告中使用诸如"第一""最好"之类的词汇,这就使得许多跨国企业不得不改变其广告诉求的语句表达和表现方式。百事可乐曾经有一则在中国被禁播的竞争广告,广告的内容是一个小男孩为了够到自动饮料售货机上方的百事可乐投币口,先花了几元钱在略低的可口可乐投币口买了两罐可口可乐饮料,接着踩在两个可口可乐的易拉罐上买到了他想喝的百事可乐。这则广告在国外是很普通的竞争性广告,但由于中国广告法明令禁止在广告中出现竞争产品,这则创意出众的广告没能和中国的消费者见面。在意大利、比利时和德国,对比广告是违法的,比较式广告文案在这些国家也不能刊播。在阿拉伯国家,女性是不能做广告的。在意大利,"除臭""排汗"这类普通字眼不能在广告中出现。因此,在跨文化广告沟通中,必须了解各国的法律环境,知晓并遵循各国政府制定的有关广告的法规。一般而言,在法律上各国政府关于广告的各种规定主要涉及以下内容。

1. 对某些产品的广告限制

2003 年欧洲议会通过一项决议,从 2005 年 7 月起,禁止在报纸、广播和互联网上刊播烟草广告,也禁止烟草公司赞助一级方程式等国际性体育赛事。此举是为了减少德国、希腊和西班牙等欧盟国家居高不下的烟草消费量(但禁止播发烟草广告的范围不包括电视台,因为电视广告受到欧盟其他法律的保护)。但是,在澳大利亚不能做香烟的电视广告。德国禁止发布有战争色彩的玩具广告。

2. 对广告诉求类型和信息的限制

巴西严格限制减价广告;日本禁止使用硬销售广告。1991 年,法国颁布了对酒精类广告进行限制的《艾文法》,该法规定广告中不得出现正在饮酒者的形象;酒精饮料广告中不得涉及酒精度、原产地、酒的种类、产品的成分、生产厂家、代理商和经销商的名称与地址,以及包装样式、销售方式和饮用方式等;广告中应清楚指明饮用酒精饮料会危及健康。

在中国,《中华人民共和国广告法》第九条规定了广告不得"使用或者变相使用中华人民共和国的国旗、国歌、国徽,军旗、军歌、军徽"。国旗是国家的象征,必须庄重及尊重地对待,任何商业的用途,包括在广告、印刷品上的使用,印成时尚装饰等都不允许。任何字样、图案都不得叠印在国旗上。而美国国旗向来是时尚促销者爱用的符号。在美国,麦当娜能穿着红色内裤、军靴,披着美国国旗,在"Rock the Vote"宣传片中呼吁美国人关心国事去投选。

3. 对广告媒介及时间的限制

在比利时、瑞典和丹麦等国,电视上禁止播放广告;日本规定一则电视广告不能超过 15 秒钟;法国规定每天电视广告不得超过 13 分钟;德国规定不得超过 27 分钟;瑞士却可以达到 150 分钟;美国更为宽松,平均每一频道每天的广告时间可高达 180 分钟。

4. 针对儿童的广告

许多国家的广告法都禁止在电视广告中使用儿童形象。如法国规定儿童模特不得出现在针对儿童的产品广告中;德国不准使用儿童推广产品;在斯里兰卡禁止电视广告使用儿童做模特来推销商品,其理由是斯里兰卡太穷,在 160 万人口中 20% 的人生活在贫困线以下,对于那些无力购买的父母来说,这种电视广告会引起伤心和为难。

5. 广告中裸体和色情的运用

我国法律禁止利用色情做广告,而在美国、法国等西方国家,则可以巧妙采用;巴西法律对广告中的裸体没有限制;日本虽然可以使用裸体,但前提是品位必须高雅。

三、跨国公司的跨文化广告沟通策略

(一)进行深入细致而全面的文化调研与分析

首先,企业要通过营销调研活动,了解不同文化背景下人们所持有的不同的价值观念和行为准则,再利用文化分析的工具——文化维度理论,从各个侧面把握不同文化的特点,从而找出解决文化冲突和矛盾的有效方法。其中,要特别重视对传统文化的调研和了解,因为它是民族文化的深层积淀,已经融入民族性格之中,使各民族表现出不同的个性。

通过文化调研与分析,了解不同民族的特点、思维模式、行为模式及宗教信仰等,有利于企业更好地理解当地法规及它们对广告的影响,更好地了解媒体的可获性和可替代性以及当地广告代理机构的可获性与能力,使潜在的因文化差异所导致的问题减少,以利于企业更好地解决广告活动中的各种跨文化问题。

(二)努力挖掘不同文化之间的共性特征

任何文化存在差异的同时也会体现出一定的共性,这种共性是在我们进行跨文化广告沟通时可以加以利用的。如爱、勇敢、勤劳等几乎为所有文化所推崇,归属、依赖、恐惧等也是人类共有的常见情绪。如何利用文化的共性,在不同的文化市场使用相同或相似广告创意以减少营销的成本,是跨国企业进行跨文化广告传播时应该积极寻找的方向。德芙系列 MM 巧克力糖果广告就是一个成功利用文化共性进行宣传的案例。几十年来,在 30 多个国家和地区,“只融在口,不融在手”这句广告语从来都是效果极佳,几乎没有文化背景的障碍。究其原因,是这则广告抓住人们都怕弄脏手的心理弱点以及运用对比强调了巧克力的口感,这是大多数文化都能欣然接受的。再如,香奈儿的香水广告中,美女模特气质优雅,香气氤氲,将法国式的浪漫扩展到了全球各地,突出了法国香水的正宗形象,而这也是全球各地消费者所共同追求的。

(三)迎合当地价值观,随机应变调整广告诉求点

一些企业采取这一策略,取得了非常大的成功。

可口可乐公司的广告主题词“无法抓住那种感觉”(can't beat the feeling),在日本等地改成了“我感受可乐”(I feel Cola),在意大利改为“独一无二的感觉”(unique sensation),在智利则改为“生活的感受”(the feeling of life)。在美国,可口可乐的广告是突出个人的自我享受和愉悦之情,而到了中国却是完全中国化的,充分展示“独乐乐不如众乐乐”的中国传统文化精髓。

火星公司在为其“Pedigree”狗粮制作的美国广告中使用了金色猎犬,而在亚洲广告中则使用狮子狗。

耐克公司在墨西哥不再使用格言“想做就做”(Just do it),而是使用“做吧”(Do it),

以适应当地做生意的方式。

宝洁公司在其"爱尔兰的春天"(Irish Spring)香皂广告中,针对讲英语的加拿大人强调香皂的除臭优点,而对于加拿大法语区则强调香皂令人愉悦的香味。

富豪汽车在美国强调经济、耐用和安全,在法国强调地位和休闲,在德国强调功能,在瑞士强调安全,在墨西哥强调价格,而在委内瑞拉则强调质量。

美国佳灵牌香皂有一则广告十分注意适应每一个当地市场的价值观,广告设计十分耐人寻味:在美国市场,广告画面为一位美女在沐浴;在委内瑞拉,画面上看到的是一位男士在洗澡间里;在意大利和法国,观众能看到一位男士的手;而在日本,看到的则是这位男士在洗澡间外面等着。

针对奉行集体主义文化的日本,IBM 对其广告做了信息调整——一家公司中的三个同事围在电脑前讨论工作。

(四) 实施"全球"地方化的广告策略,即混合式的国际广告策略

混合式的国际广告策略即"创意标准化,表现当地化"。中国旅美学者殷佳菲研究发现,在制定广告策略时,大多数公司认为中国文化的重要性远比人口变动以及环境因素重要,广告策略以混合式占多数,约有 77%。混合式的国际广告策略有以下两种做法。

第一,在全球采用同样的广告创意,但具体运用到不同的国家和地区时,则使用这些国家和地区的语言与人物形象去表现这个创意。

经典案例是麦当劳的"婴儿摇篮篇"广告。该广告的创意是全球统一的。片中一个婴儿躺在一摇一摆的摇篮里,当摇篮往上摆的时候,婴儿就笑,往下摆的时候,婴儿就哭。这样来回摆了好几下引起观众的悬念后,镜头转向摇篮正对着的窗外,那儿挂着一个麦当劳的标记。原来,摇篮往上摆的时候,婴儿看见了标记,他就笑;往下摆时,标记消失了,婴儿就哭。麦当劳向全球推广这则创意巧妙的广告,针对不同的市场采用了不同的婴儿形象:在欧美市场是欧美婴儿,在非洲市场是非洲婴儿,在亚洲市场是亚洲婴儿。

多芬香皂通过一系列广告来推动全球化并带有人们熟悉的一行字:"多芬含有 1/4 的润湿的油脂",而其后续场景是:来自世界各地的 30 岁左右的漂亮女士分别用自己的母语称赞 Dove 香皂滋润肌肤的优点。

可口可乐公司一个深受好评的广告画面是橄榄球明星琼·戈莆尼在艰苦的比赛之后把他的运动衫赠给一位给他一瓶可乐的小男孩。由于外国人很少了解橄榄球运动,而且他们也不知道琼·戈莆尼是谁,因而这个广告在美国以外是无法使用的。后来,在广告主题保持不变的情况下,广告将男孩、语言和明星根据当地的兴趣做了调整。例如,这个广告在南美洲使用了阿根廷的足球明星马拉多纳,在亚洲使用了泰国的足球明星尼瓦特,在中国则使用了歌星谢霆锋。

2001 年足球世界杯亚洲区十强赛期间,在中国各地电视台上播出的阿迪达斯公司的广告画面是:两支由世界各国明星组成的足球队在进行激烈比赛,最后射门的任务是由中国的足球明星完成的。其实,在不同的国家播出的这则广告,都是由该国的足球明星完成最后射门动作的,而其余的广告画面则基本上是一致的。这种本土化的广告无疑拉近了与消费者的距离。

第二,核心定位标准化与相关要素当地化结合。这方面的广告案例有许多,如香奈儿广告在全世界宣传同样的人类需要:看上去漂亮;斯沃奇手表向人们诉求娱乐需要;玉兰油定位为成年妇女用的面霜,但针对不同国家取了不同的名称;宝洁也根据不同文化为其洗发水命名,但都使用同样的广告词:wish-and-go。(愿望与行动。)

(五) 熟练掌握广告的翻译技巧,减少直接的语用失误

1. 商标及企业名称的翻译

商标及企业名称的翻译应该体现企业形象、知名度和美誉度,反映商标用语所代表的语言文化底蕴并诠释其赋予企业和产品的个性特征。译者在翻译过程中须充分考虑目的语的语言习俗、文化背景、宗教情感以及潜在消费者群的知识层次等因素。以下译例不失为一些成功的商标及企业名称的翻译:"Crest"译成"佳洁士",Colgate译成"高露洁"。口腔清洁用品译成"洁",含有干净、清洁、洁白的意思。美国著名日用消费品公司"Procter&Gamble"("P&G"),被译为"宝洁公司",也体现了这一特色。大家都熟悉的品牌"Mercedes Benz",译为"奔驰",符合中国的成语"奔腾不息,驰骋万里"所蕴含的语言文化信息,给中国消费者一种汽车性能好、乘驾舒适的感受,很巧妙地借用了中国文化元素。多芬美容护肤品和德芙巧克力,两者的英文商标皆为"Dove",但是两个商家不约而同地摒弃了"Dove"一词的本意"鸽子",而是采用音译的方法,前者译为"多芬"——给人以芳香又不失淡雅之感;后者为巧克力取名"德芙"——给人的感觉是软滑浓香,且很有品位,成功迎合了中国人的文化心理,使两种截然不同的商品在中国市场上都取得了成功。百事可乐将"Pepsi Cola"音译为"百事可乐",其中"百事"可以理解为一百件事,也可代指任何事情;"可"代表可以、能够;"乐"则是快乐、乐观。整体来说,可以理解为"祝福消费者任何事情都可以开心快乐"。"广百"的英译名"Grandbuy",既具有中文的音调,又含有大宗购物之意,消费者即使无意购物,也会被这响亮的名字吸引进去。超市"好又多"的英文名为Trust-mart(诚信商场),怪不得客似云来。欧洲著名零售商"Carre-four"(该词来自法语,原意为"岔路口"),进入中国市场时译为"家乐福",取"家家快乐幸福"之意,朗朗上口,让人不得不佩服其用心良苦。

2. 广告标语的翻译

广告标语是企业在市场营销时的主张与承诺,是商标品牌传播的文字核心部分,集中体现其传播策略,具备最权威的信息,被称为商标的眼睛。其翻译要求简短有力、内涵丰富,准确体现其外延与内涵,具备广度与深度,具有亲和力,易与目标受众产生共鸣。为了综合实现这些目标,广告标语的翻译具有相当的灵活性,其翻译方法可归纳为以下几种。

1) 直译

直译指在不违反译文语言规范和不引起错误联想的前提下,运用与译文相对应的词或词组进行翻译,尽量使译文既保留原文内容又保留原文形式,包括原文的修辞、风格与民族特色等。例如:"Tide's in,dirt's out"(汰渍到,污垢逃;或有汰渍,无污渍);"What a good time for a good taste of Kent"(健牌香烟其味无穷、其乐无穷!);IBM公司的广告"No business too small,no problem too big"(没有不做的小生意,没有解决不了的大问题);李宁牌的广告语为"一切皆有可能",通过直译法转换为"Anything is possible";嘉亨

印务的广告语为"给我一个机会,还你一个惊喜",可以直译为"Give me a chance, and you have a surprise"。

2) 意译

意译要求译文能正确表达原文的内容,但可以不拘泥于原文的形式。可以适时转换表达形式(如比喻中的形象、喻体等),调整结构,用解释、补充和对应替换等方式进行翻译。例如:"FedEx: We Live to Deliver"(联邦快递:诚信为本);"Can't Beat The Real Thing"(挡不住的诱惑);衣物柔顺剂品牌"comfort"译成"金纺"就是一个成功的意译:中国人崇尚吉祥的文字,"金"给人以尊贵的感觉,用在衣物上会使其焕然一新;"纺"表明了产品作为柔质剂的使用对象,突出了产品性能。

3) 套译

所谓套译,就是套用源语言或者目的语中的固有模式,在不破坏广告原文效果的基础上对广告进行翻译。翻译时可套用或模仿英汉成功的广告体例、英汉诗句、英汉谚语等各种文体。例如:"Tasting is believing"(百闻不如一尝),套用英语成语"Seeing is believing"("百闻不如一见");"Give me green world or give me yesterday"(今日的风采,昨夜的绿世界),套用美国独立战争时期著名的政治家 Patrick Henry 的演讲名句:"Give me liberty or give me death"(不自由,毋宁死)。

4) 借译

借译是指模仿习语、谚语、名人名言而进行翻译的一种方法。例如:"I'll do a lot for love, but I'm not ready to die for it"("爱情诚可贵,生命价更高")。

5) 四字格(八字联)译法

英语广告中有不少带有浓厚的感情色彩,恰好和中文的四字格(或八字联)相对应。这种结构节奏性强,朗朗上口,让人过目难忘。例如:"Intelligence everywhere"(智慧演绎,无处不在);"Once possess, nothing more is expected"(一旦拥有,别无所求);"Good to the last drop"(滴滴香浓,意犹未尽);"Enrich your future harvest today"(汇进现在,丰收将来);香格里拉酒店集团的广告语"Paradise found",被译作"世外桃源,梦想成真"。

6) 文化转译

英汉文化在传统和语言等方面存在差异而产生英汉不同的表达习惯与方式,翻译广告时需解决该问题,做好翻译中的文化转换,在译文中修补和改造差异。例如:"With the winter coming in, it's time to buy warm clothes"(冬天到了,是买寒衣的时候了)。在这里,"warm clothes"转译为"寒衣";"Silk of this kind makes excellent dresses"(这种丝绸可以做上好的衣料)。在这里,"dresses"转译为"衣料"。

总之,广告语言作为一种具有独特语言魅力的文体形式,已成为日常生活中一道不可或缺的亮丽风景。广告用语是语言与文化的统一体,充满着丰富的想象力和极大的创造性。在翻译时,为了处理好不同文化背景下语言的文化适应与沟通问题,应综合运用上述各种翻译手法,使译文准确传递商品信息、精神文化和价值信息。因为各民族的思维方式、价值观念、审美情趣等都存在着差异,所以这种翻译绝非只是一一对应的语码转换,它要求译者具备语言、文化、民俗、心理学、广告原理等多方面的综合知识,熟练进行另一种语言和文化的解码,真正做到达意、传神、表形,从而实现广告宣传的目的。

（六）规避当地政策法规方面的风险

有关广告实施的法规直接限制、影响着跨国广告的进行，进行广告创作前必须先调查了解清楚这些法规的内容。如果对一国法律、政策烂熟于心，在广告用语方面便可使用规避手法，既实现广告目的，又绕开政策限制。

（七）文化优势融合原则

坚持文化优势融合原则对于跨文化广告沟通具有至关重要的意义。这是因为，广告具有本民族文化特点才能吸引受众，也只有适应受众文化才能被受众所接受。麦当劳快餐店遍布全球，但麦当劳在不同国家有不同菜单：在法国配有香槟，在英国配有威士忌，在德国有啤酒，在新加坡、马来西亚有果味奶茸，在中国则配有红茶。这种融合两种文化优势的原则在广告沟通中同样很重要：一方面要具有本民族文化特色才能吸引受众，另一方面要适应受众文化才能被接受。可口可乐在中国春节期间的广告舞出中国龙；百事可乐送出千千万万副春联："百事可乐迎新春，七喜临门度佳节"；丰田"车到山前必有路，有路必有丰田车"的广告语，确实让我们觉得技高一筹。运用民族特色来宣扬产品，能形成独特的广告风格，这与世界化不是冲突的。法国香水、时装广告如果不以其浪漫国度特色为卖点，肯定会黯然失色。万宝路广告正是告诉消费者其产品来自"牛仔之国"才大行其道。一个国家、民族独特的气质、精神传统、美学观念以及特有的文字、图案色彩，都能构成跨国文化广告的鲜明个性，将其融合在广告创作中，选择当地人易于理解的方式表现出来，往往是避免其淹没在广告信息中的高招。

以上基本策略无疑对我们从事跨文化广告沟通活动有重要的实践指导意义。当然，不同的市场环境有其特殊的文化背景和市场特色，我们不能一概而论，而是需要因地制宜地做适当的策略调整。

复习思考题

1. 广告的特征是什么？
2. 广告与文化之间有何关系？
3. 文化因素对跨文化广告沟通的影响表现在哪些方面？
4. 跨文化广告沟通的策略有哪些？

思考案例

肯德基的跨文化广告沟通

自 1987 年在北京开办第一家快餐店以来，肯德基成为中国最有名的国际快餐品牌之一。在中国消费者最喜欢的国际品牌排名中，肯德基位于榜首。进入中国以来，它开展了大规模的广告宣传活动。肯德基的众多广告充分体现了跨文化的融合与交流的特点。其中，有一系列广告运用了中国古老的艺术形式京剧。一个美国快餐品牌在广告中展示了中国的传统艺术和现代流行元素,这是个很有趣的现象。其中的一则广告描述了一名没有卸妆的京剧演员正在吃肯德基,另一则广告则讲述了父子之间的冲突与和谐。画面被分为两部分:父亲在左边的房间里唱京剧,儿子在右边的房间里跳街舞。他们最后在吃母亲端上来的老北京鸡肉卷时取得了和谐统一。在广告中,他们把传统的国粹京剧与现代元素结合在一起,体现了中西文化交融的精神。

2020年,肯德基将中国传统早餐——豆花纳入早餐菜单,一口气推出了咸、甜共4种口味的豆花,并推出了系列广告投放至电视、新媒体、网页等。终结了南北方"甜咸党"为豆花的口味争论。广告开始以"豆花"的叫卖声激发了观众儿时的回忆,拥挤的小巷、遛鸟的老人渲染了怀旧的气氛。画面一转,寻觅豆花的小女孩长大变成了亭亭玉立的少女,她惊喜地发现:肯德基有豆花啦!广告结束让观众意犹未尽,顿时怀念起儿时豆花的味道,短短十几秒满载着中国味儿。

案例思考题:肯德基在中国的广告宣传是如何成功的?它有哪些做法可供借鉴?

第 八 章

跨文化团队的沟通问题

导读案例

深圳威尼斯酒店的互补型团队

深圳威尼斯酒店位于深圳华侨城，是一家高档酒店，其投资方为华侨城集团，由著名的酒店管理机构——六洲集团进行管理。其独特的身份决定了它从一开始就是一个"混血儿"。酒店的管理层由来自德国、美国、新加坡、中国香港、菲律宾和中国内地等多个国家和地区的人员组成，是一支名副其实的"多国部队"。酒店总经理皮特·鲍尔迈耶（Peter Pollmeier）先生在中国已经工作了 12 年，并娶了一位中国太太。之前，他在欧洲和澳洲的酒店工作了多年，在美国接受过培训，是一个不折不扣的"文化混血儿"。他认为，总经理主要的工作就是组建一个成功的管理团队，而他的三大基本原则是存同求异、沟通学习和本土化。

第一，存同求异。鲍尔迈耶先生认为，在一个团队中，互补涉及成员之间文化背景、从业经历、个性特点和管理风格等诸多方面的内容，因此，管理者要在存同的基础上，主动求异。

威尼斯酒店的管理层主要来自欧洲、美国和亚洲三个地区。鲍尔迈耶认为，从酒店行业来讲，欧洲的特点是讲求高标准、高质量和高规格，文化气氛浓厚，尊重客人的身份和地位，管理上追求一丝不苟；美国的酒店则最关注成本和盈利能力，管理上追求高效率、高利润，在此前提下，鼓励创新和发挥；而以中国为代表的亚洲酒店则是人文气氛浓厚，管理上讲求亲和力，因此，"关系"是国外经理人必须学习的课题。这些管理风格和文化本身没有先进与落后、好坏优劣之分，它们是相互补充、互相融合的关系。

考虑到自己是德国人，鲍尔迈耶先生在招聘副总经理时，刻意避开自己的同胞，最终选择了在美国生长的法国人。来自中国香港的财务总监是个典型的东西结合体，熟悉东西方的财务制度，既能按国际标准进行财务管理，又能按中国习惯进行运作。主管餐饮的总监来自酒店业相对发达的新加坡，餐饮部还配备了中国本土和澳大利亚的顶级厨师，以满足中外客人的不同需求。销售总监是在新西兰工作多年的菲律宾人。这种"文化熔炉"可以将世界各种管理风格汇聚到威尼斯酒店这个大家庭中。

第二，沟通学习。不同的文化、知识经验和风格是公司宝贵的财富，但如果这些互补型资源彼此孤立，不能很好地交流和沟通，它们将无法发挥应有的作用。鲍尔迈耶认为，理想的做法是团队成员之间应当彼此沟通、互相了解和学习，将自身的独特资源和同事分享，让这些资源在团队内部合理流动。团队中的这种"资源流"其实是知识管理的重要部分，它在互补型团队中的作用更加明显。

管理多国团队的"资源流"，其挑战是显而易见的，对一个新的团队而言更是如此。在团队组建之初，大家彼此了解不多，文化背景不同，价值观念迥异，难免存在互相排斥的现象。如何在互补型团队中保证成员之间分享彼此的资源，就成为摆在总经理面前最紧迫的任务。威尼斯酒店的团队建设得到高层极大的重视。为了使团队成员尽快融合，酒店聘请了专业的团队教练来把关，包括总经理在内的所有员工，分批参加各种形式的野外团队拓展训练，通过游戏、竞赛等各种活动，团队成员之间打破了职位、国别和文化的界限。在这些活动中，管理层和员工一样，人人平等，为了共同的目标同甘共苦，彼此增进了解、加强友谊，消除了沟通时心理上的障碍，培养了团队合作精神。

如何使交流和沟通畅通是互补型团队的最大挑战。物以类聚，人以群分，拉帮结伙的小圈子不利于团队的整体利益。酒店通过每天的晨会、每周五的部门经理例会和每月的中高层会议，疏通了各级交流的渠道，鼓励各级、各部门的员工进行横向沟通和纵向沟通，倡导一种团结合作、开放透明的氛围。

第三，本土化。鲍尔迈耶认为，互补型团队的建设需要以本地具体环境为根本，以尊重本土文化、发挥本土员工优势为指导思想，西方管理再先进，也需要结合中国的实际才行，否则无异于舍本逐末，必败无疑。

中国员工在酒店得到极大的重视。威尼斯酒店的中层管理团队以本土职员为主，他们本身有本土的实践经验，在该酒店的工作中，又接触到了西方先进的管理理念和实践，如果能将这些和中国实际相结合，他们必将成为酒店的中坚力量。

鲍尔迈耶毫不掩饰地表示，对本土员工的提拔是酒店发展的一大战略。他说，中国本土优秀员工不少，他们不仅了解本地文化，而且具备很强的学习能力，接收新知识的能力很强。酒店有意识地培养部分有潜力的本地员工，并分批将其送到国外培训，使他们能够逐步将中西方的管理理念和方法融会贯通。

在上述案例中，深圳威尼斯酒店高管团队高度重视团队成员的沟通与交流，通过野外拓展训练和各种形式的会议，鼓励横向和纵向的沟通，创造了一种开放透明的沟通氛围，促进了员工之间的了解，增进了友谊，培养了团队合作精神。

21世纪以来，随着国际化步伐的不断加快，不同国别、不同文化背景的职业人士走到一起并组建一支高效的跨文化团队已经成为一种发展趋势。不同文化的人们聚合在一个团队中会产生很多不可回避的冲突，给团队领导带来前所未有的挑战。上述案例说明，解决的关键还在于如何从不同的角度处理好跨文化团队中的员工沟通。

一、团队的含义、类型与高绩效团队的特征

（一）团队的含义

在中国，早有"人心齐，泰山移""二人同心，其利断金""众人拾柴火焰高"等俗语，可见古人早已意识到团队的重要意义。在全球化的大趋势下，企业之间的竞争日趋激烈，组织所面临的外部环境复杂多变，如信息技术快速发展、国际化竞争激烈、用户需求日新月异、产品生命周期不断缩短等，组织面临的不确定性挑战越来越大，传统的科层组织结构受到挑战。目前组织内的很多工作兼具复杂性与挑战性，仅仅依靠个人的力量根本无法完成，只有依赖员工组成的团队，集合团队中每个人的能力与特色，同心协力才能完成。这就要求企业采取动态、灵活的组织结构以适应新的机遇和挑战，许多成功的跨国公司都十分重视团队的运用。在摩托罗拉公司、波音飞机制造公司等成功的企业中，团队精神已经成为其企业文化的重要部分，甚至成为其竞争优势的有力源泉。

关于团队的含义，西方学者从不同角度给出定义。

有"团队角色理论之父"美名的梅雷迪思·贝尔宾（Meredith Belbin）认为，团队是指有限的一些人为了共同的目标而在一起工作，每个人分担不同的角色，有独特的贡献。

斯蒂芬·罗宾斯（Stephen Robbins）认为，团队是指一种为了实现某一目标而相互协作的个体所组成的正式群体。

刘易斯（Lewis）认为，团队是一群认同并致力于去达成共同的结果而努力的组织。在刘易斯的定义中强调三个重点：共同目标、工作相处愉快和高品质的结果。

沙勒斯（Shals）等人认为，一个团队是由两个以上具有不同背景及特色的人所组成的，他们被赋予特定的角色与功能，并表现出不同的功能，在有限的期间内紧密地在一起互动，相互依存，机动式地完成共同的目标或具有特别价值的任务。该定义除了再度提到共同目标外，还强调了团队成员的互补性。

盖兹贝克（Gaizibeike）和史密斯（Smith）认为，一个团队是由少数具有互补技能的人所组成的，他们认同于一个共同目标和一个能使他们彼此担负责任的程序。这个定义目前在团队文献中被广泛采用。

国内学者徐芳认为，团队由两个或两个以上的人组成，通过彼此协调各自的活动来最终实现共同的目标。

杨志将团队定义为：因企业的某项关联工作而使各成员联合起来的在行为上有彼此影响的交互作用，在心理上能意识到其他成员的存在，并有彼此相归属和工作精神的集体。

综合以上观点，团队是一群为数不多的、具有不同背景、不同技能、不同知识的人所组成的一个特殊类型群体，他们相互承诺，具有明确的团队目标。

（二）团队的类型

根据团队成员的来源、团队拥有自主权的大小，可以将团队分为四种类型。

1．问题解决型团队

问题解决型团队的核心点是提高生产质量、提高生产效率、改善企业工作环境等。20

世纪 80 年代,团队刚刚产生,大多数团队的形式都很相似,这些团队一般由来自同一部门的 5~12 个员工组成,他们每周聚会几个小时,团队成员就如何改变工作程序和工作方法相互交流,提出建议。现代团队管理中应用较多的问题解决型团队有危机公关小组、国有企业的生产车间、班组等。

2. 自我管理型团队

自我管理型团队是一种团队合作和参与方式,作为组织正式运作的一种方式,它得到来自组织的强有力的支持。自我管理型团队不仅注意问题的解决,而且执行解决问题的方案,并对工作结果承担责任,相比于问题解决型团队,它更能激发员工参与决策的积极性。1993 年,有 68% 的《财富》1000 强公司使用了自我管理型团队,大约 30% 的美国企业采用了这种团队形式。

3. 多功能型团队

多功能型团队是为了完成某项任务,由来自同一种等级、不同领域的员工组成,使组织内不同领域的员工之间交换信息,激发新的观点,协调复杂的项目,解决所面临的一些问题。

多功能型团队的兴起于 20 世纪 80 年代末。当时,著名的汽车制造公司如丰田、尼桑、本田、宝马、通用、福特、克莱斯勒等都采用了多功能型团队来完成复杂的项目。

4. 虚拟团队

虚拟团队是一个由跨空间、跨时间和跨组织界限、依靠信息技术、为某个共同目标而相互独立工作的人们所组成的团体,它是虚拟组织中一种新型的工作组织形式,是一些人由于具有共同理想、共同目标或共同利益,结合在一起所组成的团队。从狭义上说,虚拟团队仅仅存在于虚拟的网络世界中;从广义上说,虚拟团队早已应用在真实的团队建设世界里。虚拟团队只要通过电话、网络、传真或可视图文来沟通、协调,甚至共同讨论、交换文档,便可以分工完成一份事先拟定好的工作。换句话说,虚拟团队就是在虚拟的工作环境下,由进行实际工作的真实的团队人员组成,并在虚拟企业的各成员相互协作下提供更好的产品和服务。在 2020 年新冠肺炎疫情的影响和推动下,虚拟团队成为团队合作和管理的主流形态。

(三)高绩效团队的特征

事实上,任何团队形式并不能自动地提高生产力,它也可能使管理者失望。高绩效团队是指发展目标清晰、完成任务前后对比效果显著增加,团队成员在有效的领导下相互信任、沟通良好、积极协同工作的工作群体。组织行为学家的研究表明,影响高绩效团队的因素或者说高绩效团队的主要特征有以下几点。

1. 清晰的目标

高效的团队对于要达到的目标有清楚的了解,并坚信这一目标包含着重大的意义和价值。

2. 相关的技能

高效的团队是由一群有能力的成员组成的。他们具备实现理想目标所必需的技术和能力,而且相互之间有能够良好合作的个性品质,从而可以出色地完成任务。

3. 高度的忠诚

高效的团队成员对团队表现出高度的忠诚和承诺,为了能使群体获得成功,他们愿意去做任何事情。每一个人都具有充分活力,愿意为目标全力以赴,觉得工作非常有意义,可以学习成长,可以不断进步。

4. 相互的信任

成员间相互信任是高效团队的显著特征,就是说,每个成员对其他人的行为和能力都深信不疑。

5. 良好的沟通

群体成员通过畅通的渠道交换信息,包括各种言语和非言语信息。此外,管理层与团队成员之间有健康的信息反馈机制,并经常进行以获取超过个人水平的见解为目的的"深度访谈",鼓励成员将他们认为最困难、最复杂、最具冲突性的问题放到团队中来讨论,自由地表达各自的观点并加以验证,使彼此能够真诚对待,消除误解。

6. 适当的领导

团队领导人对于照顾团队任务的达成与人员情感的凝聚保有高度的弹性,能在不同的情境做出适当的领导行为。

7. 团队的规模

团队的规模与群体规模的要求相似。认知心理学的研究表明,人的认知加工广度为 7 ± 2,人们称之为"心理魔数"。这个数字也成为确定有效团队规模的一种框架,例如,把团队规模定为 7 ± 2 人,把管理部门的个数定在 7 ± 2 的幅度等。

二、跨文化团队的类型和成员角色

随着跨国企业、无边界组织的不断扩张和发展,这类组织成了跨国体、跨民族、跨地域、跨政体的特殊实体,成为跨文化组织。它们必须把具有不同文化背景、不同价值标准、道德标准和行为模式的各国员工凝聚起来,形成有战斗力的团队,共同实施公司的经营战略。那么,当来自不同文化背景的人在一起工作时,就形成了跨文化团队。

(一)跨文化团队的类型

按照成员来源,跨文化团队可以分为三类。美国哈佛大学商学院教授坎特专门写了一本书《0之寓言》,指出有以下三种跨文化团队。

1. 象征性文化团队

象征性文化团队指的是一个团队中,只有一个或两个成员来自不同的文化,其他队员则全部来自同一种文化,如在研发部门的 5 个成员中,4 个是中国人,只有 1 个来自法国。

2. 双文化团队

双文化团队指的是一个团队成员基本来自两种文化,而且来自两种文化的人数量相等。例如,一个研发团队有 6 个人,其中 3 个人来自中国,3 个人来自英国。

3. 多文化团队

多文化团队有数量相当的、来自 3 个或 3 个以上文化的成员。这样的跨文化团队在全球企业中特别常见。本章导读案例中的深圳威尼斯酒店的管理团队就是一个比较标准的多文化管理团队,酒店的管理层来自德国、美国、新加坡、中国香港、菲律宾和中国内地等多个国家和地区。

(二)跨文化团队成员的角色

在跨文化团队中,不同成员扮演着不同角色。

1. 革新者

在跨文化团队中,革新者富有想象力,喜欢对跨文化团队的团队精神、团队规模等进行创新和变革。革新者的独立性较强,愿意按照自己的思维方式、工作方式和节奏行事,有冒险精神,愿意承担风险和责任。革新者的优点是他能从文化的角度给跨文化团队带来发展壮大的动力,能给跨文化团队注入新的血液。革新者的缺点是做事情比较专断,不愿意听取别人的意见。

2. 倡导者

在跨文化团队中,倡导者是乐意接受并支持新观念的人。在革新者提出新创意后,倡导者善于利用跨文化团队成员的价值观和信仰以及跨文化团队成员间的文化冲突来实现革新者的新创意。倡导者的弱点是他们不一定总是有耐心说服别人追随新创意。在跨文化团队中,倡导者工作的最大障碍是如何消除跨文化团队成员因不同文化背景而形成的文化差异以及由此形成的文化冲突。

3. 开发者

在跨文化团队中,开发者在跨文化的沟通、跨文化差异处理等一系列的问题方面有很高的分析技能,尤其是在跨文化团队作出决策以前。他们擅长评估,善于分析几种由于不同文化价值观而可能形成的不同方案的优劣,以适应不同文化背景的跨文化团队成员需要,提高跨文化团队的绩效和效率。

4. 组织者

在跨文化团队中,组织者喜欢根据跨文化团队的目标制定完成任务的操作程序,使新的创意、新的任务逐步成为现实。他们会根据跨文化团队成员的文化价值观、技能、特长等来设定具体的任务,制订计划,组织人、财、物、信息等资源,创建种种制度,以保证团队按时完成任务。

5. 生产者

在跨文化团队中,生产者与组织者相似,他们也关心跨文化团队任务完成的质量和效率,但他们的着眼点主要在于必须按时完成跨文化团队的任务,保证所有承诺都能兑现。他们注重产品的品质,努力使产品合乎标准。

6. 核查者

在跨文化团队中,核查者的主要任务是根据跨文化团队的特征、跨文化团队成员的文化特征以及该团队所要完成的任务的特征制定规章制度,贯彻执行规章制度。他们善于核查细节,特别是跨文化团队成员的价值观和宗教信仰方面的差异对规章制度的贯彻所造成的影响。核查者发现冲突和差错后会立即对其进行调整与控制,保证跨文化团队的任务能够高质量高效率地完成。他们希望核查所有的事实和数据,在产品质量的检查上精益求精。

7. 维护者

在跨文化团队中,维护者对自己和跨文化团队的成员完成任务的方式有强烈的信念。他把跨文化团队看成一个大家庭,在支持团队内部成员的同时,会积极地保护团队不受外来者的侵害。因为跨文化团队成员的文化背景不尽相同,非常容易受到外来因素的影响。维护者在增强团队稳定性方面发挥着重要作用。

8. 建议者

在跨文化团队中,建议者是很好的听众。跨文化团队成员的文化价值观等各不相同,建议者能从不同角度分析问题,收集各种有价值的信息。他们愿意在跨文化团队作出决策之前得到更多有价值的信息,而不愿意把自己的观点强加于人。因此,他们的任务是鼓励团队做决策之前充分收集信息而不是匆忙做决策。

9. 联络者

在跨文化团队中,联络者倾向于了解所有团队成员的看法,他们是协调者,是调查研究者。他们不喜欢极端的行为方式,而是尽力在所有团队成员之间建立合作关系。他们认识到,跨文化团队成员可以为提高团队绩效作出各种不同的贡献,尽管可能存在各种差异,但他们会努力把"人"和"活动"整合在一起。这种角色与其他角色可以重叠,或者说上述八种角色中的任何一种都可以扮演联络者的角色。联络者的任务是为了完成跨文化团队的任务使跨文化团队成员增强相互了解和信任。

在跨文化团队中不是每一种角色只能由一个成员来担当,有时一个成员可以担当多种角色,这是由跨文化团队成员的规模和成员的个人能力决定的。这九种角色要相互配合、相互支持,才能使跨文化团队发挥最大的效应,因此,良好的沟通对于跨文化团队的成功是至关重要的。

三、跨文化团队的沟通障碍

玛格丽塔·尼尔将群体冲突分为三类,即关系型冲突、任务型冲突和流程型冲突。关系型冲突指的是由于人与人不同而造成的冲突,这其中包括性格差异、敌意对抗和个人反感;任务型(或称认知型)冲突指的是各方对团队任务认知差异而造成的冲突;流程型冲突指的是在行事方式和资源分配方面的意见分歧。跨文化团队成员来自不同的文化背景,具有不同的语言背景、宗教传统、风俗习惯等,如同一队全球商务圈里的旅行者,无论是心理世界还是外部行为系统都存在着显著的差异,因此不可避免地会产生文化冲突。其冲突之复杂,往往是三种冲突类型兼而有之。

高特纳咨询公司在调查了全球 2 000 家公司后预测,全球跨国公司中,超过 60% 的专业人士将以虚拟团队的方式工作。但同时又提出,有 50% 的虚拟团队由于不能有效管理分布式的员工而导致失败。而相关调查显示全球虚拟团队比局部地区的虚拟团队面临更多的挑战。全球虚拟团队需要花费更多的时间做决策,成员的压力和冲突更不容易消除。由于团队成员分散在不同的地理位置上,不同时区、不同的组织、不同的国家,而且在社会环境(文化、宗教、种族、风俗及社会制度)方面相差极大。不同的文化背景,决定了人们持有不同的价值观、行为准则再加上时间性、地域性的限制,虚拟团队的沟通显得尤为复杂和困难。特别是在 2020 年新冠肺炎疫情的影响下,虚拟团队成为企业复工复产、提高效率、整合人力资源的最佳选择。因此,我们有必要消除跨文化沟通障碍的影响,提高虚拟团队沟通效率。

文化多样性的不利因素主要在于沟通的障碍方面,具体来讲,跨文化团队的沟通障碍主要表现在以下几个层面。

(一) 价值观层面

不同文化背景的人具有不同的价值观,即使在同一文化内,人的价值观也不尽相同。例如,美国是一个具有高度个人主义价值取向的国家,因而来自美国的团队成员偏好个人决策;而委内瑞拉是一个具有高度集体主义价值取向的国家,其团队成员更倾向于集体决策。不同的价值观必然导致思维方式上的冲突。西方人把工作时间和私人时间区分得很清楚,而中国人相对不会十分明确地区分工作时间和私人时间。因此,来自美国和法国的员工认为下班时间、放假时间或休假时间,都属于私人时间,不应该占用该时间从事与工作相关的事务。而中国员工有明显的加班习惯,即使在假期时间、休假阶段仍然会去跟踪工作进展情况。

当全球的团队中拥有多种不同的文化背景时,对相同的事情会产生不同的想法,如果不加以注意,最终可能演变成互相之间的误解。曾经有一个由美国和西班牙人组成的跨文化团队。在整个项目过程中,西班牙人在有关项目进展的邮件里总是喜欢抄录领导的讲话,这是他们的文化传统,这让美国人误以为他们是在敷衍了事,双方的分歧越来越大,最终导致项目没能在规定期限里完成。

小案例 8-1　好心没好报

刘立平是一位刚进公司的新员工。这家公司是一个大型的跨国公司,许多工作是通过跨文化团队来完成的。3 个月培训期结束后,刘立平参与到一个虚拟团队中来,与他一起工作的同事来自美国、英国、马来西亚等国。他们之间有明确的分工,需要独立完成自己负责的部分,但也有合作。一天,刘立平在浏览美国同事大卫(David)已完成的部分时,发现有一个小错误,他当即进行了修改,并且在上面做了一个注释链接。心想:美国同事下次开会时肯定会为这件事感谢我。

还没有等到下次网络会议见面,刘立平就收到了大卫的邮件,不是感谢信,而是抗议信,信上写道:"尽管修改后在功能上更加完善,但我宁可不要这种完善! 我无法容忍我的工作结果被别人修改!"刘立平还发现这封抗议信被同时抄送给对方的老板。

刘立平没想到自己的好心竟换来这样的结果,他不知该如何是好。

在该案例中,中国工程师和美国工程师的误会源于不同的文化价值观。美国文化是典型的个人主义文化,大卫非常看重个人的价值和他对企业的贡献,在他看来,刘立平这种做法贬低了他的个人价值,威胁到他在公司的地位,所以才会大发雷霆。而中国文化崇尚集体主义,认为集体内部应当相互依赖、相互合作,帮助同事是理所当然的事情,没必要大惊小怪。

小案例8-2　一段失败的职业生涯

克劳恩特公司是一家中荷合资的高科技光通信设备供应商。2007年,公司总部派来一名荷兰人布拉姆(Bram)任中国分公司总经理,两名副总经理是中国人。布拉姆先生年近花甲,但精神饱满,充满自信,有着28年管理光通信设备公司的经验,对克劳恩特公司的成功胸有成竹。

布拉姆先生试图建立一套分层管理制度:总经理只管两个副总经理,下面再一层管一层。但他不知道,在中国执行这套制度需要上下级间的心灵沟通与相互间的了解和信任。对于中国市场,特别是中国特色的市场营销方式,布拉姆先生不太关心。他将有关市场业务事宜都授权给一位中方副总经理,但他和那位副总经理的关系并没有"铁"到副总经理为他玩命干的程度。

由于缺乏对中国文化足够的理解,布拉姆先生未能及时地进行心态和技能方面的调整,仍然采用他在荷兰所使用的领导方法,最终导致了许多问题。

在权力距离较大的中国,员工不会直接对上级提出反对意见,交流时常常会说"是",这使得布拉姆产生了巨大的误解,认为中国员工缺少主见,而中国员工则认为布拉姆直言不讳的表达方式缺少礼貌,西方式的交流并不利于中国式人际关系的建立。

在人际关系方面,中国员工倾向于一种长期的、互惠式的人际关系,因为这种人际关系能够使群体内部成员和谐共处。中国企业中,管理者与员工的关系常以两种方式存在,即上下级关系和朋友关系。上下级的关系使得下级必须去执行上级的命令;朋友式关系使得下属不好意思不去完成工作。这与西方文化注重短期效果与契约式关系的方式大为不同,这种差异导致了布拉姆先生的巨大困惑。

西方文化崇尚个人主义,决定了他们在决策过程中积极参与并马上执行。中国文化强调集体主义,管理者倾向于集体决策且看重决策的一致性,员工在进行群体决策时,一般很少发言或保持沉默,因为人们有意回避此后可能出现的相关责任甚至秋后算账。这使得布拉姆大为恼火并深感不解。

由于无法适应中国文化的价值理念,更看不惯中国员工的种种行为表现,布拉姆和中国团队的冲突不断升级。14个月后,布拉姆先生被集团董事会正式辞退,失望地结束了自己在中国的职业生涯。

(二)语言层面

不同的语言反映了不同的民族文化,语言差别是跨文化沟通的最大障碍之一。在跨文化团队中,不同文化背景的团队成员由于所使用的母语不同,因此会造成语言沟通的困难,有时甚至会变成"鸡同鸭讲""对牛弹琴",在进行沟通时常常容易引起误会,影响团队内部和谐人际关系的建立,破坏团队绩效。

东方文化是典型的高语境文化,而西方文化是典型的低语境文化。在高语境文化中,说话者的真实意图往往在很多细节之处和话语之外,如语气、表情等。在东方文化中,人们喜欢假设对方已经了解很多背景知识,说话非常简略,常用三言两语隐晦地说明问题。而西方人通常会假设你对背景情况一无所知,他们在叙述自己的观点之前会先叙述一下背景。要在跨文化团队中达成有效的沟通,东方人的"不提供背景知识"和隐晦的沟通方式就需要进行很大程度的调整。此外,在语言表达方面,西方人比较直接,甚至有的时候比较咄咄逼人,东方人则讲求委婉含蓄的表示方式,有时会弱化自己的本意,有时含义是隐含在表面的语言背后的。所以,双方在沟通时,产生误会和不理解的情况时常发生。

小案例 8-3　杨亮的苦恼

　　杨亮毕业于某名牌大学计算机专业。经过激烈的笔试、面试和心理测试,他进入一家位居世界 500 强的企业工作。培训 6 个月后,他被安排到一个项目组,从事软件开发工作。该项目组是一个跨文化虚拟团队,成员来自英国、印度、新加坡等国家,共有 39 人。项目依靠分工计划进度表来推进,项目成员每周进行一次电话会议进行沟通和协调。工作语言是英语。杨亮在学校时学的是"哑巴英语",虽然写作、阅读水平过得去,但口语水平不敢恭维。因此,在开电话会议时,杨亮不知道同事们在说谁,也听不懂他们在讨论什么主题。听到电话里大家笑起来时他最难堪,因为他不知道别人为何发笑。有人在电话里轻松地叫着对方的名字发言,好像老朋友一样,而他则像个局外人。从没有人叫他的名字,因为他很少发言,即使发言也语无伦次,他完全跟不上同事们的思路。他与同事沟通的主要方式是在会后发电子邮件,用书面表达自己的想法在他看来相对容易一些,但是看信、回信要花较多的时间,他的搭档虽然没有抱怨,但是建议他有事在电话里说。

　　没多久,杨亮成了整个项目组工作最慢的一个人,他感到非常苦恼。

从这个案例可以看出,由于语言上的沟通障碍,杨亮拖了整个项目组的后腿,影响了团队绩效。

(三)非语言沟通层面

在不同的文化背景下,一些人或许会认为别人谈话的声音太响了,而另一些人反而会觉得声音太轻了。有研究表明,来自拉丁美洲、中东以及地中海国家的人说起话来声音比其他文化地域的人要高出好几分贝,并且打岔是一种可接受的交换话语权的方式。这种沟通的模式在其他人看来是不可理喻的。这些都会给团队沟通带来障碍。在跨文化团队沟通中,来自中国的成员极易对日本成员的埋头谈话方式产生一种被轻视的感觉,对欧美成员直视对方的谈话方式感到紧张、不自在,由此产生沟通障碍。

(四)沟通风格层面

各种文化具有不同的沟通风格,这也会造成团队沟通的障碍。例如团队会议时,美国人认为最有效、最能引起大家注意和好感的开场白是讲一个故事,它最好与演讲内容有直接联系;德国人则喜欢直接切入主题,呈现数字、图表等客观的、基于研究基础上的硬性材料;日本人则喜欢在开讲之前说"道歉",为准备不周道歉,为招待不好道歉,为天气道歉,有时候实在没有什么可道歉的,就为没东西道歉而道歉。

不少在跨文化团队工作的中国员工觉得自己没有"话语权",往往自己还没说话,西方同事就把说话的机会抢走了。华盛顿大学商学院陈晓萍教授讲述了一个在她上海工作的学生的案例:该学生为了在总部开会时让大家能听到自己的声音,曾与东南亚的管理人员联合进行训练,他们先是用英语进行模拟电话会议,发现很困难,改成汉语后,情况也未改善。他们意识到问题并不在语言,而是在沟通方式,于是建议总部改变会议方式。"不是让大家自由发言,而是轮流发言,给每个人都安排了说话的机会"。这样,大家突然发现那些过去在会议上沉默寡言的人提出了非常有创意的建议。

此外,中国人喜欢避免直接冲突和公开批评,希望和周围的人保持和谐,给别人留"面子"。而西方人通常愿意直接面对问题,提出问题,讨论具有争议的问题,并坚持自己认为是"事实"的意见。他们对面子并不过分在意。

四、跨文化团队的沟通管理

(一)建立一致的目标

团队成员应对共同的目标进行定义,从而对目标产生归属感,以便于进行有效沟通。但在现实中,很多时候目标是由公司高层管理者制订的。这时,团队成员要定义清晰量化的团队目标,明确分派任务,制订详细的项目实施方案,要求每个成员在执行任务时能有效地管理自己的时间,按照承诺的时间完成工作,并且主动地汇报和分享自己的工作进展。需要注意的是,团队成员越分散,清晰的目标就显得越重要。

(二)采取有效的激励手段

激励会在很大程度上影响到员工的工作效率。通过对员工的有效激励,使其行为与组织的目标相一致,可以提升团队成员沟通的有效性。来自不同文化背景的员工由于其价值观念的差异,需要采取不同的激励手段才能有针对性地达到激励效果。例如,马斯洛需要理论认为个体具有五种需要,由低到高分别是生理需要、安全需要、归属需要、尊重需要和自我实现需要。该需要理论是建立在美国的文化价值观的基础上的。尽管该观点具有普遍性,但是也会因各国文化的差异而发生变化,如在中国这样一个强调集体主义和团队精神的国家里,归属感和安全感比满足成长需要更为重要。

(三)控制团队的规模

由于团队成员文化背景不尽相同,成员人数过多会产生较多的误解,成员间更不容易团结,还会导致成员间形成以各自国家文化和价值观为基础的小团体。而团队规模过小,会造成某方面知识的缺乏,成员可能不能高效率、高绩效地完成组织分配的任务。所以跨文化团队的规模应控制在一定的范围内,以确保成员间都充分了解并且互相发生影响。在团队构建阶段要注意以最小数量的成员来提供足够的知识和技能。一般来说,团队成员在 5～9 人之间为宜,各个成员的专长要形成优势互补。

(四) 建立团队共同的价值观

跨文化团队成员有着各自不同的价值观,目标各异,应把不同文化背景、不同民族的公司员工的社会价值取向、处事哲理统一在一个价值体系中,逐步在公司内部建立并形成共同的价值观。通过文化的引导,使每位员工能够把自己的思想和言行与公司的经营宗旨结合起来,才能够充分调动各成员的积极性和主动性,并在宏观的企业使命和价值观的引领下,进行员工之间的沟通和管理。这种使命和价值观体系需要与本土文化相融合,而且要符合团队成员共同的价值观体系,才能起到凝聚企业团队全体员工的作用。

(五) 发展对团队的认可

跨文化团队成员在异国工作生活,很难对团队产生归属感,特别是全球虚拟团队的成员分散各地,因此其成员会感到自身是独立于组织外的。为解决这个问题,团队成员可以共同确定一种团队内部独有的身份标志,使团队的结构、精神、价值观外显化,以加强成员对团队的归属感,这对促进团队有效沟通能够起到很好的作用。例如,为团队设计一个独特标志或者创造一种吉祥物,保证每个成员有一张团队照,并将成员的基本信息打印于照片背后,放置在经常可以看到的地方。

(六) 进行跨文化商务沟通培训

贝雷(Berry)提出了文化适应理论(acculturation),其结构框架被称为"Berry 的理论框架"。其研究指出,应从两个维度来描述文化适应:一个是人们是否能够保持自己的文化特色,另一个是个体是否愿意接触异族文化。在这两个维度上的不同反应就生成了四种文化适应方式。有的人在学习新文化的同时依然不放弃自己原有的文化价值观,能有机地将二者结合在一起指导自己的行为,这样的适应方式被称为"融合";有的人在接触到新文化后,为了使自己完全融入新文化,完全抛弃了原有的价值观,所谓"脱胎换骨,重新做人",这样的适应方式被称为"同化";有的人坚持自己母文化的价值观和风俗习惯,不愿接触,更不愿包容和接受新文化,这样的适应方式被称为"隔离";也有的人接触到新文化后,既不愿接受新文化的价值理念,也不再认同原有的文化,非常困惑和迷茫,感到不知所措,这样的适应方式被称为"边缘化"。研究表明,在这四种适应方式中,融合是最理想的方式,而边缘化是最痛苦和最糟糕的适应方式。而融合的发生必须建立在对自己的文化和异文化都有相当深刻了解的基础上,必须在学习新文化的同时反思自己的文化,找出文化之间最本质的差异以及潜在的相似之处,然后找出调整的方式,发展出一套为双方文化所接受的文化规则。显而易见,培训是达到这个目标的最有效的途径。

培训对于跨文化团队来说至关重要。跨文化商务沟通培训是更新员工知识体系、改变员工思维系统、对员工进行再教育的重要途径。通过培训,可以使受训者深刻认识并理解到不同文化之间存在的客观差异,能够主动地、有意识地从文化差异的角度来理解问题。通过培训,还可以使受训者更好地认识、理解自己文化和其他文化的发展、变化、优势和不足,能够主动地吸收异文化中使用价值高的文化特质为己所用,提高自己的管理水平。通过培训,还可以使受训者掌握不同的背景知识,掌握与人打交道的技巧,改变态度和偏见。团队在进行跨文化商务沟通培训后会有更强的凝聚力,使团队成员朝着同一个目标努力工作。拥有最佳实践的企业都会进行"跨文化交流""项目管理""团队合作"以及"利益相关人管理"等培训,并且他们还会针对团队的组织、沟通协作技术的选择以及如何在全球合作环境下建立和维护信任等问题提供指导原则和支持措施。

对跨文化团队成员的培训应包括以下两个方面。

1. 文化敏感性培训

文化敏感性是指辨别和体验文化差异的能力。跨文化敏感性的缺失会导致文化适应问题、沟通问题、自信心的丧失、工作满意度的降低。因此,在团队建设中,提供跨文化敏感性培训,通过让团队成员熟悉不同文化的价值观念、风俗习惯、宗教信仰、语言表达方式等内容,增强团队成员对于其他文化特征的把握能力以及与其他文化成员成功打交道的能力,引导团队成员以尊重平等的态度看待对方的文化,最终通过成员积极的适应性调整打造能够有效运作的跨文化团队。

2. 跨文化沟通培训

跨文化团队中,每个成员都必须和其他文化背景的人进行沟通。然而,不同文化背景的成员往往以本民族文化背景下的风格和方式进行沟通,在交流过程中难免产生误解、引发冲突。一方面,应对成员进行必要的语言培训,每种语言都有着独特的编码规则和模式,熟练掌握团队工作语言,将大大提高沟通效率;另一方面,应根据团队组成状况,有针对性地向成员提供跨文化沟通培训,使其相互了解彼此的沟通风格、言语以及非言语沟通的差异,促成成员间的有效沟通。

（七）识别文化差异,发展文化认同

北京理工大学管理与经济学院的孟凡臣、上海交通大学的刘南曾以中欧学生团队为例进行实证分析,探讨了中外跨文化团队的成功因素。实证分析的对象是中外合作项目课堂中的学生,共有 45 名学生,分别来自中国、法国、德国和挪威 4 个国家,每个团队由5～7 名学生组成,主要任务是国际战略的制定。

分析的方法是对学生团队进行问卷调查。为了更好地确定定性分析的变量,在问卷的设计上没有采用多种选择的方式,被访问者只需要回答"是"和"不是",只有个别问题有多个答案,但是只能选择一个答案,以保证变量的特性。共发放 100 份问卷,有 67 份返回,有效问卷为 62 份。

问卷的内容主要包括团队会议、团队的领导、团队的任务分配、团队的融合、团队精神以及团队的沟通等方面的内容。团队会议次数的观察值在 3～12 次之间,大多数团队进行了 6 次。

根据实证分析的结果,跨文化创新团队最重要的成功因素是团队成员对差异的认知程度、团队的差异化水平、组织能力和信任关系等。

据此我们得出的结论是,跨文化团队中的员工首先必须尊重文化差异,因为每一种文化关于价值判断的标准在其文化体系的范围内都有其存在的某种合理性,任何一种价值标准不存在比其他标准优越也不存在落后的问题,它们都是独特的。跨文化团队中的员

工必须提高对其他员工文化的敏感性和包容精神，要学会尊重文化差异，相互尊重，相互理解，不能只是进行简单的赞同或反对。其次，团队应该在尊重的基础上，充分发掘和识别不同文化间的差异，对文化差异的认识要从浅入深，掌握冲突的根本所在。一位跨国公司的美国经理说得直截了当："你不得不把自己的文化弃之一边，时刻准备接受你将面对的另一种观念。"

🎯 小案例 8-4　一支成功的国际化团队

柯里思教授曾经跟踪观察过一支不同质的、成功的国际化团队，其中有泰国人、中国人、澳大利亚人和其他地区的人。由于尊重文化差异，相互理解，经过 14 个月之后，团队成员已经不怎么记得其他成员的文化背景了，这时的团队已经没有了国籍和文化背景的差异，大家将彼此都看作团队中的一员。

🎯 小案例 8-5　海尔的跨文化团队建设

海尔在美国南卡罗来纳开厂的成功事实在很大程度上得益于跨文化团队建设的成功。该公司在南卡州工厂的大多数员工为美国人，只有工厂的总经理、1 名助理和 6 名工程师来自中国。美国《财富》杂志报道海尔南卡州工厂时写道："中国管理团队的特点是依靠领导，而美国人习惯的团队是双向沟通，即领导和成员不断交换意见、信息和建议。如何融合这两种看似很不相同的管理风格虽然困难，但最终沟通双方达成统一：海尔带来了自己的风格，但愿意根据美国员工的特点和需求对原有风格加以调整，从而使跨文化团队有效地建立起来。"

（八）尽快建立相互信任关系

建立相互信任、良好的关系是团队有效沟通的条件。在传统团队里，信任是通过非正式的社交活动和信息共享建立起来的。而对于全球虚拟团队来说，社交通常受到限制，成员也许从未见过面。虽然合作时间短暂且在虚拟环境下工作，但成员都是致力于团队目标实现的，所以尽快建立相互信任关系是有可能的。信任仍然依赖于人际互动和信息交换，具体措施多种多样，团队领导应因地制宜、见机行事。一般来讲，在跨文化团队中，可通过以下方式建立或增进团队成员之间的信任。

1. 营造相互尊重的氛围

成员之间相互尊重是团队有效运作的前提。在跨文化团队中，由于文化差异的存在，成员对于尊重问题尤为敏感和关注，因此，必须注意：第一，在选拔团队成员时应当注意成员能力的均衡问题，并将每位成员之前的成就和相关技能介绍给所有成员以增进了解；第二，设法消除民族中心主义和种族偏见，这两种心理会使成员间彻底失去信任，引发难以弥合的情感冲突；第三，在不同文化群体间平等分配权力，鼓励所有成员积极参与团队事务。某一文化群体支配团队将遏制非支配文化成员的贡献，对团队效能是非常有害的。

2. 鼓励成员诚实守信

诚实守信是一种良好的道德规范。诚实守信成为团队的主导氛围，将增进跨文化团队成员之间的相互信赖。如果相互猜忌、隐瞒欺骗的行为盛行，会让团队成员失去相互间的信任从而影响团队绩效。

3. 提供非正式沟通的渠道

建设并提供非正式的跨文化团队内部沟通平台，能够加强员工之间、管理层与员工之间的情感沟通，如年终总结会、集体旅游、员工运动会等。在非正式的沟通环境下，建立一套机制，鼓励大、中、小规模的，定期、不定期的，跨部门、跨文化的交流。

（九）加强团队沟通交流，鼓励员工自主学习

团队成员应该求同存异、相互理解，并经常沟通与交流，特别是对一些不同的观点与行为，成员彼此应从文化差异与思维差异的角度做深入分析，这样才能消除误解、避免冲突、达成谅解、相互理解，最后建立适合本企业团队的管理理念、思维方式、工作方式、交流方式的合作原则。同时，团队领导应当鼓励员工主动学习其他文化，自主地分析其他文化的精髓，真正地了解文化差异，使员工相互理解、相互帮助，使冲突降到最低程度。例如，有的跨文化团队建立定期例会制度，为项目组成员提供一个正式的沟通场所。每周三下午和每周日晚上召开工作例会，一方面可以制订计划、安排任务；另一方面可以统一思想、增进共识、消除冲突。另外，有的跨文化团队还重视非正式场合的作用，许多在正式场合产生的分歧，利用非正式场合进行沟通，予以消除。

小案例 8-6　跨文化沟通五种方式

联想集团的首席执行官比尔·阿梅里奥说："沟通是我每天都在做的事情。我经常在中国、新加坡、美国等地出差，与当地的经理人讨论公司的发展。"今天，像阿梅里奥这样的跨文化沟通者在许多公司已变得非常普遍。印度维普罗的总裁韦·保罗说："现在，许多创业公司一开始就是微型跨国公司，20 名员工在硅谷，10 名员工在印度。如果公司的产品不止一种，有些产品可能在马来西亚或中国制造，有些设计在中国台湾，而客户支持在印度或菲律宾，工程方面则可能在俄罗斯及美国，这将成为未来的潮流。"

在这股潮流中，沟通技巧日益成为跨国团队合作的基石。如何促进习惯、文化不同的高层管理团队高效互动？以下是联想、通用电气、西门子等优秀公司的经验。

第一，高层管理者要做榜样。阿梅里奥现在已经会说"你好"和"谢谢"。他还参加了一个"沉浸式"中文学习项目，以便了解更多的中国文化。西门子中国区总裁郝睿强非常乐于做中国经理的导师。他和经理们单独见面，帮助他们规划自己的职业发展；给他们讲解他们平时不太接触的东西，如制度是如何建立的、决策是怎样产生的等，让他们熟悉西门子的企业文化。

第二，了解双方的思维和习惯。阿梅里奥的感受是，美国和欧洲的经理人擅长表达自己的想法，而且希望让所有的人都了解自己的想法。中国的经理人往往倾听的时间更多，而且他们经过深思熟虑后才会表达自己的观点。美国及欧洲的同事要明白，如果中国同事没有说话只是在点头，这并不一定意味他们表示同意。

第三，参加业务会议，保持有效沟通。通用电气中国公司的首席培训官白思杰经常要为各业务集团的经理人设计培训课程，他把集团内的培训经理看作自己最大的客户，通过会议与他们保持有效的沟通。"我们会保持经常的交流，我会参加他们的会议，会见各个业务集团的负责人，试着了解他们的人才需求。"另外，他还从培训经理那里拿到各个级别领导力培训项目的候选人名单。"因为培训中心并不了解业务集团的具体情况，不清楚哪些人适合参加什么培训。而他们有人才库的储备，会提出合适的人选。"

第四，设定标准，避免沟通误解。白思杰说："几年以前，我们有 45 个不同版本的Coaching(教练)课程。在布达佩斯的培训师和上海的培训师使用完全不同的术语与技巧。现在我们努力制定一个标准的 GE 版本，做到在程序、术语和训练方法上都是相同的。"白思杰的目标是，让不同国家的经理人受到相同的训练，这样他们就不会产生不必要的沟通误解。

第五，创造沟通的机会。有效的沟通，往往是在轻松活泼的环境中实现的。为此，联想公司举办中秋乒乓球大赛，还邀请到了 1992 年奥运会乒乓球冠军，让他和公司的经理人进行比赛。此外，阿梅里奥领衔的外方团队，在双打比赛中与以董事长杨元庆为首的中方团队展开了较量，结果以微弱比分负于后者。通过乒乓球比赛这样的非正式沟通活动，中外管理人员展现了自己的所长和团队精神，加深了彼此的了解和信任。

（十）鼓励合作

团队领导应支持和鼓励成员自由地表达、分享信息。例如，在电子会议中提供一部分时间供成员闲聊，培养一种开放、轻松、合作的团队风格；在平常的交流中，设置一个聊天室，提供一个建设性对话的平台，促进成员积极地参与到跨文化交流中来。

小案例8-7   现代沟通技术的效果

中国信息产业电子第十一设计院有限公司在和印度钻石公司的一个项目设计合同的谈判初期，因为对印度方的具体情况了解不多，故在沟通技术上选择的是出国会议面谈＋平时的电子邮件方式，结果因为海外的一些电子邮件传输上的问题，很多前期的邮件都没有收到，使前期合同谈判受到了延误，双方产生了许多误解。

在该设计院人员访问印度方项目所在地清奈后，根据合作方的现有装备，及时调整了合作双方的沟通技术，增加了一项沟通技术，建议合作方利用互联网并安装SKP 软件，加上摄像头，这样就可以实施网络在线电话会议与联络，这样就解决了电子邮件传输故障带来的问题，在后面的设计实施中提高了效率，保证了第一批施工图的按时出图。

从上述案例可以看出，在国际合作项目中，因为项目的特点决定了合作的各方不可能经常性地开展面对面的沟通,而沟通技术选择错误会导致信息传递的障碍,从而影响与合作方的沟通甚至整个项目的实施。项目沟通计划是确定利害关系者的信息交流和沟通要求。作为沟通计划依据之一的沟通技术是指与项目关系人沟通或他们之间相互沟通的方法,其形式有书面的、口头的、电子邮件、正式情况报告、会议、在线数据库等,要灵活使用,注重效率。

(十一)有效解决文化冲突

根据冲突管理理论,解决跨文化团队的冲突有以下几种策略。

(1)迁就策略。本土企业成员可以采取迁就的态度,把对方的利益放在自己的位置之上,从而起到安抚别国员工的作用。迁就他人在东方文化背景下会比较受欢迎,但对于欧美等崇尚个性的群体来说,这往往会被认为是软弱的表现。

迁就策略适用的场合:认为自己错了;事情对他人更具有重要性;为未来重要的事情建立信用基础;竞争只会损坏要达成的目标;和谐比分裂更重要;帮助其他员工发展,允许他们从错误中吸取教训。

(2)合作策略。冲突双方主动一起寻求解决问题的办法,互惠互利,双方的意图是坦率澄清差异并找到解决问题的办法,而不是迁就不同的观点,无须任何人作出让步。这是一种双赢策略,因而在团队内部会逐渐形成融合的文化,即不同文化间在承认、重视彼此差异的基础上,形成相互尊重、相互补充、相互协调、相互合作的全新组织文化,这种统一的文化不仅具有较强的稳定性,而且极具"杂交"优势。

合作策略适用的场合:双方利益都很重要而不能折中,力求一致的解决方案;当目标是团队学习时,需要充分了解他人的观点;需要解决问题的不同角度;获得他人的承诺,决策中蕴含着他人的主张。

(3)强制策略。牺牲别人利益换取自己的利益,以权力为中心,为实现自己的主张,可以动用一切权力,包括职权、说服力、威逼利诱,故强制策略又称强迫式策略。在多文化背景下,强制策略旨在形成团队内一种文化凌驾于其他文化之上而扮演统治者的角色,团队内一切决策及行为均受这种文化支配,而其他文化则被压制。该种策略的好处是能够在短时期内形成一种"统一"的组织文化,但其缺点是不利于博采众长,而且因其他文化遭到压抑而极易使其成员产生强烈的反感,最终加剧冲突。

强制策略适用的场合:当快速决策非常重要时,如紧急情况;执行重要的且又不受欢迎的行动计划时,如缩减预算、执行纪律;对公司是重要的事情,且主文化一方认为这样做是对的。

(4)回避策略。即使意识到了冲突的存在,但仍希望逃避它或抑制它;既不合作,也不维护自身的利益,采取一躲了之的做法。其特点是试图忽略冲突,有意忽略回避文化差异,回避其他团队成员的不同意见,从而做到求同存异,实现组织内的和谐与稳定。该策略虽然可以维持暂时的平衡,但不能最终解决问题,因为这种和谐与稳定的背后往往潜伏着危机。

回避策略适用的场合:当事情不是很重要时;文化间差异较少;自己的利益无法满足时;面对冲突带来的损失会大于回避问题带来的利益;为了让人冷静下来;获取更多信息

比立刻决定更有优势；当他人能更有效地解决冲突时。

在跨文化团队内部冲突问题上，不可能找到适用于所有情境的冲突管理策略，有效的管理策略必须符合具体的团队文化背景，即文化权变的冲突管理策略。

（1）根据团队成员的文化构成状况选择适宜的管理策略，做到文化、冲突问题与管理策略的最佳匹配。例如，在团队成员实力对比悬殊的象征性跨文化团队中，当双方由于琐碎、繁杂的问题发生冲突且迫切需要解决时，可考虑采用强迫策略；当不同文化力量旗鼓相当，难以达成一致，却需要及时解决问题时，可考虑采用合作策略，冲突双方主动一起寻求解决问题的办法，这样既能够维护各方利益，又可以找到解决问题的最佳途径。

（2）根据团队内部不同的文化采取有针对性的冲突管理方式。不同文化成员对于同一冲突管理方式会有不同的倾向和反应，因此，应根据不同团队成员的文化背景，采用一种能够被各方共同接受的方式或多种分别适合不同文化的方式进行管理。例如，在西方文化中，暴露冲突、解决冲突是人们所期望的方式，而在中国，人们顾及面子、强调和谐，回避冲突是常见的方式。在干预两种文化成员间的冲突时，可以兼顾两种文化背景下不同的冲突管理倾向。一方面，在适当时机暴露冲突、解决冲突，才能促进西方文化成员寻求解决方法、作出调整；另一方面，应让西方成员了解，在该过程中必须尊重中国成员的感受和维持和谐关系的必要性，才能获得他们的支持。

下面是几个成功化解跨文化团队冲突的案例。

🎩 小案例 8-8　联想并购 IBM PC 业务后的跨文化团队冲突管理

联想在收购 IBM PC（个人计算机）业务这个拥有万名员工的部门的同时，也意味着联想收购了一种极不相同的文化。联想下一步的国际化发展战略，不仅面临着东西方文化的差异，还面临着如何整合不同组织文化背景下的团队，避免跨文化团队冲突的问题。

联想在收购之后采用渗透模式和融合模式。因为中国和美国在民族文化上存在着巨大的差异，联想和 IBM 在企业文化上也存在着许多的文化差异。如果贸然对两种不同的文化进行整合，势必带来相当严重的后果。而采用渗透模式或融合模式能消除两个企业之间的员工顾虑，使文化整合进展得顺利一些。

第一，识别文化差异。由于冲突是团队成员间的文化差异及由此影响下的个体差异造成的，因此必须对文化差异进行分析识别。例如，对联想与 IBM 的工程、技术人员来说，由于相似的业务环境，他们的知识、技术、经验等差别不会很大，且都是通过人们的学习、实践而获得的，很容易提升。而中美双方员工的价值观、认知和思维方式等与从小到大的生长环境密切相关，不容易改变。因而联想的管理者首先识别和区分了两种文化的差异与个体差异，从而采取有针对性的措施。

第二，进行多文化培训。联想的多文化培训是为了加强人们对不同文化传统的反应和适应能力，促进不同文化背景的人之间的沟通和理解，内容主要包括对不同文化的认识、文化敏感性训练、语言学习、跨文化沟通及冲突的处理、地区环境模拟等。同时，这种培训也显示了公司对员工长期发展的重视，对员工有一定的激励作用。

第三，建立共同的经营观和公司文化。通过识别文化差异和进行多文化培训，联想的员工提高了对文化的鉴别和适应能力，在培训过程中不同文化背景的员工也有了一定程度的交流。在此基础上，联想根据环境的要求和公司战略发展的原则建立起新的共同经营观与强有力的文化，使得每个员工能够把自己的思想与行为同公司的经营业务和宗旨结合起来，也使各团队内部和外部的结合更为紧密，同时又能在国际市场上建立起良好的声誉，增强了跨国公司的文化整合能力。

可以看出，联想的新团队能够精确地确认冲突点会在什么地方产生，并且拿出解决问题的办法，快速而顺利越过东西方文化的鸿沟，与原IBM的人员形成极具战斗力的团队，从而推动联想进入全球电脑制造商的前列，实现联想的再次飞越，实现了国际化发展。

小案例8-9　ComCorp公司的跨国虚拟团队

ComCorp公司成立于20世纪70年代末，是计算机网络行业的先驱，在全球拥有大约8 000名雇员。在21世纪初，公司面临全球范围的激烈竞争和严峻挑战，销售收入直线下降，迫使公司不断进行机构重组和缩小规模。

公司的培训和发展部是一个分散型的跨国虚拟团队，隶属于公司人力资源部门，团队成员代表各地和各部门的需要，向各地的人力资源经理负责，同时又要向公司的培训和发展部领导汇报工作。经过公司的重整和人事调整，新的培训和发展部团队成员由11人组成（包括团队领导），他们分别来自不同国家和地区，其中美国7人、英国2人、爱尔兰1人、澳大利亚1人。许多虚拟团队的组建是为了解决某个突发问题或完成某个特定任务，一旦任务完成，团队就解散。但是ComCorp公司的这个虚拟团队是公司组织中的常设机构。团队成员要履行多种职能，如共同解决问题、执行方案等，但是他们大多数从来没有见过面。

新的培训和发展部团队成员分布在17个时区内，其成员主要依靠电子信件、音频邮件、电话、传真、可视会议等通信手段进行交流。该团队面临的任务就是设计同公司重组需要相匹配的培训和发展方案，并且按照单位和地区文化差异对方案进行适当的调整。显然，这种复杂的任务要求团队全体成员联合诊断和解决问题、公开讨论和作出决策。因此，团队新领导面临的两个关键问题是：第一，通过团队成员的参与和承诺来构筑团队成员之间的信任关系；第二，选择适当的战略和战术来完成公司的命令与指示。而且，团队的领导也意识到，全体成员必须努力工作以增加公司的价值，并让全公司都知道他们的贡献。为此，团队新领导采取了以下管理措施。

第一，创造参与。由于培训和发展部团队面临着复杂和变化的环境，要求成员必须进行大量和即时的沟通，然而，成员之间存在的空间距离和时间差异减少了交流的机会，因此，团队成员一致同意每周开一次90分钟的音频会议来评估目标、修订计划、理解要害问题、检查可能性、作出决策和制订行动方案。团队领导首先起草提案，事先发给每位成员，然后在每周的音频会议上听取反馈意见，最后综合不同观点编写成正式的书面文件。该文件包括：①描述外部的环境和公司内部的条件；②清楚地陈述团队的计划、目标和项目，并且要同人力资源部门和公司总部的目标协调一致；

③描述各部门负责人的主要职责(如营运经理、营销经理、会计经理和项目经理等);
④描述团队运行的程序,包括各种会议的目的、各种交流的方式、业绩治理流程和团队工作协议。该书面文件的所有内容要在每周团队会议期间逐渐形成,并随环境的变化不断修改。

第二,团队的治理流程。与传统团队的领导相比,虚拟团队的领导要将其职责分配给每个成员,并且创立组织和工作流程来替代传统的业绩治理方法。培训和发展部团队的新领导建立了如下的业绩治理工作流程:①评估每个项目的目标和工作过程;②每季度向人力资源部领导汇报工作进展;③每年对每个成员进行业绩考核和自我评价;④每个成员都要提出书面的个人目标和计划。

第三,团队领导的承诺。团队领导成败的决定性因素取决于他对团队成员的态度而非某些技能或方法。培训和发展部团队新领导在以下几个方面对团队成员作出承诺:①增加公司业务的价值,从而增强团队的信任;②在迅速变化的环境下创造团队高效的条件(建立清楚的目标、增强信息交流、发展健康的成员关系等);③通过指导、反馈、物质激励和个人职业发展来支持每个团队成员的成功,团队领导要公开承诺负责实现这些目标。

培训和发展部团队重组的第一年,就成功地完成了三项公司级的项目,包括制订了一套组织变革方案、重新设计了公司的业绩治理体系、设计了提升公司经营治理能力的项目。团队同人力资源部门负责人和公司 CEO(首席执行官)之间的信任度稳步提高,公司 CEO 和有关负责人全力支持了团队的所有项目,定期评估了团队的成果。团队成员也对团队的业绩和经历感觉良好,一名团队成员说:"我们团队领导的工作出色并且尊重专家经验,我们没有感觉到工作很压抑,我们真正地像一个团队一样在一起工作。"

虽然跨国虚拟团队有许多难以克服的障碍,但是从上述案例可以看出,优秀的团队领导能够成功地驾驭团队的成员,从而实现任务目标,并超过传统团队的业绩水平。

小案例 8-10　成功化解文化冲突

2000 年,老挝政府使用中国政府出口信贷与某中资承包商就老挝某大型水电站项目签订了总承包建设合同,由中资承包商带资承建,其中,老方配套资金占投资总额的 10%。该水电站装机 1 200 千瓦,总投资 987 万美元,计划于 2001 年 3 月开工建设,2003 年 3 月全部完工。该水电站项目主要工程有:拦水大坝,石砌滚水坝以及混凝土涵洞、抽水系统、两台发电机组、2 台各 600kV 的变压设备等。

中资承包商在老挝的项目开展经历了艰难的探索过程,尤其是初期,因为对当地市场不够熟悉,而且东道国的文化观念、风俗习惯、思维方式、生活方式等与中国差异很大,导致跨文化沟通中的冲突频繁出现,主要表现在以下三个层面。

第一,沟通方式和语言差异导致的跨文化冲突。项目组中方人员在老挝生活会遭遇语言与非语言沟通障碍。由于项目组内部人员来自不同文化背景,人们对同一事物的描述和表达有着不同的方式。人们在通过翻译对同一事物进行交流时，往往只是对语言符号的理解，而包含在事物深层的各国、各民族、各地区在其长期生产实践中所形成的风俗习惯、思维方式则无法用语言准确地表达，这往往成为文化冲突的导火线。

第二，宗教信仰与风俗习惯导致的跨文化冲突。宗教信仰是处于文化深层次的东西，凝聚着一个民族的历史和文化，是文化中真正能够持久的基因。不同的宗教有不同的喜好和禁忌，它影响人们认知事物的方式、行为准则、价值观念。在老挝，当地人信奉南传上座部佛教，俗称小乘佛教，与传入我国的大乘佛教相比，有其独特的风俗习惯，表现为特有的消费传统、偏好和禁忌。但是中方人员不了解这些风俗，就造成了沟通和管理上的失败。

第三，定型观念导致的跨文化沟通障碍。人们在对母国文化和东道国异文化进行评价时，常使用一些先入为主的"定型观念"。定型观念来自个体有限的经验，并借由间接获取的信息而形成。由于对老挝文化不甚了解，项目组的中方员工常无意识地使用自己熟悉的文化标准去衡量和评判老挝文化中人们的行为，认为自己的文化价值体系较为优越而产生种族优越感，忽视东道国文化的存在及其在工程项目进程中的影响，较易形成以自我为中心的管理方式，因而经常遭到项目组内老挝当地员工的抵制，引发各种冲突，成为项目顺利进行的绊脚石。

为了解决文化冲突，项目组在跨文化沟通上采取了以下策略。

第一，认识文化差异，坚持文化宽容原则。项目组根据团队自身实际，针对东道国的宏观环境、项目团队的微观特征、员工的接受和适应能力，因地制宜地制订措施，运用多种方法，对组织文化的内容进行系统化整理，建立一套以价值观为核心的文化体系，引导员工端正文化心态、思想观念、价值取向和行为方式，从而在相当大程度上增强了项目团队的凝聚力。

认识和理解文化差异是跨文化管理的基础。不同文化之间存在文化差异，只有先承认其存在，才能实现跨文化沟通和充分理解。为此，只有充分认识当地文化的复杂性，尊重东道国文化、习惯和传统，发现其特点、优势，才能促进文化认同和借鉴。当然，不同文化间的宽容，还需要团队内全体人员的相互尊重，在人格上实现平等。为此，项目组提倡相对自由的、民主的态度，让员工有自主思考、选择、判断的自由，管理者适时地加以指导，确保员工选择、判断的正确性。同时，强调管理者和员工的精诚合作，因为只有二者在观念上相互认同，才可能在具体工作中进行合作。

此外，项目组鼓励员工之间的非正式交往，促使双方深层次的交流，加强二者之间情感上的沟通，促使双方能够从异文化的历史和理念来解释、评价、看待异文化群体的行为，摆脱自身文化的约束，消除自我参照准则，避免错误归因和评价。

为进一步认识和理解文化差异，项目组还对东道国文化的诸要素，如价值观、宗教、法律、语言等进行全面调查比较，找出其与母国文化的差异，分析这些差异对项目组可能造成的影响，并有针对性地加以解决。

第二，兼顾共性与个性，实施文化整合策略。文化整合强调不同价值观念、生活方式之间的协调，不仅包含"一体化"，也包含"多样化"。

在文化整合的进程中,不同地域文化形式在相互冲突和竞争中实现文化的交流、互补与融合,其基础不是"归属",也不是文化的占有或被占有,而是团队成员一种自我意识的觉醒。通过文化整合,能够解决组织文化中的文化冲突和文化建设的滞后性与盲目性问题,使项目团队的组织文化得到良性发展。

在文化整合过程中,国际工程承包项目团队作为母国企业的外派机构,既要体现企业的行业性质和经营方式,又要注重团队自身个性化的设计和塑造,要在共性中突出个性,即在产品的文化个性、员工精神面貌个性、环境形象个性等方面找到自己的文化精神所在。同时,既要强调员工对团队文化主张和价值观的认同,统一团队经营理念和目标,鼓励大家各尽其职,共创事业,又要充分尊重员工的个性,为其提供适合其个性的工作岗位,使其充分发挥聪明才智。

项目组充分分析了中老文化差异及其对项目经营的影响,组织中方员工学习当地文化,在此基础上采取了一系列的文化整合措施,消除了文化差异给项目带来的不利影响。一是整合价值观念。在项目建设过程中,通过动员和宣传将不同的看法规范为一种新的与项目发展统一的价值观,形成协同合作的团队精神。二是整合制度文化。通过吸收东道国的风俗习惯、法律制度中的有利因素,规避冲突,修正完善项目管理的规章制度,加强团队管理。三是整合物质文化。通过采取物质层面的文化整合措施,强化员工对项目的认同感和对团队深层文化的理解。

第三,开展跨文化沟通培训。跨文化培训主要是培养项目管理人员的跨文化理解能力和文化适应能力。在该项目开展的同时,承包商对于项目组内所有员工开展了跨文化培训,主要内容包括:对东道国文化及母公司文化的认识和了解;文化敏感性训练;语言培训;跨文化沟通及冲突处理等。

中资承包商及时认识到文化冲突对于项目开展的影响,并采用适当的策略去应对跨文化冲突的不利影响,使该项目历时两年顺利完工。

复习思考题

1. 什么是团队？团队有哪些类型？
2. 高绩效团队有何特征？
3. 什么是跨文化团队？它有何特征？
4. 跨文化团队中有哪些沟通障碍？
5. 跨文化团队应如何克服沟通障碍？

思考案例

一次失败的跨国虚拟团队管理

公司上个月委派赵红负责一个软件开发项目。负责管理一个软件开发项目对她来说虽然不是家常便饭,但也是驾轻就熟的事情。但万万没有想到的是这个项目成为她的滑铁卢。这个项目与以往负责的项目有所不同,就是项目成员由全球多个不同国家的成员组成,是一个跨国的虚拟团队。

这个软件开发项目是一个短开发周期的项目,是在现有的软件系统平台上新增加一个全球分公司的协作功能。由于项目涉及在不同国家、不同区域的分公司的共同协作问题,所以集团总部决定从不同国家、不同区域的分公司分别抽调成员来组建临时虚拟团队。但对于这个跨国虚拟团队的成员,赵红既不负责他们的绩效考核,也不直接在行政上负责他们。

除了成员被地理位置分隔开外,让赵红非常头痛的是许多成员她之前都没有打过交道,当然也从来没有会过面。这样她不但面临着跨国、跨时区的挑战,而且还可能面临着语言障碍和文化差异的挑战。不同区域的人员、迥异的文化背景、松散的团队结构,使缺乏虚拟团队管理经验的她在无奈中吃下了失败的苦果。

在赵红上任的第一天,公司领导就语重心长地对她说:"这个项目的核心不在于开发技术上,如果这个团队没有强大的凝聚力,没有以有效的方式来处理复杂的跨区域团队问题的话,那么项目就很可能会失败。"在赵红还没有完全领悟这句话的含义时,时间一转眼就过去了。结果不出领导所料,这个短开发周期的项目最终因诸多意想不到的跨国团队问题而被暂停了,而赵红也被这些问题弄得疲惫不堪。这些问题包括沟通问题、团队信任问题、文化差异和冲突问题等。

第一,跨国、跨时区沟通问题

第一个问题在赵红召开第一次项目全体成员会议时就遇到了。由于虚拟团队成员来自不同的国家和地区,虚拟团队成员很少有面对面交流的机会,地域分割使虚拟团队的日常运作只靠远程通信技术来支持,如 E-mail、网络会议系统和基于互联网的协作技术。因此,成员之间的交流缺乏传统的面对面交流和相互接触时所具备的特征,如无法感知表情信息、形体信息、行为信息所表达的意见、观点、态度等。

由于不同的国家是在不同的时区,集中式的实时交流往往非常不方便,经常出现的异步信息反馈不及时现象让赵红有点措手不及,从而大大地影响到工作进展和决策行为,也使本来就短暂的开发时间更加紧张。结果是跨地域、跨时区分布带来的沟通问题最终影响到虚拟团队的协作绩效,这也是项目被迫暂停的主要原因之一。

第二,缺乏信任和认同

在传统式的面对面的项目里,赵红一般都能通过面对面的接触和交流,使大家对她产生认同和信任。但在这个虚拟团队,出乎她意料的是国外的同事对她的计划总是抱着怀疑的态度。经过几次的挫折后,她才明白到虚拟团队成员对于团队凝聚力的感觉以及对互动的满意程度将会因为跨文化、跨地域(缺乏面对面交流)的因素而被削弱,这都不利于信任关系的形成。因此,信任的建立和维系是虚拟团队管理的核心问题,相互信任是虚拟团队运作的基础。

但由于虚拟团队成员缺少面对面交流的机会,结果是信任关系既难以建立又容易失去。例如,赵红在等待其他成员回复和反馈时,就有一种无法信任别人的感觉。因为当别人不在自己的视线范围内的时候,相互猜疑、虚拟欺诈等问题更容易产生。此外,由于她所负责的虚拟团队是一种临时性团队,存在较大的不确定性,而这种不确定性使成员之间的信任度更低。缺乏相互信任,自然就会影响到团队协同效应的发挥。因此,如何在虚拟团队中有效建立和维系信任关系,是她在这个项目中最需要解决的一个重要问题。

第三,文化差异和冲突问题

虚拟团队另一个让赵红印象深刻的问题就是文化差异所带来的冲突。在她以前所负责的项目团队中,因为大部分同事都是国内的。所以,她一直没有认识到文化差异和冲突问题,但这个项目就给她上了一堂深刻的课。因为虚拟团队的成员来自不同的国家、种族,每一个成员都有自己独特的文化背景、宗教信仰、风俗习惯、价值观念和行为方式,所以文化差异问题尤其突出。

在项目运作中,这种差异产生"文化噪声"不但会大大影响到沟通的有效性,而且特别容易造成误解和冲突,从而影响到项目目标的实现。其中,给赵红印象最深刻的是许多团队成员往往根据自己的文化背景来"过滤和理解"信息,这样就很可能会在沟通中对信息产生歪曲和误解。因此,尽管虚拟团队中的文化差异可以给解决问题提供多角度的思考灵感和空间,但它给成员之间沟通带来的负面影响也是显而易见的。

案例思考题:赵红该如何有效管理这个跨国虚拟团队?

第 九 章

跨文化商务沟通能力培训

导读案例

三一集团用培训解决跨文化沟通难题

经过30多年的发展,三一集团已从一家由4名大学生创办的乡村小厂成功跻身全球500强企业,成为中国最大、全球第五的工程机械制造企业。"用国际化资源提升国际化的三一"成就了三一的飞速发展且独具特色的国际化之路。

目前,三一的产品已销至全球110多个国家,并在美国、德国、印度、巴西等地投资建厂。在6万多名在职员工中,7位外籍员工(不含华裔)已成为公司高层领导,超过1 000位外籍员工分布在不同的岗位上。2011年,三一集团的足球联赛中也已出现外籍员工的身影。

第一,文化差异导致管理难题频现

在国际化进程和跨文化管理过程中,三一不可避免地遇到了因文化差异而带来的问题。例如,三一印度分公司的一名中方高管在分配工作时,习惯性地由工作秘书进行传达,这遭到印度高管的投诉,原因是印度的种姓制度让高管们认为工作不应该由一名秘书进行传达。

在三一德国分公司,中国员工习惯并联思维(侧重考虑事物之间的并列关系),而德国员工习惯串联思维(侧重考虑事物之间的因果关系),这种思维上的不同也导致了工作方式的差异性。此外,三一在其他国家的产业园也相继遭遇文化差异带来的管理难题,往往导致中方员工习惯性地聚成一团,中方与外籍员工之间缺乏必要的沟通与交流,双方在工作中的合作越来越困难。

第二,用培训解决跨文化沟通难题

为了促进中外员工相互了解,化解跨文化人才管理和培养难题,三一特地邀请知名咨询公司量身打造了一个跨文化交流培养项目,旨在提升各籍员工交流沟通与相互理解的能力,提升员工的文化认同度。

该项目由三一美国分公司和人力资源总部于2011年9月启动。中国区项目分为三个阶段,分别是跨文化内部讲师队伍培训、跨文化理论知识培训与中美文化交流培训。

1. 跨文化内部讲师队伍培训

如何有效提升员工的跨文化工作能力?三一首先从内部讲师入手。只有培养出一批合格的教授跨文化课程的内部讲师，才能提高对不同地域员工的培养效率。基于此，三一首先针对美国、印度、德国、巴西分公司和长沙地区的跨文化内部讲师进行了为期 10 天的培训。

此次培训旨在提升内部讲师的跨文化课程设计能力、培训素材的收集能力。此外，还要训练讲师的培训技巧，以及对授课效果评估工具的使用能力。

短短几天的学习让公司内部讲师掌握了引导式的授课技巧，并学会如何设计跨文化课程及培训工具，有效地提高了其自身的授课水平和自信心。

2. 跨文化理论知识培训

为了让学员全方位地了解跨文化交流的理论知识，学会在不同文化背景下的沟通策略，掌握解决跨文化交流问题的有效途径，三一在长沙地区各单位挑选 20 名与美国有业务联系的员工进行了为期两天的跨文化理论知识培训。

鉴于此次培训的基础性和实用性，其培训范围覆盖了研发、营销、制造、商务等多个体系，主要向学员讲授如何打造成功的国际化团队，如何提升国际化领导力。同时，课程针对中美文化的理解误区与学员进行了探讨，对五大文化维度和跨文化交流的四步法进行了深入的学习。

其中，跨文化交流四步法不仅解决了中美学员们的实际问题，而且适用于解决中美之外的其他文化交流问题。通过跨文化理论知识的学习，学员的跨文化理论知识水平大大提升了。

3. 中美文化交流培训

除了用以上方式培养员工的跨文化理论知识外，三一还注重给学员提供实践的机会。中美文化交流培训就是很好的尝试，此次培训旨在提升学员对跨文化交流技巧的现实应用能力，提高学员个人的跨文化交流素质，并且让学员学会在虚拟场景中设计跨国谈判的策略。

在学习中，学员与公司领导一起讨论三一国际化的现状、目标和挑战，三一还为学员专门设计了毕业讨论课题，即为三一的国际化进程出谋划策。

上述三个阶段的跨文化交流与培训，采用小组讨论、情境模拟、高层采访、团队建设、体会分享等多样化的培训手段，教学方法新颖，极大地增强了学员学习的积极性。同时，培训内容也具有很强的实用性，让学员能够真正学以致用。中外学员在课堂中积极交流、相互学习，建立了良好的合作关系，有利于学员后续的工作与交流。

培训项目结束后，94% 的中外学员反馈：通过学习与交流，加强了相互理解，为后期的工作交流创造了良好的氛围，提高了他们对跨文化交流的信心，也增加了对三一文化的认同度。

三一集团的跨文化培训案例说明，跨文化商务沟通能力的提升是可以通过培训和学习实现的。对于商务人士来说，关键是增强文化意识，深入了解各国不同的文化，并学会尊重各自的文化，提高跨文化交流、合作的技巧，才能化解日常在工作中因文化差异引起的误解和危机。

一、国际化人才的特质和能力要求

相关研究表明,一个优秀的国际化人才应具备三种主要特质和能力,即跨文化人格特征、文化智力与跨文化沟通能力。

(一)跨文化人格特征

人格是一个人在其生理基础和后天环境的共同作用下,通过社会实践形成和发展起来的,具有一定倾向性和比较稳定的心理特征的总和,包括气质、性格、信念、需要等。

近年来,研究者们通过词汇学的方法,发现大约有五种特质可以涵盖人格描述的所有方面,从而提出了人格的大五模式,即外倾性、宜人性、开放性、神经质、责任心。大五人格(Big Five)也被称为人格的海洋,可以通过 NEO-PI-R 来评定。

随着大五人格理论在跨文化情境中的应用,大五人格与跨文化适应的关系得到了广泛研究。已有实证研究表明:外倾性、开放性、宜人性和责任心都是跨文化沟通及跨文化适应的有效预测因素。

跨文化人格特征具备以下特点:第一,人格开放性,即个体能容忍并接受差异。第二,文化共感性,即共情,个体能站在其他文化的角度来感受和看待问题。第三,情绪稳定性,即个体在新文化中,能保持平稳的情绪。第四,社交主动性,即个体在新文化中,表现出热情、社交、果断、活跃、冒险、乐观等特点。研究发现,拥有社交主动性的人更容易在当地拥有新的交往圈子。第五,责任心,即个体能做到胜任、公正、条理、尽职、成就、自律、谨慎、克制。高责任心的个体在跨文化情境中上进心强,适应力强,有较高的绩效。

(二)文化智力

"文化智力"(cultural intelligence,CQ)又称"文化商数",简称"文商"(CQ)。文化智力的基本定义是由新加坡南洋理工大学的柯里斯托弗·伊莱恩(Christopher Earley)和索恩·安格(Soon Ang)提出的,是指人们有效地与不同文化背景的人互动的能力。伊莱恩与索恩·安格提出的文化智力既包括内容特征,又包括加工特征。

1. 文化智力的结构

文化智力的内容结构包括认知要素、动机要素与行为要素。文化智力的认知要素是指智力的认知加工方面,即运用自身的感知能力和分析能力来认识与领悟不同文化的能力。动机要素是指个体融入其他文化中去的愿望和自我效能感。行为要素是指采取与文化相匹配的有效行为的能力。上述三个要素分别描述了文化智力的三个不同构面,三者之间彼此紧密相连、相互制约。一个人 CQ 水平的高低,取决于三者的共同作用。任何一方面因素的不足,都可能直接或间接地影响到 CQ 的水平和作用程度;一个人只有同时重视三个因素,才能拥有比较高的 CQ。

2. 文化智力的一般加工模式

文化智力的一般加工模型把个体对程序性知识与陈述性知识的提取分为三个分析水平:最高层为普遍水平,中间层是文化水平,最近层是具体背景水平。在这三个加工水平中存在两类信息储存方式:程序性知识与陈述性知识。程序性知识即技能记忆,就是记得如何做某事,绝大多数程序性知识是不能言传的,是通过练习而获得的。陈述性知识即事实记忆,是可以言传的知识。

存在于普遍水平的知识是人们所固有的,该层次中的程序性知识与陈述性知识是不需要学习获得的(尽管可以通过干预进行塑造与调整),而且是高度抽象和概括化的。例如,记忆的储存与回忆、感觉编码以及语言能力等就属于普遍水平的程序性知识。普遍水平的陈述性知识包括对生物与非生物区别的认识、对好和坏的一般性概念、自我概念等。当人们处于新文化环境时,首先会在普遍水平对他人进行评价和判断。所有人都具有普遍水平的程序性知识与陈述性知识,但他们储存和加工这些知识的能力有所不同,一个高CQ的人对新经验的储存与归类能力就要比低CQ者强得多。

中间水平中所包含的程序性知识与陈述性知识表现出更多的特定文化信息与特性,因此,人们在信息加工过程关注的是信息的文化特征与文化特殊性。这个水平的信息加工主要反映了人们对文化知识的使用与发展,也就是说在这个层次上,人们会透过自身的文化视角去理解异文化与情境,同时形成一套与新文化相适应的一般性规则。

最后,当他要对所处的独特情境得到一个准确答案时,就需要运用有关特定背景的具体程序性知识与陈述性知识。

具体情境水平的信息加工即要求个体对每个新的特定情境进行独特的认知处理,设法整合自己在新文化中所遇到的与母文化不一致的信息。

3. 文化智力的类型

通过对60个国家的2 000位管理的调查研究,伊莱恩和莫萨克夫斯基(Mosakowski)勾勒出低CQ者的潜在弊端与高CQ者的机遇。一般而言,低CQ者面对新的文化环境时,不仅缺乏对新文化足够的洞察力,而且可能抗拒与周围异文化者的交流,最终似乎总是无法融入新文化中去。反之,CQ高的人意味着拥有更强的文化适应性,面对新地区、新组织、新团队、新同事时,可以更快地识别出新文化与母文化之间的异同,并主动地协调二者间的冲突,使自己与新文化相融合。

根据人们在认知能力、行动能力和动机上的表现不同,可描述出管理者的六种典型文化智力类型:①外乡人:表现为茫然不知所措、效率低、很难融入不同的环境;②分析者:通过系统学习,能够较快地解读和应对陌生的文化体系;③直觉者:凭直觉应对文化差异,有解读不同文化的天赋;④大使:很有自信和感染力,能很好地与他人沟通;⑤模仿者:善于观察对方的行为风格,自然地加以模仿;⑥变色龙:通晓不同的文化体系,能与他人积极高效合作,能很好地融入不同的文化中去。在以上六种文化智力类型中,变色龙的CQ水平最高,它能够轻松驾驭不同文化体系之间的差异,很好地与来自不同文化背景的同事共事,并且能够运用作为外来者的独特视角去分析和处理各种冲突与管理问题。而外乡人的CQ最低,认知能力、行动能力和动机三方面都是弱项。

小案例 9-1 黄辉:跨越四海的"适者"

毕博管理咨询公司全球高级副总裁兼大中国区总裁黄辉毕业于厦门大学,在德国获得硕士和博士学位,之后在德国工作的7年。他先后加盟过德国当时最大的化学及医药公司赫司特、普华咨询和毕马威管理咨询公司（现为毕博管理咨询），后来被毕马威派往日本负责当地的业务。2001年起，他除了负责日本、韩国区的制造业、流通业与高新技术等产业咨询服务外，还兼任大中国区总裁。黄辉的职业生涯横跨德、日、中三个国家，服务的客户都是美国上市公司。对于不同的文化，黄辉早已习惯了适应。或者说，他的优势就是适应。

先后管理过欧洲、日本和中国团队，黄辉对于跨文化团队管理的挑战性深有体会。"20世纪90年代以来，领导的概念变得很复杂。我们现在所说的领导应该是在不同环境中因人而异的领导，也就是情境领导或灵活领导。"他认为，在多文化环境中，情境领导尤为重要：你的团队中可能既有美国人，也有日本人；既有北京人，也有上海人。这些人的文化背景不同、职业经历不同、能力素质不同，所以价值观不一样、态度不一样、行为不一样，那么领导方式也应该不一样。

西方文化很直接，不像中国人、日本人一样拐弯抹角，所以该严厉的话就要严厉地说，但是要很尊重他们，不要觉得自己比他们地位高。做了决策后要实施时，要耐心地说服他们，听取他们的意见，让他们愿意往这个方向走。在日常工作中，要发挥他们的主动性，让他们自己去做工作。

在欧美，员工们习惯在压力下工作，而在日本不能对员工施加压力，不能对员工说：一定要如何，一定要达到目标。否则，肯定会适得其反。在这里，领导要发挥模范带头作用，要与员工们共同去做事，使他们认为领导和他们是一个团队，追求的是共同的利益。这样，员工就会很有积极性，也会替领导考虑问题。另外，西方文化中的授权式领导到日本要转变成辅导式领导，就是一步步地去帮助基层管理者做工作，如果他们哪件事做得不好，也不能直接批评，而要拐几个大的弯，通过辅导让他自己领悟到怎样能做得更好。

中国的文化与日本文化有类似之处，如爱面子，不想得罪别人，说话委婉，有时候会产生误解，等等。但是虽然都属于东方文化，在管理上却有很大的不同。中国企业很多时候还是要采取强势管理，把目标要说得很清楚，从领导角度看，要让员工清楚地认识自己的能力如何、哪些地方需要改进，还要花很多时间去进行团队建设。

显然，黄辉是一个具有极高文化智力的个体，是一只变色龙，他能够理解不同文化之间的差异，并很轻松地与来自不同文化背景的同事共事和合作。

（三）跨文化沟通能力

在管理学的概念里，沟通能力属于领导力的范畴。简言之，人际沟通的能力指一个人与他人有效地进行沟通信息的能力，包括外在技巧和内在动因。

跨文化沟通能力不同于同文化背景下的沟通能力。有学者以"有效性"来定义跨文化沟通能力。B. Spitzberg（施皮茨贝格）将跨文化沟通看作是"和特定语境一致并能实现一定明确目标的有效的沟通过程"，E. W. Lynch（林奇）和M. J. Hanson（汉森）将跨文化沟通能力定义为个人或组织在不同文化语境中进行有效沟通的能力，并强调了个人和组织对参与沟通的不同文化的尊重和认同。而Wienstein（温施泰因）则以适当性来定义跨文化沟通能力。他认为,跨文化沟通能力是指互动者选取可能的沟通行为,以便达到自己的目的,并同时顾及对方的面子且符合当时沟通情境的能力。

其中,有效性指的是一个人在互动过程中用以达到某种意图的能力。有效,即效力(effectiveness),与效率(efficiency)相关却不相同。有效沟通指成功的沟通,实现沟通目标的沟通,代表满意;效率指沟通的直接性、立即性,代表速度。一般来讲,人们认为,效率较高的沟通会更有效,因为高效率意味着低消耗(时间和精力)。然而,想要实现预期的沟通效果,只有效率是不行的。

根据 Parks(帕克斯)的看法,为了达到有效沟通的目的,个人必须有足够的自我认同能力、获取相关资讯、正确预测他人的答复、选择与使用不同的沟通技巧与清楚地评估沟通可能产生的后果的能力。关于沟通的有效性,温施泰因和怀特(White)认为,人类可以经过学习或社会化过程获取这种能力。还有一些学者如 Foote(富特)和 Cottrel(柯特雷耳)认为,沟通的有效性乃天生俱来,与学习或社会化过程无关。虽然看法不同,但是学者们普遍认为,伴随着个人的成长过程,阅历的丰富,对周围事物的理解加深,个人沟通有效性的能力也随之增强。

适当性指的是互动者配合或者达到沟通情境的基本需求的能力,了解沟通的内涵,言谈举止没有违反沟通情境的规范。它具体包括三个方面的能力:第一,能够认清情境对沟通的影响,并进一步按照不同情境所具有的规范,表现出适当的行为与对话;第二,能够避免不适当的回应,如可能产生负面效果的激烈的语言或行为;第三,能适当地完成诸如控制、感情分享、信息传达等功能。也就是说,沟通行为的适当性取决于沟通场景和沟通对象,在某一场合中"得体的行为",在其他场合有可能不得体。一个精通中国文化的美国人在与中国人交往时表现出很强的沟通能力,而在与阿拉伯人打交道时却表现得手足无措。沟通能力是沟通双方给对方的印象或评价,或者说,沟通能力是对于互动者沟通行为的社会评价。因此,沟通行为的适当性实质上是指沟通者的沟通行为符合沟通语境中沟通对象的社会文化规范和行为期待。

下面我们用一个案例来说明跨文化沟通能力。

小案例 9-2　霍尔茨该怎么办

美国商人霍尔茨被公司派往泰国管理分公司。塔尼是泰方的经理助理,为人精明强干,是个不可多得的人才,但是他最近一段时间经常迟到。霍尔茨决定采取些措施提醒他一下。经过深思熟虑,他有以下四种处理问题的策略。

(1) 找塔尼私下交谈,询问迟到的原因,并告诉他必须按时上班。

(2) 不理会这一问题。

(3) 塔尼下次迟到时,公开责备他。

(4) 在私下交谈时,示意他想请塔尼帮忙处理公司职员经常迟到的问题,并请塔尼建议处理方法。

第一种策略是有效的,因为这样做的结果是塔尼不会再迟到。然而,泰国的文化习俗是避免当面直接批评或责备他人，霍尔茨的这种行为在泰国的文化语境中是不得体的。第二种策略(不理睬对方迟到的行为)是适当的，但是不能实现沟通目标(使对方按时上班)。第三种策略(公开指责)则既不适当，又无效，因为公开指责一个人在泰国文化中被视为侮辱，塔尼可能会提出辞职。塔尼是一个有价值的职员，霍尔茨是想让他更好地为公司服务，而不是想终止合作关系，所以塔尼的辞职意味着沟通失败。第四种策略间接提醒对方自己关注的问题，避免让对方觉得"丢脸"，是既适当又有效的最佳策略。

总之，跨文化沟通能力强调的是能够有效地、适当地与来自不同国家和文化背景下的人沟通的一种才能。跨文化沟通能力是沟通能力的延伸。两者的定义大同小异，唯一的区别在于，跨文化沟通能力特别强调沟通情境的重要性。互动者既要了解自己的母文化，也要了解对方的文化。因此，在母文化中有良好沟通能力的人，在跨文化情境中未必有良好的沟通能力，因为跨文化沟通对沟通者有更高的能力要求。理解跨文化沟通能力的内涵是进一步研究跨文化沟通能力构成的基础，对于跨文化沟通研究和跨文化商务沟通能力培养都有重要的意义。

二、跨文化沟通能力的结构

众多学者从不同的角度、用不同的方法对跨文化沟通能力的结构做了深入研究，提出了不同的模型和理论框架。

(一)贝利的"互动—多元"模型

贝利(Belay)依据许多学者的观点，提出了一个跨文化沟通能力模型，旨在促进互动者认知、尊重、容忍与整合文化差异，以成为一个有教养的全球社会公民。这个模式包含三个相互依存的层面：情感层面的跨文化沟通能力，即跨文化敏感性；认知层面的跨文化沟通能力，即跨文化理解力；行为层面的跨文化沟通能力，即跨文化沟通效力。

1. 跨文化敏感性

跨文化敏感性主要关注由于环境、人和情景引起的个体情感或感受方面的变化。具有这方面能力的人在某种特殊情况下与不同文化的人互动时，能够在互动之前、互动之中和互动之后，投射与接收正面的情感反应。这种正面的情感反应最终会把人带到认可与接受文化差异的境界。这个角度的跨文化沟通能力包括四个方面的个人特质：自我概念、开放性思维、非判断性概念、社交放松。

自我概念指的是个体看待自己的方式。自尊是其中的重要组成部分。

开放性思维指的是个人能够得体而开放地表达自我，并接受他人的观点。

非判断性概念指的是个体在沟通中不以先入为主的偏见或者刻板印象妨碍自己的倾听，而是用专注的倾听表现出对对方的尊重和理解。

社交放松指的是个体在跨文化沟通中心理较为舒适，只有低程度的紧张情绪。初到一个新文化中，人们往往会经历心理上和生理上的不适应，紧张程度较高，而具有跨文化沟通能力的人很快就会度过这个时期，进入紧张程度较低的阶段。

2. 跨文化理解力

跨文化理解力指的是个体通过理解母文化与其他文化的异同来改变个体对环境的认

知,主要包括自我意识和文化意识。

自我意识是个体监控自我的能力或对个体对自身意识能力。高自我意识的人有良好的自我监控能力。良好的自我监控能力表现在以下方面:第一,了解自己所说的话会对周围产生什么影响;第二,自我表述适合社会情境的需要;第三,能够根据情境线索及时调整自己的沟通行为。

文化意识指的是对影响自我和他人思维与行为的文化有所了解。文化意识的发展会使人们形成"文化地图"或者"文化旋律"。

3．跨文化沟通效力

跨文化沟通效力主要指在跨文化互动中完成工作任务、达到沟通目的的能力。它由不同的行为技巧构成,主要包括传递信息的技巧、自我表露、行为弹性、互动经营、认同维护、社交技巧。

传递信息的技巧指的是沟通者能够适当操纵语言与非语言的信息,达到有效沟通的能力。

自我表露指沟通者在沟通时能和对方分享心事的意愿。

行为弹性指的是沟通者在不同情境下知道如何表现出适当的行为。

互动经营指的是沟通者在沟通时引话、交谈互换、结束交谈的能力。

认同维护指的是在沟通过程中,沟通者顾及对方面子与保护对方认同的能力。

社交技巧是指共感与保持身份感。共感是沟通者能够感受到对方的情绪,并对其作出相应的语言与非语言反馈;保持身份感是在沟通中尊重对方的身份,让对方感觉自在而舒适。

小案例 9-3 "卫生间"

有一个留学生曾告诉我这样一件事,她说:"我在我的国家学的中文,知道厕所这个词,后来一个中国同学告诉我:'不要用厕所,要用卫生间'。"这就是传递信息的技巧。

小案例 9-4 带病坚持工作

一个中国留学生生病了,为了不耽误工作,他坚持到实验室工作,但在工作出了点差错,他解释说是由于生病的缘故,但是美国同伴却说:"你生病了,为什么还来办公室? 你离我远一点。"然后就愤然走开了。中国学生惊呆了,他实在不理解对方的态度和反应。

为什么美国学生有如此强烈的反应? 这是因为中国文化中,人们不善于做自我表露,而美国文化鼓励自我表露。

后来,那位中国留学生找到美国同学进行解释:"我想和你解释一下我上次生病到实验室的事情。在中国文化中,集体利益比个人利益重要,所以我才带病来实验室。"美国学生回应说:"对不起,让你生气不是我的本意。我觉得你生病了还来实验室工作,既无法保证工作质量,也容易传染别人,我是让你对自己的健康负责。"中国学生说:"哦,原来是这样,你这么说我就明白了。"

两个人选择在双方情绪平稳时进行第二次沟通,沟通时直截了当,而且有自我表露,达到较好效果。这其实是行为弹性的一种表现。

(二)朱迪思·马丁与托马斯·中山的四维度理论

朱迪思·马丁(Judith Martin)与托马斯·中山(Thomas Nakayama)在长期研究的基础上提出一种新的跨文化沟通能力模式,包括知识要素、情感要素、心智活动要素和情境特征四个要素。

1. 知识要素

跨文化沟通能力中的知识因素指交际者对交际对象所在文化了解的程度,了解对方文化越多,跨文化沟通能力越强。交际者应该了解目的文化的价值观念和信仰,了解交际对象来自何种文化模式,掌握目的语文化的言语和非言语交际的特点。

2. 情感要素

跨文化沟通能力中的情感因素指交际者对待来自不同文化的交际对象和跨文化交际行为的态度——接近或疏远,其重要特点是对跨文化交际活动产生焦虑,即因正在进行的或预期进行的跨文化交际活动产生恐惧和焦虑心情。跨文化交际焦虑程度高的人倾向于避免与来自外来文化的人交际,在他们眼里那些人都是行为奇特的“他者”,对“他者”奇特行为的不理解使他们觉得紧张、焦虑,并因此躲避交际。

3. 心智活动要素

跨文化沟通能力中的心智活动因素是知识要素和情感要素的体现,内容包括言语表达、非言语表达以及角色扮演。言语表达指个体如何运用语言。非言语表达也是重要的心智活动之一。交际者要注意对方文化中肢体语言、时间语言、颜色语言、空间语言、辅助语言等非言语符号的细微差别。角色扮演与语境有关,指交际者在目的文化中如何根据自己的角色身份得体地使用言语和非言语符号。文化是社会角色的行为规范,不同文化对同一社会角色言行的期待不同,跨文化交际者应了解目的文化对自己所扮演角色的期待,并调整自己的行为模式,使自己的言行符合目的文化的要求。

4. 情境特征

跨文化沟通能力的第四个因素是发生跨文化交际的真实语境。影响跨文化沟通能力的情境特征包括环境语境、预先接触、地位差别和第三方的干扰等。

环境对交际的影响很大,某些环境承载的文化信息量很大,在这样的环境中,交际者很容易感到紧张,从而影响到言语和非言语表达。例如:日本的茶道是一个文化内涵很深的仪式化的活动,而不仅仅是大家在一起喝茶的活动,美国人不了解茶道的内涵和程序,在整个茶道仪式中感到莫名其妙和无所适从,那么他下一次参加茶道的动机就会减少。

与目的文化是否有过接触对跨文化沟通能力意义重大。如果个体在出国前曾经与目的文化的人有过接触,那么发展跨文化沟通能力要相对容易。

人们所扮演的社会角色存在社会地位差别,不同文化背景的人们对社会地位有不同的认识,在权力距离大或权力距离小的不同社会,人们往往对与自己平等、低/高于自己的人在情感态度和言行上表现出不同取向。

第三方的干扰或参与也是改变交际情境的因素之一。第三方的出现可以改变你在交谈中的地位,如你的上司加入你和同事之间的谈话,你就要注意当前的话题是否得当,并调整言语和非言语表达方式。

(三)迈克尔·拜拉姆的欧盟模式

迈克尔·拜拉姆(Michael Byram)的欧盟模式认为跨文化沟通能力的构成要素有以下几种。

1. 跨文化沟通的态度

互动者对文化问题要保持好奇和开放的态度,不再对其他文化和自身文化持怀疑态度。这就意味着,他愿意去比较描述自身的价值观、信仰和行为,而且不再假定它们是唯一的和绝对正确的,能够客观地从其他文化的角度看待自身的价值观、信仰和行为。简单地说,不再将自身的文化看作"中心文化"。

2. 知识

知识是指社会群体的成就性"产品"和自身文化或其他文化的行为规则,以及社会交际和个体交际的具体过程。因此知识包括两大要素:社会交际过程的知识和解释这些社会交际过程和产物的知识,后者包括他人如何认识你和你对他人的认识与理解。

3. 解释与讲述的技巧

互动者能够从自身文化的角度来解释或是讲述其他文化的文献或事件。

4. 发现和互动的技巧

互动者能够习得文化和文化实践中的新知识并且运用这些知识、态度和技巧来处理实际交际中互动上的一些问题。

5. 客观评判型的文化意识

互动者能够根据来自自身文化和其他文化的外在显性标准、洞察力、实践和结果来客观评判文化问题。

(四)鲁本的七维度模式

鲁本(Ruben)提出了跨文化沟通情境中使个体能够有效沟通的七大行为要素。

1. 尊重

个体显示出对他人价值和潜在价值的高度尊重。

2. 互动中的姿态

在沟通中,个体以一种描述性而非评价性的态度来回应对方。

3. 对知识的取向

个体将自身的知识与认知看作个人的知识而非四海皆准的知识。

4. 移情

个体设身处地从对方的情况入手考虑问题,争取达到"将心比心,感同身受"。

5. 角色行为

个体在特定的群体情境中完成相关的任务与扮演相关角色。

6．互动中的管理

个体能适当调控沟通对象的互动表现。

7．对模糊性的容忍

个体能够适应与预期不同的模糊情况，能够对其充分容忍而不感到过分的不适。

（五）贾玉新的沟通能力系统

中国学者贾玉新总结出四类沟通能力系统，包括基本沟通能力系统、情感和关系能力系统、情节能力系统和策略能力系统。

1．基本沟通能力系统

基本沟通能力由交际个体为达到有效交际所应掌握的包括语言能力在内的、与社会或文化规范相关的交往能力所组成，包括语言和非语言行为能力、文化能力、相互交往能力和认知能力。其中，文化能力是指个体掌握相关的交际知识，包括：①与作业程序相关的知识；②信息获取的技能与方略；③处理不同的人际关系、扮演不同的社会角色、承担不同的社会身份、处理不同的情景和场合的能力；④具备交际者所具备的素质，如自我调节、对文化差异高度敏感、对非言语行为有高度的意识性；⑤对（交际）文化取向、价值观念、世界观、生活方式等知识的了解。相互交往能力是指人际交际能力，包括：①言语行为能力：言语的社会功能、言语对情境的适应性规则；②交往规则或语用规则：会话合作原则、人际交往礼貌及面子原则和方略、语篇组织规则（话题及其组织语篇的功能，说话顺序即入场、交往、退场、如何开始和如何结束谈话等）、话轮结构、毗邻对偶结构、衔接与连贯。认知能力强调认知的心理过程：描述—解释—评价。

2．情感和关系能力系统

情感能力主要指移情能力，即认同和理解别人的处境、感情和动机；关系能力需要交际者在交往中使用正确的交际策略。

3．情节能力系统

情节是某一特定文化环境中典型的交往序列定势，每一种具体情节中都有一套独特的言语和非言语规则。

交际者至少应该具备四个方面的情节能力：第一，在具体情节中达到人们期望的能力。期望指某一文化中人们所具备的常识性知识，是指导行为的脚本。第二，在特定情节中，交际者要达到某一目的，并尽一切努力去实现的能力。第三，遵循特定情境中的交往规则的能力，包括如何开始谈话、结束谈话、对对方作出反应等。第四，正确应对社会情节，即在一切日常会话中反复出现的话题、惯例和礼仪性的会话行为所组成交往的场景中得体应答的能力。

4．策略能力系统

策略能力指交际者因语言能力问题或语用能力问题没有达到交际目的，而采取补救措施或策略的能力。策略能力是交际能力的重要组成部分，包括：第一，语码转换策略，指当语言表达受限时可在双方共享的语言中选择转借词；第二，近似语策略，指用近似语来弥补因语言能力不足带来的词语或语篇空白，包括笼统化、释意、创造新词语、重新组构；第三，合作策略，指交谈双方共同努力利用彼此已有的语言知识、文化知识共同解决交流障碍。

三、跨文化商务沟通能力培训的理论基础

（一）跨文化能力发展曲线

有效的跨文化素养发展途径要求其培养过程必须符合一定的能力发展顺序。克拉克沃茨(Clackworthy)、劳顿(Laughton)和奥特维尔(Ottewill)的跨文化能力发展曲线将跨文化能力发展分为以下六个阶段。跨文化能力发展的第一阶段被克拉克沃茨看成是"质疑"或"无知"阶段。他把受训者称为"本地专家"。也就是说，受训者具有较表层的文化差异的认识，而他们行事以本国文化为标准。在第二阶段——"觉察"阶段，学习者逐渐意识到跨文化差异的存在，同时他们也开始意识到自身的优势和弱点及存在跨文化技能差距。到了第三阶段——"理解"阶段，学习者开始深入了解跨文化差异的内涵以及跨文化技能发展的性质和维度。在第四阶段——"合成"阶段，学习者开始将本土文化和异国文化进行融合，这些"二元文化专家"开始具备以技能为基础的跨文化能力。接着学习者自然地过渡到了第五阶段——"选择"阶段，这时，学习者又被称为综合者，能够自如地融合两种文化，并结合技能方法构建跨文化能力。到了第六阶段——"能手"阶段，学习者能够利用跨文化能力管理国际贸易项目，达到了一个多元文化"领导者"应具有的能力水平要求。

（二）跨文化敏感度发展模式

米尔顿·J. 班尼特(Milton J. Bennett)提出了跨文化敏感度发展模式(DMIS)，这一模式提供了理解人们经历文化差异的过程，描述了人们如何从不同的文化角度来观察、思考和诠释他们身边发生的事情。这种发展模式在处理文化差异的过程中体现了一系列渐增的敏感性，即个体通过对差异阶段性的认知和接受，逐渐从民族中心主义中摆脱出来，班尼特把这种现象称为"民族相对主义"(ethnorelativism)。该模式共有六个发展阶段，连续经过几个阶段后，个体可获得更大的理解能力，同时对文化差异有更为积极的经验。每个阶段的特征如下。

1. 拒绝阶段

（1）个体与来自自身文化相近或相似的文化的人交际时，往往感到舒服。

（2）个体对文化差异大的生活感到焦虑。

（3）个体没有注意到身边的文化差异现象。

（4）个体对于与自身不同的个体采取隔离的控制方式。

2. 防御阶段

（1）个体对关于文化与文化差异的问题，个体执着于自身的看法与情感。

（2）个体对待与自身文化不同的观点与行为，往往采用不信任的态度。

（3）个体察觉到周围的文化差异，但是不能够有效地理解这些文化，而且对这些文化往往有着比较强烈的消极文化定式。

3. 差异减小阶段

（1）个体认为来自不同文化的个体在深层文化上与自身相像。

（2）个体能够意识到周围不同的文化，但是这些知识仅限于对习俗和仪式的认识上。

（3）个体不再诋毁其他文化。

（4）个体能够做到"已所不欲，勿施于人"。

4．接纳阶段

（1）个体察觉并意识到自身的文化。

（2）个体将自身的文化看作经历与理解世界的众多方式之一。

（3）个体认为其他文化的个体同自身一样复杂。

（4）个体认为其他文化中的观点、情感和行为看上去可能不寻常，但是他们的经历与自身的经历一样丰富。

（5）个体对其他文化更感兴趣，找机会来学习其他文化。

5．文化调适阶段

（1）个体承认对自身适用的文化价值观多于一种。

（2）个体能够从其他文化的观点入手来理解和评价自身文化或其他文化的具体情景。

（3）个体能够主动地调适自身文化的基本行为，使之在与其他文化人们交际时更为得体。

6．文化融合阶段

（1）个体能够将多种文化观点、意向和行为融合成为你自身的文化身份与世界观。

（2）个体能够自如地对待文化问题。

班尼特认为跨文化学习是一个不断进步的过程（在这个过程中有前进或退步的可能），从跨文化敏感度的角度可以衡量跨文化学习所处的阶段。

四、跨文化商务沟通能力培训的目标、内容、特点和原则

（一）跨文化商务沟通培训的目标

跨文化商务沟通培训的目标主要体现在以下几个方面。

1．价值观多样性

（1）个体能意识到信仰、价值观和禁忌方面的敏感性东西对自身民族及其他民族思维和行为的影响。

（2）个体能鉴赏及接受在信仰、外形和生活方式上的异同。

（3）个体能理解技术如何对文化群体产生影响。

2．表现出见多识广

（1）个体熟悉目的文化（主流文化和非主流文化）的历史，并接受目的文化。

（2）个体了解目的文化的历史、政治、教育体制和经济，能够读懂时事新闻并了解社会问题。

（3）个体能够采纳其他文化群体的看法，学会避免文化差异所造成的误解，并能够敏锐地洞察各种文化的特征。

（4）个体非常谨慎地对待偏见、种族问题，克服既定模式偏见和人文中心主义。

3．积极介入不同的文化中

（1）个体掌握目的文化的一般语言知识和商务方面的知识，学会与不同文化背景的

同事进行言语交流和非言语交流。

（2）个体适当借助技术与其他文化群体进行沟通、互动和共事。

（3）个体熟悉技术环境中的文化常模及在这样的环境中能成功地与之互动。

4. 提高管理方面的能力

管理方面的能力包括自我认知、团队意识、情商、谈判能力、合作能力、处理冲突的能力等。

可见，目前跨文化商务沟通培训的目标不仅仅是给予受训者特定的知识或技能，而是培养一种素养，即综合素质的教育，从而帮助他们适应新环境、适应工作和新的人际关系。

（二）跨文化商务沟通能力培训的内容

跨文化商务沟通能力培训的主要目的是使来自不同文化背景下的员工了解各国不同的文化，尊重各自的文化并能在日常的跨文化环境下能顺利地展开工作。根据贝利的跨文化沟通能力模型，可以将跨文化商务能力培训分为知识认知类培训、情感情绪类培训和行为类培训。

1. 知识认知类培训

这是跨文化商务沟通能力培训的一项基础内容，认知认识类培训是为了训练个体的思维方式和认知方式。通过培训，受训者更愿意抛弃狭隘主义、偏见、刻板印象等，能根据相关跨文化的知识建立理性认识，接受文化的差异性、复杂性。在跨文化情境中遇到问题时，他们更愿意从文化根源上寻找导致问题的原因，并尝试解决由于文化差异导致的问题。

知识认知类培训的内容主要包括以下几种。

（1）文化的概念与内涵、文化的价值模式、特定文化环境的分析介绍等。

（2）文化的影响领域。文化具有广泛的影响力，其中有一些与工作密切相关，如员工行为、管理风格、决策、行业规范、职能部门等。因此，根据不同的工作性质和任务特点，要将文化对特定领域的影响告诉受训者。例如，加拿大和中国的人力资源培训就存在差异，抛开语言因素，一名在中国成功的培训师未必会在加拿大同样受到好评；在美国堪称谈判专家的人到了韩国可能会被认为过于傲慢；一位在日本颇受尊敬的领导到了中国可能会被员工们认为不近人情。此时，他们就需要事先理解文化如何影响授课、谈判以及领导风格等方面的内容。这部分内容与工作息息相关，因而可能直接影响到工作绩效。因此，这方面的内容可以引申出"什么才是适当的行为"，是行为实践的基础和依据。

（3）国际商务方面的知识。这方面的知识主要包括国际贸易的知识、目标国的法律体系等。

2. 情感情绪类培训

这种培训之所以有必要，是因为直接接触或暴露在异文化中并不会让人们自动地对异文化有好感。如果人们带着负面情绪进入异文化，就会感受到焦虑、被歧视或者偏见。由于情绪和人的行为有着密切的关系，所以通过培养积极的情绪，可以改变人们的动机。情感情绪类培训是为了让受训者在情绪、情感和感受等方面对异文化有接受感、愉悦感。

3. 行为类培训

知识认知类的培训内容主要说明"是什么"的问题,而行为类的培训内容则主要解决"怎么做"的问题。知识认知类的内容是行为类内容的基础,行为类则是知识认知类的进一步实践和提升,两者相互联系、相互补充。行为类培训是要把存在于头脑中的知识化为行动,检验掌握与运用能力的知识。

以行为类为目标的培训是为了提高受训者与异文化的人们互动时的有效性。经过训练,受训者在多文化团队工作时会有更加良好的工作关系,能够理解基于文化差异而发生的冲突,更有可能取得较好的工作绩效。

不同文化背景下人们交往的程度越深且时间越长,其需要掌握的行为技能就越多。这些行为技能中最主要的是跨文化沟通技能。跨文化沟通涉及的信息发出者和接收者属于两种不同的文化。在沟通过程中,信息的发出者如何将信息编码、如何赋予信息以意义,接收者阐释各种信息的条件和解码都受到文化的影响与制约。不同文化的双方其价值观、语言、宗教背景、风俗习惯等文化差异都会影响沟通过程,最终影响到个体的行为。因此,要克服管理中的沟通障碍,跨文化商务沟通能力培训就应该着重开发行为类的培训,这些技能主要包括倾听技能、反馈技能、授权技能、冲突管理技能、谈判技能、语言技能等。一些发达国家如本田公司在国际经营过程中采用全球本土化战略,相当尊重各地的文化差异,视差异为资源,注重跨文化管理。这些企业在跨国经营中都摸索出了一套适合自己的跨文化培训的内容。

(三)跨文化商务沟通能力培训的特点

1. 培训难度大

跨文化商务沟通能力培训是为了培养员工对异文化的适应。G. 沙默斯指出,绝大多数跨文化商务沟通能力培训项目的设计必须围绕以下的目标来进行:第一,自我意识;第二,文化解读;第三,多样性视野;第四,文化之间的沟通;第五,文化灵活性;第六,文化适应性;第七,建立人际关系的能力。因此,与一般课程学习相比,跨文化商务交际能力培训的难度更大。

2. 抽象性

很少有专门为了解决文化冲突而实施的培训项目,因此,跨文化商务沟通能力培训本身就是一个很宽泛的概念,它往往渗透于各种专题的培训之中。例如一般的语言培训,它往往也包含对这种语言所从属的文化诠释的内容,因此,从这种意义上理解,一般的语言培训也属于跨文化商务沟通能力培训的范畴。再比如企业组织的各种技能培训,可能也包含了在不同文化背景下处理问题方法的授予,因此,也可以将其归纳到跨文化商务沟通能力培训范围之中。这就是说,所谓的跨文化商务沟通能力培训本身是很抽象的。跨文化商务沟通能力培训的面很广泛,包括从一般的语言培训到旨在促进各种文化交融的培训项目等。

3. 多样性

跨文化商务沟通能力培训可以从消弭各种文化冲突的多种角度来实施,包括三个维度:时间、空间和内容。从时间上来看,跨文化商务沟通能力培训可以在任何时间点上进行,以解决阶段性的跨文化问题;从空间上来看,跨文化商务沟通能力培训包含了在跨国公司母国培训和在其他经营地的培训等;从内容上来看,跨文化商务沟通能力培训包含了针对所有可能引起文化冲突的各种因素的培训。

4.择优性

跨文化商务沟通能力培训往往是将两种以上的文化同时向不同文化背景的员工进行讲解和诠释,试图让不同文化背景的员工能更多地了解其他文化的内涵和优势,最终将不同文化的优点融合为企业文化的精髓。这就是跨文化商务沟通能力培训的择优性特点。例如,跨国公司在中国合资企业内所进行的有针对性的跨文化培训,不是简单地向中国本地员工灌输其母国文化,同时也向母国派出人员进行本地文化的教育,最终目的在于创造一种能使不同文化在跨国公司本地分公司融合的环境。

(四)跨文化商务沟通能力培训的原则

由于跨文化培训具有较大的难度,要使跨文化商务沟通能力的培训取得预期的效果,跨国企业在跨文化培训中必须坚持以下原则。

1.做好跨文化商务沟通能力培训的规划

"凡事预则立,不预则废"。通过有效的跨文化商务沟通能力培训规划可以事先明确接受跨文化培训的人选、选择跨文化培训的内容和方法,提高跨文化培训的效率。

2.注意归国人员的跨文化逆向培训

大多数跨国企业在对外派人员提供跨文化商务沟通能力培训时,采用的是"四点"培训方法,即出发前培训、到职后培训、归国前培训和归国后培训。一般的企业经常忽略归国后培训,它们没有意识到当外派人员在国外工作很长一段时间后,由于与母国失去了联系,再次回到母国的公司和生活社区时,同样会有文化的逆向冲击,这种逆向冲击造成的伤害有时并不亚于驻外人员出国到国外时遇到的文化冲击所造成的伤害,所以,归国人员仍需要逆向的跨文化培训。

3.坚持跨文化商务沟通能力培训的持久性

跨文化商务沟通能力培训是一个长期的过程,从各个角度持之以恒地对员工进行跨文化培训是跨国公司海外业务成功的第一步。

4.注意不同类型人员和不同业务人员的跨文化培训

跨国经营企业中,高层管理者固然需要跨文化培训,企业内的其他成员也需要培养文化敏感性。即使是国内的经理人员和一般员工也会接触到来自国内外不同文化的人,如国外的客户、供应商等。对这些不同类型人员和不同业务人员进行跨文化商务沟通能力培训有利于企业提高跨文化管理的整体效果。

五、跨文化商务沟通能力培训的方法

根据跨文化沟通培训的内容,我们把跨文化商务沟通培训的方法分为知识纪实型、情感分析型和行为实践型三种。

(1)知识纪实型。知识纪实型培训方法的主要目的是让学员对文化的概念、特点、组成要素以及文化对价值观、行为的影响有总体认识,并对特定文化有客观的认识,如某个国家的国情,包括人文、历史和风俗习惯等。其主要方法是知识与信息的传递,主要形式有讲座、录像、电影和阅读等。

（2）情感分析型。情感分析型培训方法的主要目的是让学员树立中立的文化态度,从情感上认识自文化和异文化,容忍差异的存在。其主要方法有文化同化法、文化对比法、案例研讨法、敏感性训练,主要形式有自测、人机对话、角色扮演、阅读书面材料、观看录像和组织讨论等。

（3）行为实践型。行为实践型培训方法的主要目的是让学员通过最大限度的参与来修正行为习惯,掌握必需的互动技能。其主要方法有模拟法、实地体验,主要形式有目标效果、环境模拟、角色扮演、计算机网络、工作考察等。

下面我们对常用的一些培训方法进行详细介绍。

（一）讲座法

该方法主要由培训师或曾有过跨文化工作经历的资深员工讲授文化概念、文化知识、文化理论,由受训者记忆知识,其效果完全取决于培训师的授课水平。它的应用最为普通,同时也是最古老、最简便、成本最低的一种培训方式。

讲座法适用于以下几种情况:第一,培训师向受训者介绍文化新领域的可叙述或描述的知识,受训者可以通过讲座掌握总体概况或基本概念的知识;第二,培训师讲解一系列可通过主题来分类归纳的相关文化事实,可以以系列文化讲座的形式来完成;第三,在培训师即将给受训者布置有关文化学习的研究任务或者需要解决某个问题之前,受训者需要掌握的基础知识可通过讲座来进行;第四,对某些具体的文化资料受训者自学和阅读十分困难时,讲座可以解决学生因理解困难造成的误解。

讲座法的最大优点是:从教师的角度来看,教师的文化讲座一般都会汇集最新的研究成果和最新的研究方法,以及本人的学习心得与体会,所以能提供给学生许多宝贵的信息资源。从学生的角度来看,学生在听文化讲座时,其听、写和观察能力会得到训练与提高。其缺点是:其一,讲座法是一种单向的交流,受训者很少能获得主动性,他们总是处于被动地接收信息的地位,因此很容易对学习感到无聊,在学习中变得疲惫;其二,讲座不能实现学习者之间经验或思想的交流和分享;其三,讲座法强调的是信息的聆听,教师很难迅速有效地把握受训者的理解程度和转化程度。

讲座法设计上稍做变动就可以转变成比较新的方法,而且也有利于克服单纯的讲座所固有的缺陷。

讲座法的第一种变种是团队讲座。也就是说,由两个或者两个以上的培训师就同一或者不同的文化主题进行讲授。团队讲座有两种用处:一是可以发挥不同培训师的特长,并使这些特长达到一种互补;二是可以使不同的观点进行同台展示,为培训带来更多观点和看法。

讲座法的第二种变种是客座发言。这是事先安排多个发言人,然后让发言人按照事先确定的时间依次出席并进行讲解的方法。这种方法的协调是更难的。为了使这种方法更加有效,培训师应该事先为发言人设定一个关于他发言的内容与课程相关性的框架。

（二）影视法

影视法是将要讲授的文化内容或示范的行为拍摄成幻灯片、影片、录像带，或者制成录音带，通过视听的感官刺激，让受训者留下深刻印象。可选择的电影有《拜见岳父大人》（美国）、《三傻大闹宝莱坞》（印度）、《天使爱美丽》（法国）、《雨季婚礼》（印度）、《我的盛大希腊婚礼》（美国）、《浓情朱古力》（墨西哥）、《硫磺岛来信》（美国、日本）、《影院天堂》（意大利）等，也可以选取其他你所感兴趣的电影。

影视法的优点是：能随时停下播放的片子，伴以培训师的讲解，加深受训者的理解，获得较好的培训效果；多次反复地进行，便于受训者复习所培训的内容。如通过看电影《勇敢的心》，受训者就可以领略原声音乐风笛与呢绒格子裙的魅力，而这些早已成为苏格兰民族文化的象征。再如，有些电影反映非言语行为的文化差异。在《阿甘正传》中，当丹上尉和他的未婚妻出现在佛利斯特与詹妮的婚礼上时，詹妮主动向前和丹轻轻拥抱，并贴一下脸，说："见到你真是太高兴了。"而中国男女初次见面绝不会有此举。在影片中形成鲜明对比的是丹上尉的未婚妻（亚洲人或许是中国人）表现出典型中国人的礼节，她对佛利斯特微笑、握手并用简单的"Hi!"来问候，这与詹妮形成极大的反差。《撞车》反映美国文化，《喜宴》《刮痧》反映中美文化差异，《迷失东京》反映美日文化差异，这些电影都可作为文化学习的素材。

视听资料可以分为两大类：静态的媒体和动态的媒体。静态媒体包括印刷材料、幻灯、投影。这些媒体由于计算机技术的使用都已经有些过时，因为现在所使用的 PowerPoint 等软件已经完全可以替代这几种媒体，而且在使用的方便程度等多方面都远远优于这些传统的方法。动态媒体多种多样，有录音带、录像带、电影等比较传统的能将一个事件成顺序地再现的技术，也包括现代数字媒体技术即数字化的文字、图形、图像、声音、视频影像和动画等感觉媒体技术。数字媒体在保存、剪辑、添加字幕等方面的优势是传统的动态媒体无法比拟的。在发达国家，对录像资料的使用是很普遍的。有许多现成的电影资料可供公司选择。许多公司都自己制作培训节目。他们或者有自己制作录像资料的专家，或者长期聘请这样的专家为自己服务。这样的专家不仅应该是培训方面的专家，还应该懂得影视制作方面的知识。他需要进行拍摄前的准备，包括写剧本、组织演员队伍、布置背景等。录制完成后还需要进行后期制作，包括剪辑和声音与图像的混合等。一项比较近期的调查显示，有 69% 的公司使用视听法作为跨文化商务沟通能力培训的工具。视听法流行的一个重要原因是它可以将培训的材料带到世界各地，而不必将培训师请到现场。现在，微型摄录设备越来越先进，这使得企业在制作方面的成本大大降低，同时便利程度大大提高，尤其是 DY 方面的进步，使制作变得越来越简单。一些研究者指出，当代的青年是看电视长大的一代，对他们来说，视听媒体是一种能获得他们认可的媒体。

（三）讨论法

该方法是将兴趣相同的人聚集在一起讨论并解决某一文化问题，地点一般在宾馆或会议中心，对人数有一定限制。较为成功的研讨会由于结合了其他方法的长处，效果十分理想。这种方法适合于让受训者在讨论中充分表达自己的观点和立场，但是这种方法的一个潜在的弊端是那些对某一文化主题不太了解的受训者可能会产生理解方面的困难。

（四）案例研讨法

案例研讨法创始于美国哈佛工商管理学院，之后被广泛应用于管理教育和培训中。

该方法首先由培训师按照培训需求向受训者提供大量真实背景材料并作出相关解释（背景资料通常是一段文字，描述某一个真实的情境并提供足够的细节），之后由受训者依据背景材料来分析问题，提出解决问题的各种方案，并找出最佳方案，达到训练解决实际问题能力的目的。

案例研讨法通常可以通过以下步骤实施：第一，把案例分析材料分发给每个受训者，让他们独立思考；或者以小组为单位分发材料，让他们集体协作，可以要求他们从不同角色的角度分析问题。第二，把小组活动的任务分配给组内不同成员，如有的人负责记录小组讨论内容，有的人负责做小组报告。第三，小组报告之后，带领受训者进入经验学习阶段，即让受训者回忆自己的亲身经历，总结自己从案例和小组讨论中得到的结论，并能够应用于实际的跨文化商务交际场景中。

跨文化商务沟通能力培训中采用案例研讨法的优势在于：第一，案例分析反映了真实的跨文化商务沟通的场景，表明这是一个复杂的过程，并不像看起来那样简单。它鼓励受训者向"唯一正确的"或"唯一的途径"等概念提出质疑。第二，案例分析帮助受训者关注影响跨文化商务沟通中的各个因素的地位。第三，帮助受训者发现并解决那些由于文化差异所导致的问题。第四，培养解决问题的不同途径和策略。第五，解决问题的方法是基于不同的文化视角提出的。第六，在案例分析过程中的分析讨论以及辩论，使受训者集思广益、取长补短，扩展了知识面，获得了很大收获。

案例研讨法成功与否，取决于培训师和受训者的素质以及所提供案例的质量。只有这三个方面有机结合才能创造和谐融洽的学习气氛，产生良好的培训效果。

（五）辅导

辅导是受训者以一对一的方式向经验丰富的员工学习跨文化商务沟通技能的在职培训方法。它一般通过指定一个导师或教练，让受训者直接与他们一起密切合作或者工作。一方面，导师或教练负责激励受训者，帮助他们开发跨文化商务沟通技能，并对他们的行为提供强化和反馈。另一方面，受训者通过模仿这些优秀管理人员的行为也可以达到提高自己跨文化沟通能力的目的。一般来说，在这种方法中，受训者并不承担具体的经营管理责任，以便于他们能够更好地学习。

（六）角色扮演

该方法是让受训者根据简单的背景资料（如剧本或规定的情境）扮演分配给他们的角色。通常将受训者分成两部分：一部分受训者进入角色情境去处理各种文化问题和矛盾，让其通过表演去体验异文化的感情或体验异文化人们在特定环境中的反应和处理问题的方式。对扮演者来说，从角色扮演中获得的影响要比观察者更大，他实际上获得了一个自我发现和自我认知的机会。而另一部分受训者则要认真观察扮演者的行为，在表演结束后要对扮演者的行为进行评价,发表自己的看法。这样就保证了台上台下的受训者都能从这一过程中受益。

角色扮演是在跨文化商务沟通能力培训中使用广泛的一种体验性培训方法。其优点决定了它受欢迎的程度。角色扮演的优点包括:第一,具有互动性和行为性。角色扮演让受训者积极地参与到整个培训过程中,并对受训者的行为演示给予指导,实现了培训师与受训者之间的双向互动。第二,教会受训者进行换位思考。受训者通过扮演与实际工作岗位不同的角色,可以学会从异文化的立场考虑问题,以及在生活中如何与来自异文化的人们进行更好的交流,进而加深彼此之间的理解,增强合作精神。第三,重塑或改变受训者的态度或行为。角色扮演可以让受训者对过去类似行为或者做法进行反思,在此基础上认真思考并实践新的行为和做法,从而达到重塑、改变其态度或行为的目的,有助于促进新想法、新策略的产生。大家可以做一个角色扮演的小练习:在国际电影节上,你现场演绎中国演员和美国演员领奖的场面,体会美国人和中国人的获奖感言会有什么不同。

但是,这种方法的缺点同样明显:第一,在角色扮演中,角色扮演者所能获得的情境信息是比较少的,这不利于扮演者的正确参与。第二,受训者的主观反应直接影响培训效果。如果受训者准备充分、态度积极,全神贯注地投入整个扮演过程,那么角色扮演将是非常有效的培训形式,反之则将收不到多大成效,受训者可能仅仅将角色扮演看成儿戏,从中仅仅获得一种娱乐,完成扮演后并不能将体验带回到工作中。第三,受训者按照固定的角色活动来表演,这就限制了他们的发挥空间和创新行为。第四,对培训师和受训者都有比较高的要求,例如,组织能力和表现能力等。

在了解了这一方法的优缺点后,我们就比较容易去克服其缺点,而发挥其优点了。在运用角色扮演这一方法时,为了使受训者获得更好的体验,培训师应该在开始角色扮演活动之前、扮演过程中和扮演之后发挥重要的指导作用。在扮演开始之前,培训师应该首先向受训者说明角色扮演的意义,让受训者产生愿意积极地投入到活动中去的动机。培训师还应该认真地挑选扮演者,不是所有的受训者都适合扮演角色,应该挑选那些有表现欲望、性格外向的受训者。在开始前应该说明扮演的方法,说明各种各样的角色的情况,说明活动的时间安排,还应该说明观众应该观察什么、准备什么。在角色扮演开始后,则应该对活动进行控制。应该控制的要点包括活动的时间、受训者感情的投入程度、各个小组的关注点。扮演的活动与受训者的关系越密切,他们就越不会分散精力。在扮演结束后,培训师应该提问,提问可以帮助受训者回忆和理解活动。扮演后的讨论也很重要,这可以使受训者有机会分享自己的感受。可供讨论的主题包括在练习中发生的事情、他们在扮演中学到的东西、通过参与活动积累了什么跨文化商务沟通经验、他们自己如果再遇到这样的情形将采取什么行动、如何将学习到的东西运用到工作中去等。有许多公司尝试将角色扮演的活动录制下来,回放后获得了很好的效果,扮演者能更好地对自己的表现进行自我观察。以下是两个角色扮演的案例。

小案例 9-5　顺德盛达家具厂和叙利亚 SUN 家具公司的一次谈判的角色扮演

1. 背景资料

顺德盛达家具厂(以下简称"盛达")建立于 1968 年,专业设计、生产和销售中高档办公家具系列,有办公桌、办公椅、沙发等,在国内外享有极高的声誉。其设计新颖奇特且实用,符合现代人体工程学和审美观。产品质量优良,并配有完善的售后服务系统。因此,工厂在激烈的家具市场中能够立于不败之地,且不断发展壮大。

叙利亚 SUN 家具公司(以下简称"SUN 公司")始建于 1981 年,主营办公家具的批发业务,以中国、马来西亚等国为原材料供应地。公司以多品种经营特色和薄利多销的原则,赢得了广大客户的信任。在 2011 年 4 月第 102 届中国出口商品交易会上,SUN 公司对盛达的高档办公椅感兴趣,但是在价格和数量方面,双方未能达成协议。5 月中旬,SUN 公司的丹先生亲自到顺德盛达进行商谈,由盛达公司副总经理张红星先生接待。在谈判过程中,双方先就价格高低僵持不下。盛达坚持产品折扣不高于 13%,而 SUN 公司要求折扣不低于 17%。谈判僵持达半小时以后,丹先生提出了一种解决办法。在下单后的 6 个月,盛达给予 SUN 公司 10% 的折扣,接下来的 6 个月,给予 SUN 公司 20% 的折扣。但是张红星先生提出了这种合约下的产品数量的大小。他认为如果按照这样的合约,那最初的 6 个月,SUN 公司的订单数量应不少于 1 万件,而接下来的 6 个月的订单数量应大于 15 000 件。双方经过讨论达成一致。接着,双方就付款方式和发货方式进行了协商,同意使用信用证的方式在深圳(FOB)港口发货。

2. 角色扮演过程

现在将受训者分成两个小组,每个小组模拟谈判场景进行课堂演练,由培训师指导谈判过程。谈判过程中,除价格以外的细节很快谈妥,双方主要是价格高低僵持不下。受训者 A 和 B 在谈判过程中很难再现出真实的谈判场景;原因之一是英语语言表达能力的欠缺;原因之二是站在众人面前表演的紧张感也影响受训者正常发挥水平。这时候,培训师的指导非常重要。只有在培训师指导受训者完整清晰地表演整个谈判过程的情况下,接下来的学员才有可能较好地完成谈判模拟任务。真实谈判案例中僵持达半小时,Dan 先生才提出让步性的建议,但是实际演练过程受时间的限制,不可能持续那么长时间,这时候培训师充当解说员,引导受训者 A 和 B 的谈判顺利进行。

受训者演练完毕后,培训师进行了客观公正的评价。首先要肯定谈判过程中表现优秀的受训者,然后指出模拟谈判过程中存在的问题,并指导受训者改进。模拟演练结束后,培训师布置受训者课后完成谈判设计,掌握并巩固谈判过程中的重点内容,对难点提出解决的办法。例如,以上案例对于价格僵持不下的处理方法。设计内容可包括谈判相关背景资料、确定谈判目标、获取相关谈判信息、制订谈判计划、完成谈判任务、分析谈判策略等。

小案例 9-6　法国金碧丽贸易有限公司和佛山飞马化工有限公司一次谈判的角色扮演

1. 背景资料

2012 年,在全球性的经济危机中,法国也难以幸免,消费者购买力相当弱。法国金碧丽贸易有限公司(以下简称"金碧丽")在没有利润的情况下,竭力争取订单,以保障业务的运作及保持与中方的贸易关系,希望中方在价格上作出让步。

2012 年 8 月 20 日,金碧丽计划与佛山飞马化工有限公司(以下简称"飞马公司"),就工艺蜡烛下新的订单,要求中方保持原来的价格,订单内容还是和原来一样:10 款数字蜡烛、3 款音乐蜡烛和 5 款魔术蜡烛。在所下单的蜡烛中,数量最多的是数字蜡烛,每个数字 7 000 个,共有 70 000 个,音乐蜡烛和魔术蜡烛数量比较少,各有15 000 个。而中方为了争取对方的订单,开始的时候给了数字蜡烛最优惠的价格,所以利润非常微薄,稍不小心就可能亏本,音乐蜡烛和魔术蜡烛虽然利润比较高,但数量少,所以实际利润并不高。经过权衡,中方建议对方将数字蜡烛数量调整为45 000 个,将另外两种产品的数量都提高到 25 000 个左右。如果对方能接受中方关于数量调整的提议,那么价格可以保持和之前的订单一样。最后客户接受中方建议,双方确定合同。

2. 任务模拟过程

受训者 A:金碧丽代表 X 先生

受训者 B:飞马公司 Y 先生

由培训师指导谈判过程。

谈判过程中,X 先生要求 Y 先生保持原价的理由是法国国内深受经济危机影响,消费者购买力非常弱,希望 Y 先生在价格上作出让步。Y 先生一方面对金碧丽一直给予的支持和配合表示深深感谢,对法国经济危机的影响表示理解,同时也希望对方看到,自己一直也在积极配合。在全球性危机影响下,飞马公司成本也有很大的压力,特别是近年中国内陆经济发展吸引了很多劳动力,使广东的劳动力短缺,劳动力成本不断增加。例如,去年普通工人工资 2 000 元,今年已涨到约 3 000 元,而汇率方面,几个月前 1 美元可以换 6.35 元人民币,现在已变成 6.25 元人民币,这些都是实际而直观的因素,所以请对方能理解公司的压力,并说明自己会尽最大可能予以配合。另一方面,Y 先生提出订单数量上的调整方案,通过调整,利润低的产品数量减少,利润比较高的产品数量增多,保证公司总体上有较好的利润,避免运作过程中的风险。双方最终选择这个较为两全的折中办法,顺利完成谈判任务。

培训师指导现场参与过的受训者完成谈判演示以后,由各个小组(四人一组)开始根据任务要求进行谈判演练,做过谈判示范的受训者 A 和 B 此时与培训师一样担当指导者的角色,指导各组完成谈判模拟任务。

一个跨文化培训中,通过三次以上类似的基于真实案例的角色扮演法训练,受训者对商务谈判的过程和内容就有了全面的了解,在以后工作中参与商务谈判就有了一定的经验积累,其效果比单纯的讲授法要好得多。

(七) 敏感性训练

敏感性训练也称"T 小组训练法","敏感性"是指对自我、对他人和人际关系的敏感程度,是美国心理学家勒温(Lewin)于 1964 年创建的一种改善人际关系和消除文化障碍的方法。这种训练的假设前提是:接受敏感性训练而变得敏感的雇员会觉得比较容易作为一个小组的成员和其他组员和睦相处、协调工作。因此,通过敏感性训练可以使员工学会如何进行有效的交流,细心地倾听以了解自己和别人的情感,从而加强人们的自我认知能力和对不同文化环境的适应能力,并促使来自不同文化背景的员工之间进行有效的沟通和理解。敏感性训练的一般方法是把 10～15 名员工集中到实验室或远离企业的地方,由心理学家对他们进行训练,为期 1～2 周。在培训过程中,受训者没有任何任务和负担地相互坦诚地交谈,内容局限于他们之间当时发生的事情。通过这种方式,受训者能够发现和学习原来自己没有注意到的文化差异,打破心中的文化障碍,加强不同文化间的合作意识和联系。实践证明,通过敏感性训练可以明显减少跨国企业员工的文化偏见,增加相互间的信任感和内部控制倾向,提高员工对不同文化的鉴别和适应能力。

（八）关键事件分析法

关键事件是指在某一情境中出现的,由于交际双方的文化差异所导致的误解、问题或者冲突。关键事件只描述发生的事情,并提供交际各方的感受和反应,并不解释在此情境中交际各方的文化差异,受训者需要通过观察与思考去发现文化差异。使用关键事件分析法的目的是使受训者经历在与另一文化的人们交际时或是在适应另一文化时可能遇到的各种各样的困难问题和冲突情境。

跨文化商务沟通能力培训中关键事件策略可以有不同的变化,培训师可以把几个事件组合起来说明一个概念或过程。采用关键事件分析的目的在于:第一,使受训者意识到自己对关键事件中人物的行为、态度和反应的理解和解释是特殊的,而且是由母语文化决定的;第二,分享、比较并且分析受训者们的不同解释和理解;第三,澄清关键事件中对可能导致误解、问题和冲突发生的文化差异,澄清关键事件中影响到受训者的文化差异和关键事件中对人物的不同解释与理解的文化差异;第四,帮助受训者了解来自不同文化的人们存在差异,不同文化之间也存在差异;第五,帮助受训者了解在相似情境中,什么才是得体而有效的行为;第六,使受训者意识到自己该学什么,增强他们继续学习的动机;第七,为受训者参加培养解决跨文化冲突能力的角色扮演做好准备。

培训师在设计关键事件的时候,要注意以下几个问题:第一,确定关键事件中的主要角色。第二,提供足够的背景知识。第三,必要时,暗示关键事件发生的时间和地点。第四,简要描述事件发生的顺序。第五,描述来自关键事件中人物所在文化的人会怎样做,即他的感受、想法和行动。第六,在条件合适的情况下,描述一下来自其他文化的人会怎么做。

（九）文学作品阅读

文学是一个民族社会文化生活的缩影,是重新解读人与世界关系的历史节点,它反映现实世界的精华。因此,文学阅读是必不可少的培养受训者文化差异敏感性的主要途径。文学作品反映的文化背景是相当广泛的:表层的文化背景知识如民族的风俗习惯、生产方式、文化传统及社交准则等;深层的文化背景知识包括民族的思维方式、价值观念、民族心态。广泛的阅读能够使学员在更深的程度上来理解文化,理解不同民族的意识形态、价值观、民族心理以及行为模式。培训师可以选择一些经典的、可读性较强的文学作品来培养学员的文化敏感性与文化宽容性。

（十）行为塑造法

这一方法的理论基础是社会学习理论。社会学习理论认为我们的许多行为模式是通过观察别人而得来的，而我们的行为模式也可以通过看到别人使用这些行为得到强化。在组织中，员工学习各种各样的行为，这当中有工作性行为，也有非工作性行为。员工是通过观察主管、经理、同事等来学习行为的。模范角色的行为示范对人的影响是很大的。

行为塑造法利用生动的演示或视频来介绍有效的跨文化人际交往与技巧，以及经理在各种文化情境下应对的方法，受训者可将自己的行为与角色行为相比较，找到差别，获得启示。

行为塑造法的具体操作方法如下：首先，向受训者解释所要培训的跨文化沟通技能，并说明每一关键行为的理由。然后，向受训者展示良好的跨文化沟通技能或行为，这一步一般都通过播放视频来进行。接下来，为受训者提供角色扮演的机会来实践这些管理行为。最后，还要对视频中的样板行为和受训者的角色扮演行为进行对比和讨论，帮助受训者理解这些关键行为怎样被应用到实际工作中去，并对他们的角色扮演行为进行反馈和纠正。在行为塑造培训中，受训者所扮演的角色以及被样板化的关键行为，都是根据受训者所处的真实工作环境可能应用到的技能和行为以及可能发生的各种事件编排出来的。

（十一）文化比喻

文化比喻属于认知培训方式，它是用某种代表性的事物来代表某种文化，并通过对这种事物的描述来深化受训者对该文化特点的把握。

文化比喻培训的具体操作如下：让受训者组成小组，给每个小组分配不同的国别角色，让小组用头脑风暴法完成以下命题："作为某国人，我们将用哪一种事物来比喻这个国家的文化？这种事物可以用来描述这个国家文化的哪些侧面？"然后，由每个小组做陈述并回答其他小组成员的提问。

这种培训方法的优点是直观、生动，可以引发人们的深层次思考。它的缺点是有时受训者的思维过于发散，难以准确描述某一种文化的特点；或者由于对文化本身的理解不够，因而回答不太贴切。

美国文化可以被比喻成水蜜桃，皮薄、汁多、核硬。"皮薄"代表美国文化中人际关系很容易建立，走在美国街头的外国人，常感意外的是，会有美国人向他们问候致意。"汁多"代表美国文化的多样性，每个人都可以表现自己独特的一面。"核硬"就是强调隐私。虽然美国人际关系容易切入，但到一定程度时，个人隐私空间是无法进入的。

德国文化被比喻为记事本。每个德国人都有一个记事本，上面记满了和谁的约定、要做的事。记事本代表德国的时间观是线性的，必须提前预约，必须遵守约定，在一个时间只能做一件事；记事本代表德国的秩序观，解决问题是以先来后到的方式进行的。

日本文化被比喻成菊与刀。"菊"本是日本皇室家徽，"刀"是武士道文化的象征。菊花和刀象征了日本民族的双重性：好斗而和善；尚武而爱美；野蛮而文雅；顺从而富于抗争。这种异常矛盾的民族特性，贯穿了日本的整个文化。

在日本民族这菊与刀的文化交织中，体现出的最为鲜明的特点是等级制度和精神性。

几百年森严的等级制度,造就了日本文化对"各守本分"超乎寻常的需求。社会中的种种角色如丈夫、妻子、儿子、武士、农民、工人、商人都有着极为严格的等级区别和行为规范,任何破坏既有秩序的行为都是不被道义所容忍的。日本人相信,只要每个人在社会等级中找到适合自己的位置,那么这个世界就是完美的。

同时,日本人坚信精神至上,"泰然自若的精神能持续1 000年",只要精神不死,物质永远不会得胜。在太平洋战争末期,面对连连被美军击溃的事实,狂热的军国主义分子荒木大将曾在《向全日本民族呼吁》里写道:日本的"真正使命是弘布和宣扬皇道以达于四海。力量悬殊不是我等介意之事,吾人何必忧虑物质?"日本人精神性的另外一个方面体现在"自尊心"和"名誉"上,也就是一种"耻感"。

法国文化被比喻为玫瑰花,浪漫但傲慢刺人。法国人喜好社交,社交是生活中的一部分。法国人诙谐幽默、天性浪漫,看到愁眉苦脸的人会觉得胃疼。他们的纪律性差,当他们约会迟到时,不要感到惊讶。法国人比较傲慢,自尊心很强,认为世界上的一切都是法国的最好。他们对艺术品和具有纪念意义的礼品情有独钟。

中国文化可以比喻成麻婆豆腐。首先,中国文化权力距离大。餐桌礼仪上,谁坐主位、谁是次位,都是权力、关系的线索,而"麻婆豆腐"本身就体现了首创这道菜的人名,传递出人情味和亲切感;其次,这道菜的原料是普通的豆腐,加入作料后,马上变得味道鲜美,这跟人际关系一样:普通平淡的关系,但一旦被确认为朋友,马上变得特殊,相处起来别有滋味。

(十二) 图画技术

画图技术的理论基础是投射原理。"投射"一词在心理学上是指个人将自己的思想、态度、愿望、情绪、性格等个性特征,不自觉地反映于外界事物或者他人的一种心理作用,也就是个人的人格结构对感知、组织以及解释环境的方式发生影响的过程。投射法的具体做法是:向被试呈现一定的刺激材料(一般是没有明确意义的材料),让被试加以解释或者要求他们将这些刺激材料组织起来。其基本假设为:第一,人们对于外界刺激的反应都有其原因而且是可以预测的,不是偶然发生的。第二,这些反应固然决定于当时的刺激或者情境,但是个人自身当时的心理结构、过去的经验、对将来的期望,也就是他整个的人格结构,对当时的知觉与反应的性质和方向都会产生很大的影响。第三,人格结构的大部分处于潜意识中,个人无法凭借其意识说明自己,而当个人面对一种不明确的刺激情境时,却常常可以使隐藏在潜意识中的欲望、需求、动机冲突等"泄漏"出来,即把一个反映他的人格特点的结构加到刺激上去。如果知道了一个人如何对那些意义不明确的刺激情境进行解释和组织,就能够推论出有关其个体人格结构的一些问题。

实践证明,图画技术是培养跨文化商务沟通能力的有效手段之一,它的优势在于:第一,能把抽象的文化理论变得直观、具体。第二,能深入揭示培训主题,触动学员的潜意识。因此,可以从情感和认知两个层面反映学员内心深层次的信息。第三,能创造轻松愉悦的培训氛围。笔者曾经在"跨文化商务沟通"课上,让学生画图来代表日本文化、印度文化、埃及文化、荷兰文化、韩国文化、法国文化、澳大利亚文化。结果显示,日本文化多是樱花、武士刀、相扑;印度文化多是纱丽(女子的衣服)、白象;埃及文化多是金字塔、木乃伊;

荷兰文化多是风车、木鞋、郁金香；韩国文化多是韩服、腰鼓和餐具；法国文化多是法国梧桐、薰衣草、时装；澳大利亚文化多是袋鼠、考拉和悉尼歌剧院。大家也可以做一个小练习：请选择一种文化，画出三种事物来代表这种文化。

小案例9-7 不同国家跨文化培训的差异

通过调查可以发现，不同的国家在进行培训时的做法有所差异。

美国：为了培育真正的全球经理，一些美国公司在管理职业生涯早期就会提供全球培训与任职的机会。通用电器提供语言和跨文化培训，以使其营销经理能在全球环境中开展业务。它认为即使是某些可能永远不会到海外任职的经理，具有全球眼光也是很重要的；在宝洁公司"宝洁学院"的培训中，对新上任的经理和中层经理着重强调国际经营方面的培训；科尔盖特·帕尔莫利夫公司对于美国及其他国家的雇员设有全球性的营销管理培训。

欧洲：许多跨国公司选择英国法恩海姆的国际短期培训中心作为其培训基地。这个中心提供两类住读计划：一类是四天的地区计划，还有一类是一周的文化了解计划。这两类计划通常是由夫妻一起参加的。地区计划，正如它的名字所说明的，其重点放在个别人将被派往的特定区域或国家。在四天的计划中，受训者可以了解关于既定区域的历史、政治、宗教与形成人民心理状态的经济因素，以及这些因素和西欧有何不同。文化了解计划，并不集中于世界一个具体的地区，其目的是让受训者通过听课和练习增加对其他国家的了解和敏感性。

日本：超过一半的日本公司提供全面和严格的培训计划以使他们的派出人员能有效应对跨文化差异。一个典型的计划包括：①语言培训。几乎所有被访问过的日本公司都支持强化语言的培训计划，时间跨度从3个月到1年。②现场体验。调查过的许多日本跨国公司曾经遴选他们工作班子的成员在外国办事处做一年的受训者。③外国的研究生计划。调查过的许多日本跨国公司每年选派10名到20名工作班子成员去外国的商学院、法学院和工程学院学习。④公司内部培训计划。除语言训练外，派出人员还要进修国际金融和国际经济的课程，并且听取关于派往国周围环境的汇报。⑤公司外部培训。除公司内部培训计划外，在日本还有若干专门培训派往海外人员的机构，其中之一是国际研究和培训学院，它是由通产省资助的，这个学院提供两类住读计划：3个月和1年。

六、跨文化商务沟通能力培训的新进展

随着人力资源理论和实践的发展以及互联网技术的应用，传统的培训方式似乎不能满足跨文化商务沟通能力培训的需求，目前已经发展出了全球性心智模式培训和基于多媒体/互联网的新型跨文化培训两种模式。

（一）全球性心智模式培训

全球性心智模式培训的根本目的是拓宽个体的思路，以便超越过去那种本地区的狭

隘眼界,从而形成一个可以包容全世界的心理图式。尽管这种培训模式往往应用在管理者身上,但事实上这一培训对普通员工和外派人员也同样具有适用性。

全球性心智模式的培训有下列三种主要方式。

1. 利用公司回派人员的作用

回派人员是指在外派到期后,从所在国返回公司总部的管理者或员工。由于这些人员一般具有较好的跨国视野、丰富的海外市场经验、管理技能和良好的语言表达能力,对跨国公司形成全球性心智模式具有较为重要的指导作用。通过回派人员有组织地给母公司同事和下属传授他们的跨文化技能、经验和洞察力,将有利于跨国企业形成"全球性思考,本地行动"的学习习惯,有利于员工的跨地域工作、学习和生活。

2. 海外实地实习

海外实地实习的核心思想是把员工置于海外一段时间,能保证员工学到当地人们的行为方式,又不至于损失员工的宝贵工作时间。海外实地实习方法具有模拟性,能使涉及此培训的员工在一定程度上"沉浸于国外的文化"之中,能帮助员工形成所谓的全球性领导技能,如减少主观偏见、拓宽视野和提高人际交往技能。

3. 评价中心技术的运用

除了传统的人员选拔、员工培训和职业生涯规划外,评价中心能够给管理者提供海外派遣的态度信息、确立企业全球导向的企业文化、形成企业员工的全球性心智模式。近年来,人们设计了特定的评价中心技术并应用在国际商业派遣中,其中多文化间评价中心(intercultural assessment center,IAC)就是其一,其方法是运用许多跨文化角色扮演、案例研究、小组讨论和国际谈判模拟来测量候选人对不确定的容忍度、目标导向、交际能力和元沟通技能等,以此来评估外派候选人的多文化胜任能力。

(二)基于多媒体/互联网的新型跨文化培训

随着 IT 科技的发展,网络和计算机的应用使人们在日常生活中学习更加方便、快捷,大量的教育软件被开发出来以帮助人们提高学习的效果。与此同时,多媒体软件和基于互联网的培训也被应用到外派员工的培训中来。基于多媒体/互联网的培训主要包括以下两种。

1. 多媒体软件

在跨文化培训中的多媒体软件中,有两种著名的软件:Park Li 公司出品的"衔接文化"(Bridging cultures)和 Trompenars Hampden-Turner 公司出品的"文化指南"(Culture compass)。由 Park Li 公司出品的衔接文化软件,主要是为旅行或居住海外的人而设计的跨文化自我培训项目,企业中未来要被外派的人员也可以用它来进行自我跨文化知识和技能的培训,或者和跨国工作启程前的培训一起使用。"文化指南"软件是根据各国风俗习惯而设计的互动式学习软件工具,对经常处理不同文化的商业旅行者、外派人员与具体国家的互动培训具有引导作用。在外派人员培训中,文化指南软件可以用来解释独特的跨文化问题。

2. 基于互联网的学习和培训

网络技术的飞速发展,使得越来越多的咨询公司通过网络来推销它们的产品,如问卷、信息和其他服务等。在互联网中,各国管理者以及对跨文化人力资源管理感兴趣的人员可以回忆各自的文化震荡情况以及克服这些震荡的技巧。这些网站中的许多信息为外派人员提供了可供选择的外派信息资源。

此外,互联网的另一个价值是外派人员可以从中获得免费的信息资源。通过互联网,外派员工可以根据自己的实际情况选择不同的跨文化内容来提高自己的海外适应能力。

七、全球沟通能力

(一) 全球沟通能力的概念

近年来,随着跨国公司的不断涌现,出现了研究全球化领导的热潮,有学者提出全球沟通能力的概念。

全球沟通能力是一种促使人们寻求未来的视野、相互理解以及多重认同的意识,并进而开发自己的智力、知识与创造力,共创和平与富裕社会的能力。

全球沟通能力旨在达到四个目标:第一,开阔一个全球化的视野;第二,培养全球化所需的足够的知识与技术。第三,培养足够的弹性能力。第四,培养敏锐与开放的能力,尊重多元文化。

(二) 全球性心态

为了达到全球沟通能力的目标,除了从认知、情感和行为方面进行自我培训之外,最重要的是事先要建立一个全球性心态。

1. 全球性心态的概念及其功能

全球性心态是对其他文化采取开放的态度。这种心态是全球沟通能力的基础,如果将全球沟通能力比作鲜花,那么全球性心态就是花园的土壤。土质若好,花儿必然盛开。

全球性心态的功能体现在以下两方面。

第一,具有全球化心态的人在面对全球化社会的时候,能够适当并有效摒弃因文化差异所形成的心理障碍,扩展思考的视野,使自己具有扫描世界的心智能力,并有意识在个人、组织和社会三个层次开创和谐制胜的机会。

第二,全球化心态培养了个体开放的态度,在面对与处理世界潮流冲击时能进行动态改变和改良,并具备学习成为一个全球公民的能力。

2. 全球性心态的特点

综合看,全球性心态的人具有以下特点。

第一,具有全球化心态的人,对文化差异具有高度敏感性。他们不仅拥有良好的自我与正面的自我概念,更拥有一颗对文化多元性的敏觉之心。

第二,具有全球化心态的人,拥有一颗开放的心。开放的心具有两重作用:在个人层面,它给予个人在全球化变动的环境里寻求持续改进的机会;在沟通层面,它给予我们一种对文化差异不做仓促判断的能力。这两种能力整合起来,可以形成一种对文化差异保持永久学习的动机。

第三,具有全球化心态的人,具有丰富的知识。他们内心随时充满着一股想要扩展与深化对全球与地方事务关注的驱动力,而在文化、社会、商业及其他领域所积累的知识,使他们能采取恰当的行为、作出合理的决策与有效解决冲突,进而在全球化浪潮中乘风破浪。

第四,具有全球化心态的人,是能够批判性和整体性思考的人。除了能以丰富的知识正确认识文化异同外,他们同时具有批判与分析的思考能力,即良好的归纳与演绎的思考能力。他们不仅将世界视为一个整体,还能够把它看成是一个具有秩序的万花筒,从而能够把握全球性变动的复杂性。

第五,具有全球化心态的人,具有高度的弹性。在跨文化沟通中,这种弹性主要表现在认知和行为层面,他们具有强韧的适应力,能适当运用语言与非语言的沟通行为,有效并轻松应对全球化社会的变迁。

如何依据以上全球性心态的特点提升个体的全球沟通能力,是学习者需要深入思考的问题。

小测试 跨文化交际能力问卷

第一部分:学生的基本信息

1. 你的专业＿＿＿＿

A. 文科 B. 理科

2. 你的性别＿＿＿＿

A. 女 B. 男

3. 你来自哪里?＿＿＿＿

A. 东北省份 B. 西南省份 C. 西北省份 D. 东南省份

4. 你对外国文化感兴趣吗?＿＿＿＿

A. 感兴趣 B. 有点兴趣 C. 非常感兴趣 D. 不感兴趣

5. 你关注外国文化产品(例如电影、小说、电视节目等)吗?＿＿＿＿

A. 经常 B. 不经常 C. 有时 D. 从不

6. 你是否认为培养跨文化交际能力是必需的?＿＿＿＿

A. 是 B. 不是 C. 有一点 D. 不知道

7. 学习跨文化交流将会给你带来的帮助是＿＿＿＿

A. 学习英语 B. 学习关于外国文化的新知识

C. 有利于未来的应聘以及工作 D. 不知道

8. 你认为我们有很多机会涉及跨文化交际吗?＿＿＿＿

A. 有 B. 没有 C. 不确定

9. 你有在国外的经验吗?＿＿＿＿

A. 有 B. 没有 C. 未来可能有

10. 你喜欢这门课程吗?＿＿＿＿

A. 喜欢 B. 不喜欢 C. 没有意见

第二部分:世界观的影响和对文化多样性的接受程度

11. 人们拥有不同的世界观。

A. 同意　　　　　B. 不同意　　　　　C. 不发表意见

12. 认知受文化的影响。

A. 同意　　　　　B. 不同意　　　　　C. 不发表意见

13. 在不同的文化中,同一件事情有不同的含义。

A. 同意　　　　　B. 不同意　　　　　C. 不发表意见

14. 同一个词在不同文化的含义会产生误解以及问题。

A. 同意　　　　　B. 不同意　　　　　C. 不发表意见

15. 谈判的意义很重要。

A. 同意　　　　　B. 不同意　　　　　C. 不发表意见

16. 所有的跨文化沟通是没有问题的。

A. 同意　　　　　B. 不同意　　　　　C. 不发表意见

17. 在今天的工作生活中,容忍差别的存在是必需的。

A. 同意　　　　　B. 不同意　　　　　C. 不发表意见

18. 由于全球化的进程加快,跨文化能力显得越来越重要。

A. 同意　　　　　B. 不同意　　　　　C. 不发表意见

19. 跨文化培训的一个主要目标是开发一个多元的世界观。

A. 同意　　　　　B. 不同意　　　　　C. 不发表意见

20. 在没有过度的焦虑和压力的状况下,能够容忍差异是重要的。

A. 同意　　　　　B. 不同意　　　　　C. 不发表意见

第三部分:方法和回避倾向

21. 别人与外国人接触是可以的。

A. 同意　　　　　B. 不同意　　　　　C. 不发表意见

22. 我和外国人接触是可以的。

A. 同意　　　　　B. 不同意　　　　　C. 不发表意见

23. 我想与外国人有更多接触。

A. 同意　　　　　B. 不同意　　　　　C. 不发表意见

24. 外国邻居是友好的。

A. 同意　　　　　B. 不同意　　　　　C. 不发表意见

25. 邻居的国籍不重要。

A. 同意　　　　　B. 不同意　　　　　C. 不发表意见

26. 如果我的家庭成员与外国人结婚,是可以的。

A. 同意　　　　　B. 不同意　　　　　C. 不发表意见

27. 我可以嫁给一个外国人。

A. 同意　　　　　B. 不同意　　　　　C. 不发表意见

28. 我配偶的国籍不重要。

A. 同意　　　　　B. 不同意　　　　　C. 不发表意见

29. 和对方的文化差异越大,我们越难接受他/她。

A. 同意　　　　　B. 不同意　　　　　C. 不发表意见

30. 我不想和外国人有任何来往。

A. 同意　　　　　B. 不同意　　　　C. 不发表意见

第四部分：对生活在中国的外国人的偏见

31. 在中国,存在种族主义。

A. 同意　　　　　B. 不同意　　　　C. 不发表意见

32. 种族主义是民族中心主义,而不是种族歧视。

A. 同意　　　　　B. 不同意　　　　C. 不发表意见

33. 自鸦片战争以来,中国人对外国人一直有钦佩感。

A. 同意　　　　　B. 不同意　　　　C. 不发表意见

34. 在中国的媒体中,有太多的外国电影和电视节目。

A. 同意　　　　　B. 不同意　　　　C. 不发表意见

35. 外国人要求平等是不合理的。

A. 同意　　　　　B. 不同意　　　　C. 不发表意见

36. 我不喜欢外国人居住在中国,因为他们和我做相同的工作却得到更多的报酬。

A. 同意　　　　　B. 不同意　　　　C. 不发表意见

37. 很多外国人感到自豪,并且对当地人们不友好。

A. 同意　　　　　B. 不同意　　　　C. 不发表意见

38. 当我与外国人一起时,我____

A. 有优越感　　　B. 有自卑感　　　C. 觉得平等

39. 很多外国人使组织犯罪增加。

A. 同意　　　　　B. 不同意　　　　C. 不发表意见

40. 很多外国人传播了艾滋病以及其他疾病。

A. 同意　　　　　B. 不同意　　　　C. 不发表意见

第五部分：民族中心主义对抗民族相对主义

41. 我们不需要外国人在中国。

A. 同意　　　　　B. 不同意　　　　C. 不发表意见

42. 我用自己的价值观来判断外国人。

A. 同意　　　　　B. 不同意　　　　C. 不发表意见

43. 在中国时,我喜欢与中国人一起工作。

A. 同意　　　　　B. 不同意　　　　C. 不发表意见

44. 在中国时,我也喜欢和外国人一起工作。

A. 同意　　　　　B. 不同意　　　　C. 不发表意见

45. 如果我在国外,我喜欢与外国人一起工作,不喜欢和中国人一起工作。

A. 同意　　　　　B. 不同意　　　　C. 不发表意见

46. 如果我在国外,我喜欢与中国人一起工作,不喜欢和外国人一起工作。

A. 同意　　　　　B. 不同意　　　　C. 不发表意见

47. 我不知道为什么一些外国人不喜欢中国人。

A. 同意   B. 不同意   C. 不发表意见

48. 外国人的价值观和中国人的价值观一样合理。
A. 同意   B. 不同意   C. 不发表意见

49. 我的同事或同学的国籍不重要。
A. 同意   B. 不同意   C. 不发表意见

50. 我对外国人的态度取决于他们来自哪个国家。
A. 同意   B. 不同意   C. 不发表意见

第六部分：文化和跨文化交际的概念

51. 我知道对文化概念的不同定义。
A. 同意   B. 不同意   C. 不发表意见

52. 文化包含一定的层次或级别，习俗表示外层文化。
A. 同意   B. 不同意   C. 不发表意见

53. 了解更深层次的规范和价值是重要的。
A. 同意   B. 不同意   C. 不发表意见

54. 除了文化还有其他因素影响人类的行为。
A. 同意   B. 不同意   C. 不发表意见

55. 要了解外国文化，首先我们必须了解自己的文化。
A. 同意   B. 不同意   C. 不发表意见

56. 跨文化能力包含语言能力和社会技能。
A. 同意   B. 不同意   C. 不发表意见

57. 我知道低语境和高语境文化传播之间的差异。
A. 同意   B. 不同意   C. 不发表意见

58. 随着全球化的发展，必须高度重视道德规范文化的差异。
A. 同意   B. 不同意   C. 不发表意见

59. 如偏见和种族中心主义等态度是后天学习获得的，因此很难改变。
A. 同意   B. 不同意   C. 不发表意见

60. 规范是解释什么是正确的和什么是错误的一种文化。
A. 同意   B. 不同意   C. 不发表意见

第七部分：跨文化交际的知识

61. 互动听力包括非语言沟通、问问题和使用补白。
A. 同意   B. 不同意   C. 不发表意见

62. 中东人不喜欢遵循时间表，所以那里的企业没有时间表，计划到最后一分钟都可以被改变。
A. 同意   B. 不同意   C. 不发表意见

63. 美国公民可能支持政府从富人到穷人的收入再分配或者为所有人提供工作。
A. 同意   B. 不同意   C. 不发表意见

64. 如果用美国人计算年龄的方法，一个两岁的越南小孩相当于一岁。

A. 同意   B. 不同意   C. 不发表意见

65. 非洲人认为时间是循环的。

A. 同意   B. 不同意   C. 不发表意见

66. 美国人是集体主义者。

A. 同意   B. 不同意   C. 不发表意见

67. 快餐在美国不像在中国那么受欢迎。

A. 同意   B. 不同意   C. 不发表意见

68. 美国文化比中国文化更具侵略性。

A. 同意   B. 不同意   C. 不发表意见

69. 美国文化的价值观比较和谐。

A. 同意   B. 不同意   C. 不发表意见

70. 在公交车上,你会将你的座位让给一位美国老人。

A. 同意   B. 不同意   C. 不发表意见

 **复习思考题**

1. 什么是跨文化沟通能力?
2. 跨文化商务沟通能力包含哪些要素?
3. 跨文化商务沟通能力培训的理论基础是什么?
4. 跨文化商务沟通能力培训的目标是什么?
5. 跨文化商务沟通能力培训的主要内容是什么? 有何特点?
6. 跨文化商务沟通能力培训的基本方法有哪些?
7. 什么是全球沟通能力? 什么是全球性心态?

 思考案例

吉列的全球化经理培训计划

吉列(Gillette)是家喻户晓的公司,其知名产品有男性剃须刀、牙膏牙刷和办公用品等。其主要品牌包括 Braun,Oral-B,Liquid Paper,Paper Mate。该公司在国际市场上得到的利益占公司总销售额和利润的 70% 以上,其员工至少有 75% 在美国以外的国家工作。该公司在 200 多个国家和地区有业务,因此,公司对全球化经理人的需求非常强烈。公司因此制订了全球化经理人的培训计划。

这个培训计划的第一步是招聘合适的候选人。多年来,公司把美国大学的 MBA (工商管理硕士)毕业生作为自己的招聘对象,因为这些学生来自世界各地,所以更适合做全球化经理。到现在为止,参加该培训项目的人来自阿根廷、巴西、中国、哥伦比亚、埃及、危地马拉、印度、印度尼西亚、马来西亚、摩洛哥、新西兰、巴基斯坦、秘鲁、波兰、俄罗斯、南非、土耳其、委内瑞拉等国家。招聘的主要条件有:首先是被培训者必须有良好的社交才能;其次是年轻单身,年龄要求在 35 岁以下;与此同时,他们必须有从事全球化职业的职业生涯设计,处事灵活,热情进取;最后还要求他们除了母语之外,能够讲流利的英文。

符合这些条件的候选人被招进来之后,分四个阶段进行全面培训。第一阶段是将被培训者送回老家,让他们在母国的吉列分公司工作 6 个月。在这 6 个月中,他们从初级工作做起,学习与经营业务有关的不同技能,观察工龄更长的经理人的工作,积累经验。6 个月之后,他们被调到吉列的 3 个国家总部之一(波士顿、伦敦、新加坡)工作 18 个月,充分学习公司运作的文化理念、内部流程、业务关系、部门之间的关系、国家之间的关系,了解公司的总体布局和发展方向,慢慢把自己变成"吉列人"。这是第二个阶段。在第三个阶段,他们又回到母国,正式担任一些基层管理职务,在实践中应用自己这些年来学到的知识和技能。如果在这段时间(大约 4 年)工作出色,公司再派他们去其他国家工作,继续锻炼他们的跨文化管理才能。这是第四个阶段。能够在四个阶段都表现良好的被培训者最后将返回自己的母国担任总经理或者高级执行经理,开始真正独当一面的工作。

如此精密周到的全球化经理人培训计划当然不是为了填补短期空缺而制订的,这是吉列深思熟虑的结果,目的就在于培养发展那些希望从事全球化职业的员工。公司每年在每个被培训者身上花的钱在 2 万～2.5 万美元之间。仅在波士顿,每年的培训费用就达到 100 万美元。但公司认为这是值得的,因为 100 万美元最多只能聘用 3 个全球化经理人,而能够接受培训的人数则远远多于这个数。此外,这样培养出来的全球化经理对吉列的忠诚度更高。

吉列在开辟一个新市场时会对管理方面的问题做周密的考虑,如吉列与中国一家公司的合资就是如此,开业之前要经过长达 4 年的准备。他们很早就开始为此物色合适的人选。吉列知道他们必须找有中国经验的人,而这些人很可能目前在世界各地工作,如澳大利亚、英国、法国等,将他们抽调出来后,他们原来的职位就需要有人去填补。所以这个培训和任用过程需经过一环扣一环的工作,没有事先的周密设计就不可能运作得如此顺利和完美。

吉列的努力没有白费,这些年来,它培养了大批全球化经理人。在吉列的高管层中,有 80% 的人至少曾有过一次外派经历,50% 以上的人至少在 3 个国家工作过。有了这样一支跨文化管理能力极强的队伍,吉列在全球化的道路上可以说是遥遥领先。

案例思考题:吉列的跨文化沟通能力培训有何特色?

主要参考文献

中文参考文献

[1] 霍尔.无声的语言[M].刘建荣,译.上海:上海人民出版社,1991.

[2] 霍尔.超越文化[M].韩海深,译.重庆:重庆出版社,1990.

[3] 哈特斯利,麦克詹妮特.管理沟通原理与实践[M].葛志宏,陆娇萍,刘彧,译.北京:机械工业出版,2008.

[4] 黑贝尔斯,威沃尔.有效沟通[M].李业昆,译.北京:华夏出版社,2005.

[5] 本尼迪克特.菊与刀[M].北京:商务印书馆,2006.

[6] 史密斯,彭迈克,库查巴落.跨文化社会心理学[M].严文华,权大勇,译.北京:人民邮电出版社,2010.

[7] 霍杰茨,卢森斯.国际管理:文化、战略与行为[M].赵曙明,程德俊,译.北京:中国人民大学出版社,2006.

[8] 胡军.跨文化管理[M].广州:暨南大学出版社,1995.

[9] 陈晓萍.跨文化管理[M].北京:清华大学出版社,2009.

[10] 陈国明.跨文化交际学[M].上海:华东师范大学出版社,2009.

[11] 严文华.跨文化沟通心理学[M].上海:上海社会科学院出版社,2008.

[12] 彭凯平,王伊兰.跨文化沟通心理学[M].北京:北京师范大学出版社,2009.

[13] 石伟.组织文化[M].上海:复旦大学出版社,2004.

[14] 彭于寿.商务沟通——21世纪全国高职高专财经管理类规划教材[M].北京:北京大学出版社,2006.

[15] 王朝晖.跨文化管理[M].北京:北京大学出版社,2009.

[16] 鲁曙明.沟通交际学(西方人文社科前沿述评)[M].北京:中国人民大学出版社,2008.

[17] 贺雪飞.全球化语境中的跨文化广告传播研究[M].北京:中国社会科学出版社,2007.

[18] 宋亚非,刘明霞,高静美.跨国公司管理(标准教材)[M].大连:东北财经大学出版社,2009.

[19] 王怀明,王君南,张欣平.管理沟通——21世纪管理学系列教材[M].济南:山东人民出版社,2007.

[20] 杜慕群.管理沟通[M].北京:清华大学出版社,2009.

[21] 叶龙,吕海军.管理沟通——理念与技能[M].北京:北京交通大学出版社,2006.

[22] 余凯成.组织行为学[M].大连:大连理工大学出版社,2001.

[23] 张德.组织行为学[M].北京:高等教育出版社,2004.

[24] 关培兰.组织行为学[M].北京:中国人民大学出版社,2003.

[25] 余建年.跨文化人力资源管理[M].武汉:武汉大学出版社,2007.

[26] 庄恩平.跨文化商务沟通案例教程[M].上海:上海外语教育出版社,2004.

[27] 王春阳,鲍平平.跨文化商务沟通[M].大连:大连理工大学出版社,2007.

[28]　郁文蕾.跨文化商务沟通[M].上海:华东理工大学出版社,2009.

[29]　王维波,车丽娟.跨文化商务交际[M].北京:外语教学与研究出版社,2008.

[30]　石定乐,彭春萍.商务跨文化交际[M].2版.武汉:武汉大学出版社,2008.

[31]　毕继万.跨文化非言语交际[M].北京:外语教学与研究出版社,1999.

[32]　戴凡.文化碰撞——中国北美人际交往误解剖析[M].北京:外语教学与研究出版社,2003.

[33]　邓炎昌,刘瑞清.语言与文化——英汉语言文化对比[M].北京:外语教学与研究出版社,1989.

[34]　狄艳华.美国文化[M].长春:吉林科学技术出版社,2002.

[35]　杜学增.中英(英语国家)文化习俗比较[M].北京:外语教学与研究出版社,1999.

[36]　高一虹.语言文化差异的认识与超越[M].北京:外语教学与研究出版社,2000.

[37]　辜鸿铭.中国人的精神[M].北京:外语教学与研究出版社,2000.

[38]　关世杰.跨文化交流学——提高涉外交流能力的学问[M].北京:北京大学出版社,1995.

[39]　何维湘.跨文化交际技巧[M].广州:中山大学出版社,2004.

[40]　胡超.跨文化交际——E时代的范式与能力构建[M].北京:中国社会科学出版社,2005.

[41]　胡文仲.跨文化交际面面观[M].北京:外语教学与研究出版社,1999.

[42]　胡文仲.跨文化交际学选读[M].长沙:湖南教育出版社,1990.

[43]　胡文仲.文化与交际[M].北京:外语教学与研究出版社,1994.

[44]　贾玉新.跨文化交际学[M].北京:外语教学与研究出版社,1997.

[45]　李学爱.跨文化交流:中西方交往的习俗和语言[M].天津:天津大学出版社,2007.

[46]　林语堂.吾国与吾民[M].北京:外语教学与研究出版社,2000.

[47]　马勒茨克.跨文化交流——不同文化的人与人之间的交往[M].北京:北京大学出版社,2001.

[48]　潘一禾.西方文学中的跨文化交流[M].杭州:浙江大学出版社,2007.

[49]　宋莉.跨文化交际导论[M].哈尔滨:哈尔滨工业大学出版社,2004.

[50]　王培英.跨文化交流[M].北京:旅游教育出版社,2007.

[51]　魏江,严进.管理沟通:成功管理的基石[M].北京:机械工业出版社,2006.

[52]　许力生.语言研究的跨文化视野[M].上海:上海外语教育出版社,2006.

[53]　张从益.中西文化比较研究[M].长沙:湖南人民出版社,2004.

[54]　郑立信,顾嘉祖.美国英语与美国文化[M].长沙:湖南教育出版社,1993.

英文文献

[1]　BEAMER L, VARNER I. Intercultural communication in the global workplace[M]4th ed. New York: McGraw-Hill Education,2008.

[2]　HALL B J. Among cultures: the challenge of communication[M]. Beverly Wadsworth Publishing, 2005.

[3]　DODO C H. Dynamics of intercultural communication[M]. 5th ed. New York: McGraw-Hill Education,1998.

[4]　FREEMAN D. Icon: international communication through English: student B[M]. New York: McGraw-Hill Education,2005.

[5]　MARTIN J N, NAKAYAMA T K. Experiencing intercultural communication: an introduction [M]. 3rd ed. New York: McGraw-Hill Education,2008.

[6]　MARTIN J N, NAKAYAMA T K, FLORES L A. Readings in intercultural communication: experiences and contexts[M]. 2nd ed. New York: McGraw-Hill Education,2002.

[7]　GUDYKUNST W B, KIM Y Y. Communicating with strangers: an approach to intercultural

communication[M]. New York：McGraw-Hill Education，2003.

[8]　HALL E T. The hidden dimension[M]. Garden City，N. Y. ：Doubleday，1996.

[9]　TRIANDIS H C. Culture and social behavior[M]. New York：Mcgraw-Hill，1994.

[10]　ARGYLE M. Bodily communication[M]. London：Methuen，1998.

[11]　KOHONEN V，KAIKKONEN J P，LEHTOVAARA J. Experiential learning in foreign language education[M]. Essex：Longman，2001.

教师服务

感谢您选用清华大学出版社的教材！为了更好地服务教学，我们为授课教师提供本书的教学辅助资源，以及本学科重点教材信息。请您扫码获取。

≫ 教辅获取

本书教辅资源，授课教师扫码获取

≫ 样书赠送

企业管理类重点教材，教师扫码获取样书

 清华大学出版社

E-mail: tupfuwu@163.com
电话：010-83470332 / 83470142
地址：北京市海淀区双清路学研大厦 B 座 509

网址：http://www.tup.com.cn/
传真：8610-83470107
邮编：100084